博学之，审问之，慎思之，明辨之，笃行之。有弗学，学之弗能弗措也；有弗问，问之弗知弗措也；有弗思，思之弗得弗措也；有弗辨，辨之弗明弗措也；有弗行，行之弗笃弗措也。人一能之，己百之；人十能之，己千之。果能此道矣，虽愚必明，虽柔必强。

——《中庸》

华夏道善人与经典文库

庄子日讲

爱新觉罗·毓鋆 口述

陈明德　刘昊　沙平颐 整理

华夏出版社
HUAXIA PUBLISHING HOUSE

图书在版编目（CIP）数据

庄子日讲 / 爱新觉罗·毓鋆口述；陈明德，刘昊，沙平颐整理 . -- 北京：华夏出版社有限公司，2024.1

ISBN 978-7-5222-0506-9

Ⅰ . ①庄… Ⅱ . ①爱… ②陈… ③刘… ④沙…
Ⅲ . ①《庄子》－研究 Ⅳ . ① B223.55

中国国家版本馆 CIP 数据核字（2023）第 072720 号

庄子日讲

口 述 者	爱新觉罗·毓鋆
整 理 者	陈明德 刘 昊 沙平颐
责任编辑	张 平

出版发行	华夏出版社有限公司
经 销	新华书店
印 装	北京汇林印务有限公司
版 次	2024 年 1 月北京第 1 版
	2024 年 1 月北京第 1 次印刷
开 本	880mm×1230mm 1/32
印 张	11
字 数	248 千字
定 价	79.00 元

华夏出版社有限公司 地址：北京市东直门外香河园北里 4 号 邮编：100028
网址：www.hxph.com.cn 电话：（010）64618981
若发现本版图书有印装质量问题，请与我社营销中心联系调换。

此次整理老师讲《庄子》笔记，我们几经讨论，觉得能有录音带原稿，殊为难得，希望能比较原汁原味地呈现几个方面：

老师讲学的态度：以古人的智慧启发我们的智慧。

老师讲子书的态度：子书有流弊，但也是"无上甚深微妙法"，马上可用。今日中国，说强国不是强国，说弱国又不是弱国。中国正当发展的时候，也是人家要对付的对象，躲也躲不过。事急矣！所以老师讲子书，以造就人才，没有比这个时代更需要人才的了。

老师讲《庄子》的要点：《庄子》为治世之书。《庄子》一书不是"装"子，而完全是治世之学。将老师所选的注和疏集在一起，可成《益智集》。有抱负的人，不要光把它当文章读，而要当智慧读。天天玩味，可以培养遇事担当的力量。《庄子》最重要的是一个"凝"字。

为了对前述重点能有适当的表达，整个整理过程约分四个阶段：

一、讨论：自 2012 年 8 月 18 日至 11 月 17 日。

二、校正、讨论、整理录音和笔记。

三、确定补充资料。其间，也有人建议，将郭象注、成玄英疏、陆德明释全部收录。但考虑到老师选讲的原意，再加上全部收录卷帙浩繁，故此作罢。

四、确定编排设计内容流程。整本书的编排内容，约分以下几部分：

1.《庄子》内七篇及《天下》篇原文，以宋三体呈现。

2.原文后或标题后，"注"为老师所选"郭象注"，"疏"为老师所选"成玄英疏"，"经典释文"为老师所选"陆德明释"，均以细黑体显示。

3.老师讲解则随注或疏敷陈于后，以宋一体呈现。

4.老师笔记及讲解，以楷体显示。

5.补充说明以按语列于说解下栏，以脚注呈现。

6.书中引用他人的成段著述，另起行，以仿宋体呈现。正文引文出处或解释说明以括号内楷体表示，全书句中省略成分，以六角括号表示。

目录

代序

一、缘起

毓老师于 1978 年 12 月 15 日开讲《庄子》，至 1979 年 6 月将内七篇及《天下》篇讲解完毕。1979 年盛夏，我等待服预官役之际，奉师命整理讲课录音。2011 年 3 月 20 日先师仙逝后，从学者一呼百应，成立奉元学会及奉元书院以广师教。然毓老师法孔子述而不作之精神，无遗文片简留世，昔日据上课录音整理之所有笔记又毁于蠹鱼霉湿。苦于师说将无以传之际，幸而学长、学姐中有速记之才者，依其翔实之笔记发心整理，至今已有《毓老师讲中庸》《毓老师讲孙子》（简体版易名为《毓老师说孙子兵法》）《毓老师讲学庸》（简体版分为两本书，易名为《毓老师说中庸》《毓老师说大学》）之讲录出版，以飨未能及师门者。

《毓老师讲庄子》（简体版易名为《庄子日讲》）之成，起于孙铁刚学长与孙中兴学长发动整理笔记。自 2013 年 8 月 18

日起，师门诸弟子相聚汇整《庄子》笔记，先由沙平颐学长将笔者所存之录音整理手稿影本费心地输入电脑并校对，提供给大家讨论，再由多位学长根据各自之笔记补充录音稿之所无。补入之处多涉及对当时人事之评骘，较为敏感，故未录音。以时事印证经文，正是毓老师讲学之特色。然事过境迁，恐年轻读者已不知其所云为何意，故我们又用按语形式加入相关时事背景资料以为说明。对讲录中提及的一些历史典故，也做了相同的处理。此讲记因为是依录音稿整理后稍加增补而成，最能保持毓老师讲课时的"原汁原味"，可谓弥足珍贵。本书整理和编排都是由工作团队多次讨论、再三斟酌才定稿。但我辈学力有限，恐未必能深谙毓老师讲学之微言大义，以致无力彰显吾师匡时补弊之初衷。凡此疏漏之处，还请方家不吝赐正。

毓老师曾偶依王船山之《庄子解》及王先谦之《庄子集解》讲过《庄子》，但以本次依郭庆藩之《庄子集释》的讲解最为完整，阐发《庄子》意蕴最为精详。此次讲解是以《庄子集释》为主，另外参考钱穆之《庄子纂笺》和张默生之《庄子新释》。《庄子集释》一书，集录了郭象注、成玄英疏和陆德明《经典释文》中的《庄子音义》。毓老师除讲解《庄子》本文之外，还特别重视郭象的注，认为"注《庄子》的没有比郭象高的"，即使"成玄英用了三十年的工夫，都还以郭象注为本，后世没有出其右者"。毓老师以为郭象的注就是"郭象的《庄子》，是另外一本书，是人家读完一本书之后又作了一本书，因为庄子有余言、余音，郭象就发其未尽之言，发其未尽之音"。南北宋之交最具影响力的大慧宗杲禅师甚至认为："曾见郭象注《庄子》，识者云'却是庄子注郭象'。"毓老师讲《庄子》时对郭象注的重点详加申论，时发庄生和子玄未尽之音，曾谓："我所讲的注，未必都是庄子之意，'将我所选的注疏和讲解'都串在一起就懂得为人之概念。集我所言《庄子》，可成《益智集》。"

毓老师讲《庄子》内七篇及《天下》篇时只择重点而解说之，意在"以古人之智慧启发今人之智慧"，强调其致用之道术，故未字字句句予以解说。编者鉴于"《庄子》书中有许多古字古义"，故参考各家注疏，对《庄子》之文本及文外之义理加以解说，录有毓老师引用到的郭象注和成玄英疏，冀读者能因此而通晓《庄子》这八篇之文句及其大意。

二、庄子其人

司马迁《史记》中对庄子只有一段小传夹在《老子韩非列传》中，传文如下：

庄子者，蒙人也，名周。周尝为蒙漆园吏，与梁惠王、齐宣王同时。其学无所不窥，然其要本归于老子之言。故其著书十余万言，大抵率寓言也。作《渔父》《盗跖》《胠箧》，以诋訿孔子之徒，以明老子之术。《畏累虚》《亢桑子》之属，皆空语无事实。然善属书离辞，指事类情，用剽剥儒、墨，虽当世宿学不能自解免也。其言洸洋自恣以适己，故自王公大人不能器之。楚威王闻庄周贤，使使厚币迎之，许以为相。庄周笑谓楚使者曰："千金，重利；卿相，尊位也。子独不见郊祭之牺牛乎？养食之数岁，衣以文绣，以入大庙。当是之时，虽欲为孤豚，岂可得乎？子亟去，无污我。我宁游戏污渎之中自快，无为有国者所羁，终身不仕，以快吾志焉。"

一般人受《史记》影响，视庄子为老子之传人，以"老庄"并称，并将其归于道家。清朝学者林云铭则持不同的看法。林氏所著《庄子因·庄子杂说》开宗明义地指出："庄子另是一种学问，与老子'同而异'，与孔子'异而同'。今人把庄子与老子看作一样，与孔子看作二样，此大过也。"他根据《庄子·天下》中庄子"历叙道术，不与关老并称，而自为一家"，认为庄子与关尹、老子非同一学派，反而应将庄子与孔子看作一样，苏轼曾谓"庄子盖助孔子者……庄子之言，皆实予而文不予，阳挤而阴助之，其正言盖无几"。《庄子》中引述不少孔子的事迹，或赞或讥，见仁见智，如《人间世》数引孔子之言而无轻慢之意；《盗跖》篇中孔子欲劝盗跖以德，反而被教训了一番。庄子"正言若反"，以至真假莫辨，故有与孔子"言异而实同"之说。

《庄子》中有不少孔子与颜回之精彩对话，如《人间世》论"心斋"、《大宗师》中颜回忘仁义、忘礼乐，进而达孔子自叹不如的"坐忘"之境。钱穆因而申论庄子与儒家颜回一派之关系曰："试就《庄子》书细加研寻，当知庄子思想，实仍延续孔门儒家，纵多改变，然有不掩其为大体承续之痕迹者。故《庄子》内篇，屡称孔子，并甚推崇。《齐物论》于儒墨是非，兼所不取。然内篇引孔不引墨，则庄子心中，对此两家之轻重，岂不已居可见乎？韩非称儒分为八，盖自孔子卒后，其门弟子讲学，已多分歧矣。孟子常引曾子、子思，此为孔门一大宗。

荀子极推仲弓，此当为又一宗。子游、子夏，各有传统，而《庄子》内篇则时述颜渊。若谓庄子思想，诚有所袭于孔门，则殆与颜氏一宗为尤近。韩非八儒，即有颜氏。"

三、《庄子》其书及郭象的《庄子注》

司马迁说庄子"著书十万余言"，《汉书·艺文志》载"《庄子》五十二篇"，而今本《庄子》仅六万五千多字，全书共三十三篇，分为内篇、外篇、杂篇三部分。第一篇《逍遥游》至第七篇《应帝王》为内七篇，第八篇《骈拇》至第二十二篇《知北游》共十五篇为外篇，第二十三篇《庚桑楚》至第三十三篇《天下》共十一篇为杂篇。《天下》篇应为《庄子》一书的自序，不应归于杂篇。学者大都认为内篇为庄子本人所著，而外篇和杂篇是庄子后学所著。魏晋时期向秀、何晏、王弼等学者运用道家的老、庄思想糅合儒家经义而形成的一种玄学思潮，将《老子》《庄子》《易经》①合称为"三玄"，作为其理论根据之经典。唐代时曾将《老子》《庄子》《文子》《列子》并列为道教的四大经典。

庄子思想之精华，可谓尽在内七篇中，故就内七篇之大意摘要如下：

《逍遥游》者，适才量性，物任其性、事称其能，逍遥于自得之场。

---

① 本书为毓老师的讲课稿，毓老师讲课过程中对《易经》一书的称呼，根据情境的不同，或说《周易》《易》，为体现毓老师讲课的特点，特对以上各种情况予以了保留。

《齐物论》者，泯灭是非，物我齐平。毓老师曰："'齐'非均平义，乃自足义，自足故逍遥。"

《养生主》者，顺其自然，得其窍门，迎刃而解，可依此养生，更可以此理事。

《人间世》者，无道之世，因材而丧生，无用以全身。

《德充符》者，德充于内，而应物于外，内外和同，若合符节。

《大宗师》者，嗜欲浅天机深，不恃己智，不帅其心，宗法自然，真觉无忧，其息深深，以无心为宗，亦可为师矣。

《应帝王》者，其心若镜，不迎不将，应而不藏，可为帝王。

这七篇隐含有内圣外王之次第。然而内圣外王绝不可分为两段功夫来看，理应打成一片，即体即用，即用即体。

西华法师成玄英在其《庄子疏》(又名《南华真经注疏》)序言中对内七篇之次第有如下之解说：

所以逍遥建初者，言达道之士，智德明敏，所造皆适，遇物逍遥，故以《逍遥》命物。夫无待圣人，照机若镜，既明权实之二智，故能大齐于万境，故以《齐物》次之。既指马天地，混同庶物，心灵凝澹，可以摄卫养生，故以《养生主》次之。既善恶两忘，境智俱妙，随变任化，可以处涉人间，故以《人间世》次之。内德圆满，故能支离其德，外以接物，既而随物升降，内外冥契，故以《德充符》次之。止水流鉴，接物无心，忘德忘形，契外会内之极，可以匠成庶品，故以《大宗师》次之。古之真圣，知天知人，与造化同功，即寂即应，既而驱驭群品，故以《应帝王》次之。

王夫之在《庄子解》中则以《逍遥游》贯穿内七篇之宗旨曰：

寓形于两间，游而已矣。无小无大，无不自得而止。其行也无所图，其反也无所息，无待也。无待者，不待物以立己，不待事以立功，不待宜以立名。小大一致，休乎天钧，则无不逍遥矣。逍者向于消也，过而忘也；遥者引而远也，不局于心知之灵也。故物论可齐，生主可养，生主可养，世可入而害远，帝王可应而天下治，皆脶于大宗以忘生死；无不可游，无非游也。

《天下》篇是《庄子》一书的最后一章，分析当时流行学派的人物及其理论《庄子》的。张默生认为此乃"古代论学术派别的一篇最重要的文字"。庄子开宗明义曰："以天为宗，以德为本，以道为门，兆于变化，谓之圣人（以上近乎道家）。以仁为恩，以义为理，以礼为行，以乐为和，薰然慈仁，谓之君子（以上应为儒家）。以法为分，以名为表，以参为验，以稽为决，其数一二三四是也（以上应为法家）。"并且先对六经做了精简的说明："《诗》以道志，《书》以道事，《礼》以道行，《乐》以道和，《易》以道阴阳，《春秋》以道名分。其数散于天下而设于中国者，百家之学时或称而道之。"庄子认为诸子百家皆源于六经，接着感叹曰："天下大乱，贤圣不明，道德不一，天下多得一察焉以自好。譬如耳目鼻口，皆有所明，不能相通。犹百家众技也，皆有所长，时有所用……天下之人各为其所欲焉以自为方。悲夫！百家往而不反，必不合矣。后世之学者，不幸不见天地之纯，古人之大体，道术将为天下裂。"

庄子在《天下》篇先提到通六经的邹鲁之士（应指儒家），接着依次有：墨翟、禽滑厘（墨家代表人物），宋钘、尹文（应属墨家之支流），彭蒙、田骈、慎到（应为援法入道之黄老学派），关尹、老聃（道家代表人物），庄周（自成一家），惠施、公孙龙（名家代表人物）。庄子自谓"独与天地精神往来，而不敖倪于万物，不谴是非，以与世俗处……上与造物者游，而下与外死生、无终始者为友"。似乎认为自己在老子之上。庄子未用派别之名，然而对各流派之要点皆能精准地掌握，可谓博学多闻且留心天下治术之有心人也。

《史记·太史公自序》中司马谈《论六家要旨》指出了六大学派："《易大传》：'天下一致而百虑，同归而殊涂。'夫阴阳、儒、墨、名、法、道德，此务为治者也，直所从言之异路，有省不省耳。"对古代学术流派之异同、利弊与沿革有兴趣的读者，可由《天下》篇入手，参研《论六家要旨》及相关之文献如《荀子·非十二子》《荀子·解蔽》《淮南子·要略训》《汉书·艺文志》，以及《人物志·流业第三》。

庄子对当时论治术的流派，在《天下》篇中皆一一指出其利弊。庄子曰："终身言，未尝言。"其不得不言者，乃恐内圣外王之道不明，而道术将为天下各种只见一端之学派、理论分裂得支离破碎，故著书立说以明道之全体大用，但又怕读者执着于其文字、忽其义理，故曾感叹说："荃者所以在鱼，得鱼而忘荃；蹄者所以在兔，得兔而忘蹄；言者所以在意，得意而忘言。吾安得忘言之人而与之言哉？"两千年之后欲识庄子真义，得其意而忘其言，绝非易事。

毓老师讲《天下》篇时勉励我们要有"经国体致"的经验、

"经虚涉旷"的精神，以此"躬行实践"，不然都是无用之谈。毓老师认为古今能著书和会讲的人太多了，那没有用。待文王而后兴者，凡人也！真正读懂《庄子》而知活用者"无待圣人，照机若镜，既明权实之二智，故能大齐于万境"。

郭象可以说是真正读懂《庄子》而能得其言外之意者。虽然《世说新语》记载了注《庄子》的一段公案，认为郭象注是抄袭向秀的注，但是并不能否定郭象的独到之见。《世说新语》的记载如下：

> 注《庄子》者数十家，莫能究其旨要。向秀于旧注外为解义，妙析奇致，大畅玄风。唯《秋水》《至乐》二篇未竟而秀卒。秀子幼，义遂零落，然犹有别本。郭象者，为人薄行，有俊才。见秀义不传于世，遂窃以为己注。乃自注《秋水》《至乐》二篇，又易《马蹄》一篇，其余众篇，或定点文句而已。后秀义别本出，故今有向、郭二《庄》，其义一也。

郭象注固然有参考向秀注的部分，但在义理上有所发挥扩充。例如余嘉锡《世说新语笺疏》疏曰："向秀《庄子注》今已不传，无以考见向、郭异同。《四库总目》一百四十六《庄子提要》尝就《列子》张湛注、陆氏《释文》所引秀义以校郭注，有向有郭无者，有绝不相同者，有互相出入者，有郭与向全同者，有郭增减字句大同小异者。知郭点定文句，殆非无证。"

《晋书·郭象传》记载："郭象，字子玄，少有才理，好《老》《庄》，能清言。太尉王衍每云：'听象语，如悬河泻水，注而不竭。'州郡辟召，不就。常闲居，以文论自娱。后辟司徒掾，稍至黄门侍郎。东海王越引为太傅主簿，甚见亲委，遂任职当权，熏灼内外，由是素论去之。"故知郭象不但口才好，而且有从政的实务经验，这在魏晋玄学清谈之士中是少见的。郭象《庄子注》必然反映了其从政之心得。焦竑《焦氏笔乘》云："今观其书（指郭象《庄子注》），旨味渊玄，花烂映发，自可与庄书并辔而驰，非独注书之冠也。"毓老师曰："解庄者皆一家之学，可以治世。"毓老师此次讲《庄子》时特别重视郭象注及经世致用之学，是有其深意的。

四、庄子寓言的微言大义

庄子写书风格独具，司马迁称之"大抵率寓言也……皆空语无事实。然善属书离辞，指事类情……其言洸洋自恣以适己独特"。《庄子·寓言》说明其著书的体裁和风格，提出"寓言、重言、卮言"这三种可以同时并用的表达方式。张默生认为此"三言"是解开《庄子》奥秘的钥匙。《寓言》篇首开宗明义曰：

寓言十九，重言十七，卮言日出，和以天倪。寓言十九，藉外论之。亲父不为其子媒。亲父誉之，不若非其父者也；非吾罪也，人之罪也。与己同则应，不与己同则反；同于己为是之，异于己为非之。重言十七，所以已言也，是为耆艾。年先矣，而无经纬本末以期年耆者，是非先也。人而无以先人，无人道也；人而无人道，是之谓陈人。卮言日出，和以天倪，因以曼衍，所以穷年。不言则齐，齐与言不齐，言与齐不齐也，故曰"言无言"。言无言，终身言，未尝言；终身不言，未尝不言。有自也而可，有自也而不可；有自也而然，有自也而不然。恶乎然？然于然。恶乎不然？不然于不然。恶乎可？可于可。恶乎不可？不可于不可。物固有所然，物固有所可；无物不然，无物不可。非卮言日出，和以天倪，孰得其久！万物皆种也，以不同形相禅，始卒若环，莫得其伦，是谓天均。天均者，天倪也。

庄子的话十分之九是用寓言来表达的，因为庄子认为人的主观意识太强，只听得进自己已认同的理念。庄子如果直抒己见，就好像父亲宣传自己儿子有多好，终不如由别人来推荐较能为他人所信服。"寓言十九，藉外论之"，就是借用外在的人或物来论事理，故易为人所接受。庄子寓言中的主角可为人，如神人、古人、今人、隐者、怪人、死人、髑髅；可为动物，如猴子、乌龟、蝴蝶、雉鸟，大如千里之鲲鹏，小如学鸠；可为物，如山、石、草木乃至风、影、声响，小如尘埃，大如以八千岁为春的大椿与河伯、北海。其贵如天子、珠玉，其贱如蝼蚁、屎溺。

寓言多以对话的形式呈现，人与人、人与物、物与物皆可对话。庄子常搬出重量级的先人，如老子、孔子就常在其寓言中出场表演，他借"圣贤"之"重言"来加强其说服力，但他又经常以幽默的笔法来诘难圣贤，这种"重言"占了书中内容的十分之七。同时他也会通过一些"小人物"如解牛的庖丁和斫轮的轮扁之口而畅言大道，论述以无入有间的养生之道和得心应手之技难以承传之理。庄子好问，可借弟子问盗跖而明"盗亦有道"，进而有"窃钩者诛，窃国者为诸侯"之反讽。他问天之色苍苍否，自问庄周是否只是活在蝴蝶梦中之人，反问惠子"安知我不知鱼之乐"于濠上。庄子善喻善问，"卮言日出，和以天倪"。他随时随地而取材，随口而出皆顺乎自然，故能层出不穷、变化多端。其用以比喻之物忽大忽小、忽有忽无，打破了人们对大小贵贱、有用无用的执着与迷情，以启蓬闭之心，并且激发人之想象力、创造力，进而能使人悟出道乃无所不在，故心自可逍遥、物自能齐平。

以《逍遥游》篇首大鹏鸟和小鸠雀之比喻而言，郭象认为二鸟大小虽异，其逍遥是相同的。郭注曰："夫小大虽殊，而放于自得之场，则物任其性，事称其能，各当其分，逍遥一也，岂容胜负于其间哉？"王夫之在其《庄子解》中则分别以"逍遥"为准则，"道者，向于消也，过而忘也；遥者，引而远也，不局于心知之灵也"，而认定鹏是"游于大者也，遥也，而未能道也"。因为大鹏要聚三个月的粮食、等待六月的气流才能南迁。鸠雀则是"游于小者也，道也，而未能遥也"，鸠鸟在矮树丛间飞上飞下、自得其乐，却飞不远。大鹏鸟和小鸠雀"小者笑大，大者悲小，皆未适于逍遥者也"。然而又有解《庄》者如释德清（憨山）则认为庄子是以鹏鸟喻圣人之大道，而以鸠雀喻世俗小见之人及其小知不及大知。就此一寓言之多种注释，即可见《庄子》之不易解也。寓言正是了解《庄子》一书的关键，然因其寄意深远，释《庄子》者当先以《庄》解《庄》，再参照不同注解，以善体其言外之意。

五、庄子的内圣外王之道

《大学》开宗明义三大纲领"大学之道，在明明德，在亲民，在止于至善"，以及实践三大纲领的八个条目"格物、致知、诚意、正心、修身、齐家、治国、平天下"。此乃儒家"内圣"到"外王"的次第，其中"格物、致知、诚意、正心、修身"，被视为内圣之功夫，而"齐家、治国、平天下"则被视为外王之功业。然而最先明确提出"内圣外王"概念的是被一般人认定为道家的庄子。《庄子·天下》首先提道："天下大乱，贤圣不明，道德不一。天下多得一察焉以自好……是故内圣外王之道，暗而不明，郁而不发，天下之人各为其所欲焉，以自为方。"庄子提出的"内圣外王"观点，常为后世儒家学者据为己用，而反谓《庄子》乃谈玄之学耳！

《易经》《老子》与《庄子》一样，除了"言非常道之道"和研究"神无方而易无体"的玄妙之学外，于内在身、心、灵的修养和外在管理人、事、物的学问皆再三致意焉。岂可谓《庄子》只是如名家（如公孙龙、惠施）之辨名析理，徒为"无经国体致"的"无用之谈"？郭象《庄子注·序》曰："然庄生虽未体之，言则至矣。通天地之统，序万物之性，达死生之变，而明内圣外王之道，上知造物无物，下知有物之自造也……此其所以不经而为百家之冠也。"陆德明《经典释文》则将《老子》《庄子》与儒家经典并列。毓老师讲《庄子》融通儒道，并依内圣外王之旨解读庄周言外之意，以《庄子》为治世之书，一洗《庄子》为衰世之书及庄子逃世之名。

郭象《逍遥游》注曰："夫圣人虽在庙堂之上，然其心无异于山林之中，世岂识之哉……处子者，不以外伤内。"此或郭象夫子之自道。道家人物更有"身在山林，心在庙堂"的传统，非徒为避世之隐者而已，如南朝隐居于茅山的陶弘景，时人称其为"山中宰相"，梁武帝时常以朝廷大事屈尊就教。其实，道家典籍除重视个人心胸之旷达逍遥及养生外，亦留心治理天下之术。毓老师常提及《庄子·养生主》中"庖丁解牛"的寓言，梁惠王听庖丁能以无厚之刀入有间之关节，故能不伤刀刃，而"得养生焉"。郭注曰："以刀可养，故知生亦可养。"梁惠王与郭象很可能都将养生局限于人之身体。毓老师先开宗明义曰："《逍遥游》《齐物论》《养生主》是接着的。《逍遥游》是讲自由，《齐物论》是讲平等，《养生主》是讲如何去养'生之主'。"进而指出："养生不光指养身，我们治国平天下也是养生。各人养各人之生，治国平天下是养天下人之生。"在解说郭象注时曰："'以'，因也。刀可以养，所以生也可以养。生可以养了，那什么都可以养；国也可养。'养'字最重要，在没有办法中要想出办法来，那就是'养'。"毓老师将内圣外王一以贯之以解《庄子》，可谓深得庄周之真义。盼读者能用心体会而善用之，以之修心可成内圣之功，运之任物可成外王之业，切莫只以《庄子》为"心灵鸡汤"而已。

曾国藩是近三百年来知《庄子》内圣外王之义而能用《庄》之范例，曾氏曰："自古圣贤豪杰，文人才士，其志事不同，而其豁达光明之胸，大略相同……必先有豁达光明之识，而后有恬淡冲融之趣……吾好读《庄子》，以其豁达足益人胸襟也……吾辈现办军务，系处功利场中，宜刻刻勤劳……而治事之外，此中却须有一段豁达冲融气象，二者并进，则勤劳而以恬淡出之，最有意味。"他认为豁达光明、恬淡冲融可调和身心，济勤劳于功利场中。曾国藩立身处事之道是以老子、庄周之虚静恬淡为体，以大禹、墨子的勤劳济世为用。他曾在日记中写道："思古圣王制作之事，无论大小精粗，大抵皆本于平争、因势、善习、从俗、便民、救敝。非此六者，则不轻于制作也。吾曩者志事以老庄为体，禹墨为用，以不与、不违、不称为法，若再深求六者之旨而不轻于有所兴作，则咎戾鲜矣。"并曾引用《庄子》中屠羊说的典故为诗，以诫其九弟曾国荃避免傲慢坐大，颇得庄子之意。其诗曰：

> 左列钟铭右谤书，人间随处有乘除。
>
> 低头一拜屠羊说，万事浮云过太虚。

《庄子·大宗师》曰："其耆欲深者，其天机浅。"毓老师常以"嗜欲深者天机浅"一语告诫学生，要我们降低自身之欲望，以培养一己之天机和智慧，进而以内圣之功应外王之事，做到"至人之用心若镜，不将不迎，应而不藏，故能胜物而不伤"，达到《中庸》所谓"喜怒哀乐之未发，谓之中；发而皆中节，谓之和"之境地。读《庄子》非但能益人神智，更能扩人胸襟，识得"天地与我并生，而万物与我为一"。此语与宋儒张载《西铭》之"民吾同胞，物吾与也"前后辉映，将中华文化提升至天人合一、民胞物与之境。庄子在《人间世》借孔子之口曰："夫道不欲杂，杂则多，多则扰，扰则忧，忧而不救。古之至人，先存诸己，而后存诸人。"至人体天清地宁，故不以一己之忧乐、爱欲扰天下。《庄子·逍遥游》曰："若夫乘天地之正，而御六气之辩，以游无穷者，彼且恶乎待哉！故曰：'至人无己，神人无功，圣人无名。'"故智者不以英雄自居而误己误人。贾秉坤学长言毓老师晚年曾开示《庄子》一书就在一"凝"字，值得我辈深思熟玩。

以上略述此书编辑、付梓之原委，并对毓老师之解《庄》发抒个人浅见，盼能诠释师意于万一。毓老师以"内圣外王"之微言大义教人，亦见于他勖励诸生之联语如下：

达德光宇宙，生命壮自然。

读者诸君，其共勉之！

陈明德

2015 年 3 月 15 日于加州州立大学

序

一

河南郭象子玄撰

夫庄子者，可谓知本矣，故未始藏其狂言，言虽无会而独应者也。夫应而非会，则虽当无用；言非物事，则虽高不行；与夫寂然不动，不得已而后起者，固有间矣，斯可谓知无心者也。夫心无为，则随感而应，应随其时，言唯谨尔。故与化为体，流万代而冥物，岂曾设对独遘而游谈乎方外哉？此其所以不经而为百家之冠也。

然庄生虽未体之，言则至矣。通天地之统，序万物之性，达死生之变，而明内圣外王之道，上知造物无物，下知有物之自造也。其言宏绰，其旨玄妙。至至之道，融微旨雅；泰然遣放，放而不敖。故曰不知义之所适，猖狂妄行而蹈其大方；含哺而熙乎澹泊，鼓腹而游乎混芒。至仁极乎无亲，孝慈终于兼忘，礼乐复乎已能，忠信发乎天光。用其光则其朴自成，是以神器独化于玄冥之境而源流深长也。

故其长波之所荡，高风之所扇，畅乎物宜，适乎民愿。弘其鄙，解其悬，洒落之功未加，而矜夸所以散。故观其书，超然自以为已当，经昆仑，涉太虚，而游惚恍之庭矣。虽复贪婪之人，进躁之士，暂而揽其余芳，味其溢流，仿佛其音影，犹足旷然有忘形自得之怀，况探其远情而玩永年者乎！遂绵邈清遐，去离尘埃而返冥极者也。

序

二

唐西华法师成玄英撰

夫《庄子》者，所以申道德之深根，述重玄之妙旨，畅无为之恬淡，明独化之窅冥，钳揵九流，括囊百氏，谅区中之至教，实象外之微言者也。

其人姓庄，名周，字子休，生宋国睢阳蒙县，师长桑公子，受号南华仙人。当战国之初，降〔衰〕周之末，叹苍生之业薄，伤道德之陵夷，乃慷慨发愤，爰著斯论。其言大而博，其旨深而远，非下士之所闻，岂浅识之能究！

所言子者，是有德之嘉号，古人称师曰子。亦言子是书名，非但三篇之总名，亦是百家之通题。所言"内篇"者，"内"以待外立名，"篇"以编简为义。古者杀青为简，以韦为编；编简成篇，犹今连纸成卷也。故元恺云："大事书之于策，小事简牍而已。""内"则谈于理本，"外"则语其事迹。事虽彰著，非理不通；理既幽微，非事莫显。欲先明妙理，故前标"内篇"。

"内篇"理深，故每于文外别立篇目，郭象仍于题下即注解之，《逍遥》《齐物》之类是也。自"外篇"以去，则取篇首二字为其题目，《骈拇》《马蹄》之类是也。

所言《逍遥游》者，古今解释不同。今泛举纮纲，略为三释。所言三者：

第一，顾桐柏云："逍者，销也；遥者，远也。销尽有为累，远见无为理。以斯而游，故曰'逍遥'。"

第二，支道林云："物物而不物于物，故逍然不我待；玄感不疾而速，故遥然靡所不为。以斯而游天下，故曰'逍遥游'。"

第三，穆夜云："逍遥者，盖是放狂自得之名也。至德内充，无时不适；忘怀应物，何往不通！以斯而游天下，故曰'逍遥游'。"

"内篇"明于理本，"外篇"语其事迹，"杂篇"杂明于理事。"内篇"虽明理本，不无事迹，"外篇"虽明事迹，甚有妙理；但立教分篇，据多论耳。

所以《逍遥》建初者，言达道之士，智德明敏，所造皆适，遇物逍遥，故以《逍遥》命物。夫无待圣人，照机若镜，既明权实之二智，故能大齐于万境，故以《齐物》次之。既指马天地，混同庶物，心灵凝澹，可以摄卫养生，故以《养生主》次之。既善恶两忘，境智俱妙，随变任化，可以处涉人间，故以《人间世》次之。内德圆满，故能支离其德，外以接物，既而随物升降，内外冥契，故以《德充符》次之。止水流鉴，接物无心，忘德忘形，契外会内之极，可以匠成庶品，故以《大宗师》次之。古之真圣，知天知人，与造化同功，即寂即应，既而驱驭群品，故以《应帝王》次之。《骈拇》以下，皆以篇首二字为题，既无别义，今不复次篇也。

而自古高士，晋汉逸人，皆莫不耽玩，为之义训；虽注述无可间然，并有美辞，咸能索隐。玄英不揆庸昧，少而习焉，研精覃思三十矣。依子玄所注三十篇，辄为疏解，总三十卷。虽复词情疏拙，亦颇有心迹指归；不敢贻厥后人，聊自记其遗忘耳。

（附毓老师讲课时特抄录此段讲解）

所以《逍遥》建初者，言达道之士，智德明敏，所造皆适，遇物逍遥，故以《逍遥》命物。夫无待圣人，照机若镜，既明权实之二智，故能大齐于万境，故以《齐物》次之。既指马天地，混同庶物，心灵凝澹，可以摄卫养生，故以《养生主》次之。既善恶两忘，境智俱妙，随变任化，可以处涉人间，故以《人间世》次之。内德圆满，故能支离其德，外以接物，既而随物升降，内外冥契，故以《德充符》次之。止水流鉴，接物无心，忘德忘形，契外会内之极，可以匠成庶品，故以《大宗师》次之。古之真圣，知天知人，与造化同功，即寂即应，既而驱驭群品，故以《应帝王》次之。

"所以《逍遥》建初者"，建，立也。建初，立于初篇。

"智德明敏"，"明敏"是智德所达的境界。"智德明敏，所造皆适，遇物逍遥，故以《逍遥》命物。"一般人以为圣人才达此境界，但成玄英说"夫无待圣人"。为什么？因为"待文王而后兴者，凡民也；若夫豪杰之士，虽无文王犹兴"（《孟子·尽心上》）。

"照机若镜，既明权实之二智，故能大齐于万境，故以《齐物》次之"，"照机若镜"，"机"者，至极深意。能"照机若镜"使无所遁，则"通机达极"。有了"照机若镜"的功夫，才可以明"权"跟"实"两种智慧。什么是经的智慧？常道行事曰"经"，经的智慧，就是实的智慧。什么是权的智慧？子曰："可与共学，未可与适道；可与适道，未可与立；可与立，未可与权。"（《论语·子罕》）"经"没有达到的智慧就要用"权"。"实"，是本、是质，一点没隐藏。以《齐物论》而言，常人之不齐是惑于形。什么是形？美、恶就是形。等有了权实之智，不惑于形，才能达到"民吾同胞，物吾与也"，到这个境界，才能"大齐于万境"，才能齐万物。

　　《养生主》以下，至各篇再讲。

郭君子瀞为《庄子集释》成，以授先谦读之，而其年适有东夷之乱，作而叹曰：庄子其有不得已于中乎！夫其遭世否塞，拯之末由，神彷徨乎冯闳，验小大之无垠，究天地之终始，惧然而为是言也。

骀衍曰："儒者所谓中国，于天下乃八十一分居其一分耳。赤县神州外自有九州，裨海环之，大瀛海环其外。"惠施曰："我知天下之中央，燕之北，越之南是也。"而庄子称之，亦言倏与忽凿混沌死，其说若豫睹将来而推厥终极，亦异人矣哉！

子贡为挈水之槔，而汉阴丈人笑之。今之机械机事，倍于槔者相万也。使庄子见之，奈何？蛮触氏争地于蜗角，伏尸数万，逐北旬日。今之蛮触氏不知其几也，而庄子奈何？

是故以黄帝为君而有蚩尤，以尧为君而有丛枝、宗、脍、胥敖。黄帝、尧非好事也，然而欲虚其国，刑其人，其不能以虚静治，决矣。彼庄子者，求其术而不得，将遂独立于寥阔之野，以幸全其身而乐其生，乌足及天下！

且其书尝暴著于后矣。晋演为玄学，无解于胡羯之氛；唐尊为真经，无救于安史之祸。徒以药世主淫侈，澹末俗利欲，庶有一二之助焉。

而其文又绝奇，郭君爱玩之不已，因有集释之作，附之以文，益之以博。使庄子见之，得毋曰"此犹吾之糟粕"乎？虽然，无迹奚以测履，无糟粕奚以观于古美矣！郭君于是书为副墨之子，将群天下为洛诵之孙已夫！

长沙愚弟王先谦谨撰

光绪二十年岁次甲午冬十二月

逍遥游第一

　　言逍遥乎物外，任天而游无穷也。王先谦说:《逍遥游》全篇讲逍遥自在，超脱于世务外，任天然之理，运行无穷。郭嵩焘说:《天下》篇曾说，庄子论他自己的道术高深，没有穷尽，上和天地的主宰同游。第一篇名《逍遥游》，乃是用空阔无边的话，来比喻他自己的道。

【郭象注】（下简称为"注"）夫小大虽殊，而放于自得之场，则物任其性，事称其能，各当其分，逍遥一也，岂容胜负于其间哉？

郭象注得好。这几句话道尽自由之真谛。《逍遥游》讲的是自由，郭注这几句话，不能断开来解释。

民初有学者言：《逍遥游》言"自由"，《齐物论》言"平等"，《养生主》言"民主"①。

"夫小大虽殊"，小大虽然不同，因为社会上的形形色色，要形容的话，就是小与大。好坏、美恶都包括在小大之中，小大含的境界很广。按照立场来说，就是人我，就是彼此。形容一个东西，就是小大，小大的含义特别深。这一段明白了，就能把一切事情都看得特别清楚。

下面推到：小大是在乎谁来看，其实根本就没有什么小大。只有在"有欲"的人来看，才分小大的不同。因为人各有欲，所以就分了"小大""是非"与"利害"。有欲而没能达到自得

① 严复《老子评点》云："《南华》以《逍遥游》为第一，《齐物论》为第二，《养生主》为第三，老子首三章亦以此为次第"（《老子评点·二章》），"试读布鲁达奇《英雄传》中来刻谷士一首，考其所以治斯巴达者，则知其作用与老子同符。此不佞所以云：黄老为民主治道也"（《老子评点·三章》）。

之境的人，才把这些看得那么重，才把物分为小大之不同。

小大皆有自得，其自得之性以形言有小大，以性分言无小大之别。

"自得之场"，就是自然之得的环境。正如德行"得于道"就叫道德，所以行"得于自然"就叫作自然之得。

"自得之场"也就是本然之场，没有物欲之累，也没有外诱之私，完全是本然之善。每个人都有所禀、有所受。禀之于天者是性，其所禀是没有大小的，这便是自得之场。

"则物任其性，事称其能，各当其分，逍遥一也"，在我们一般人来看有小大，然而小大都有其自得之性，所以在性分上来说没有小大。要是把物放于完全自得其性的环境与场合之中，则每个物都能任其性而为之，等到任其性而为之的时候，就没有小大了，发挥的作用都一样，看社会的事物都是如此。一切物，大的、小的，都有其功用，若物都能任其性，则小大都有其功。

我们有时候把人看得特别尊贵，这可得看是用什么眼光来看。按照性来说，人和苍蝇没有什么区别，人只能说是比苍蝇大，其他，人能的苍蝇都能。譬如说，"食色，性也"，苍蝇都会。因为各有自得之性，在自得之性上来说，人能的苍蝇都能。至于其他枝枝叶叶的不同，那只是点缀得不一样，但是在大本上完全一样，在大本上一样就谈不到小和大了。

其实就像高飞九万里的大鹏和在树间低飞的小鸟一样，大鹏认为我能飞九万里，小鸟也不示弱地说："我能当天回来，还不挨饿，你去得太久了，还要预备几天的粮食。"人懂了这个道理，等到自得其性的时候，我们在事和物上就各有其位、各有其看法，这正是儒家"素其位而行""思不出其位"的观念。

因此，我们就不会把自己看得高于别人。把自己看得高于别人，那完全是自我的观念。所以说，小大虽然不同，但是在自得其性的环境中，每个物都能任其性，那人和苍蝇就没有什么区别。

等到物任其性、事称其能，有其分的都当其分（位），那么其小大一也。

"性"指自性，"能"指本能。人做事情要和他的本能相称，与本能不相称就是过与不及。不及的意思大家懂，至于本能之"过"，则是矫揉造作。不是英雄，装成英雄的样；不是伟人，装成伟人的样，所以事就不称其能了。事称其能则皆是自得，是本然之善，即孔子所说的"素其位而行"，就是按本能、本位行事，而不务乎其外。一般人务乎其外，便是受了外诱之私。在政治上，就是"虚内务、恃外好"，所以就失去了本位、本能，失去了本然之善，就是失去了自得。"物任其性，事称其能"，皆是素位而行之意。

"岂容胜负于其间哉"，人之所以分善恶、美丑，都是由于自己的主观。若是从大本上来看，每个人都有其位，都有其责任，只要我们尽到了责任，就不分大小了，那么善恶、美丑还有什么区别？古时候分士、农、工、商为四民，四民都有其分，如能各当其分，那还有什么贵贱高低？贵贱高低是人为的，在本质上，只要各当其分，就不分贵贱。每个人都有其位，都尽其责，就不分小大了，那还有什么小大、好坏、成败的观念？所以说"岂容胜负于其间哉"。在其位都尽其责，这就是逍遥、就是自由。郭象此注道尽了自由之真谛。

"物任其性，事称其能，各当其分"，任其性，行事和其能相称，和其分相当。什么叫自由？每个人都各尽其能、各尽其责，那就没有什么小大、善恶、良窳之分。我们必得分士、君子、贤人、小人，这个分法是入手处，而这里讲的是要能自得，放于自得之场，则物任其性，事称其能，各当其分。

人没能把本能发挥出来，那啥都没有用。实际上很少人能识本而按本位去做事。等到认识了自己的本能，把本能都发挥出来，这就是自得，也就是儒家所谓的"尽性"。性都尽了，哪里还分小大、好坏？能尽性就都对、都好。

看看《逍遥游》的境界！那可不是随随便便没人限制就是"逍遥游"。

什么是自由？每个人都尽其责就是自由。这就像杨子的"人人为我"，这才能逍遥，自己逍遥。若没达到这个境界，那有的人就叫别人为他负担，而自己"逍遥"去了[①]。

人为何不自由？人最大的不自由，就是有"求不得苦"。"求不得"，是因为欲太多。因为欲壑难填，所以就有求不得苦，这个苦比什么都苦。若是别人使你不自由，这还容易解脱；而由于本身有求不得苦，造成自己的约束与不自由，那是很难解脱的。

小大虽然不同，然而把小大放在自得其性的环境之中，则每个物都能发挥其性的本能，行事上和其能力都相称，每件分

---

① 杨子主张贵生重己，孟子以为自私。老师以为人如果能将自己调理得什么都不缺，那又何必要别人给他什么东西呢？无所求才是真逍遥！

内的事都做得到，则"逍遥一也"！在"逍遥""自由"之中，行事和其能相称，每事皆当其分，怎么能够允许胜负的观念存于其间呢？

（1978年12月22日复讲此段注）

庄子没有胜负的观念，宜深悟之！

有欲之人看之，小大、是非、善恶、荣辱不同。

人皆有所禀，皆有所受，所禀者无大小。所禀者即自得之物，亦即"自得之场"。"自得之场"就是"本然之场"，没有物欲，没有外诱之私，完全是"本然之善"，于此境界，凡事无别。

一切物，大的小的都有其功用。

矫揉造作，即"事"不"称其能"。例如，自己不是英雄装英雄，自己不是伟人装伟人，即不"称其能"。

一般人专务其外，儒家讲"不务乎其外"，不可"虚内务、恃外好"。"物任其性，事称其能"即"各当其位"。

"各当其分"，此即逍遥，此即自由。人之不自由、不能解脱，原因就在于"求不得苦"。"求不得"因欲太多，卖国等不正常之事皆由此而来。欲多，加外诱，即"求不得苦"。

书中深意，讲，顶多讲一二分，要自己悟。郭象注多看，自己就明白了。

北冥有鱼，其名为鲲。鲲之大，不知其几千里也。化而为鸟，其名为鹏。

【注】鹏鲲之实，吾所未详也。夫庄子之大意，在乎逍遥

游放，无为而自得，故极小大之致，以明性分之适。达观之士，宜要其会归而遗其所寄，不足事事曲与生说。自不害其弘旨，皆可略之耳。

"鹏鲲之实，吾所未详也。夫庄子之大意，在乎逍遥游放"，鹏鲲实际指何而言，郭象也不知道，后人则越注越详细。人多夸大其词，少有能识本者！

鹏和鲲的实际情形郭象也不知道，但他懂得庄子的大意在乎道逍遥遥地去游，在乎自由游。鹏、鲲二物是用以况海阔天空之任遨游也，不受任何人的约束，更不受自己的约束。我们希圣希贤、见贤思齐就是对自己的约束，这些"人之为道"，在庄子看来，不就是"伪"吗？

儒家和佛家一样，都是想尽方法来克制自己。庄子的思想就不同，庄子在乎逍逍遥遥，得自自由由。此庄子与儒佛之不同。

逍遥从哪来？必须"自得其性"才逍遥。自得其性是从大本、从内在出发。放于无为自得之场而自得，无为就是"顺自然"，我们要顺自然之性而自得。

"无为而自得"，"自得"是指体来说的，"无为"是指用来说的。自得方能无为，有自得之体的人，才能有无为之用。

放于自然之场，自得其性方逍遥。不能自得的人，什么都放不下，若是排班排在后头都不行，那如何能无为？等到我们见贤思齐，那是从外边看到别人而想和他齐，用人为的功夫来克制自己去达到标准，这个境界就差得太多了。等到自得其性了，才能达到真的逍遥。

"故极小大之致，以明性分之适"，没有人之为道，所以能"极小大之致"（"极"当动词）。达到了最高境界才明性分之所适。"性分之适"四字特别重要，也就是说，能把小大的最高境界都研究了，明白了性分之恰当处，使物各当其分、各任其性。

"达观之士，宜要其会归而遗其所寄"，"观"，察也，"达观"，达其所观，察世界之情。"要其会归"是会归于自然，即会归于本性。会归于自然，自己人为之说得遗之。遗之，放掉。"会归"，就是总会之处，即目的之所在。我们把大的目的、大的宗旨，看得特别重要。任何时代都应把大问题放在前面，而把自己所寄的小范围放掉，也就是把公的事情看得最重要，而少"私"心用事①。

"遗其所寄"，就是把所寄的放弃掉，像儒家讲见贤思齐就是所寄。我们没等做事就先把自己立个款，要做圣人、贤人，见贤思齐就是所寄，也就是我们缺少了要其会归于自然本性的功夫。能"要其会归"，就把人为之所寄去掉了，这时候就完全归于自然了。

"不足事事曲与生说。自不害其弘旨，皆可略之耳"，我们不能"事事曲与生说"。社会上的事不必人人同意，也很难事事合众人之理，所以只要没有大的影响就算了。许多人每做件事必得是圣人的行为，是神的旨意，强求事事合理，这都是"曲与生说"，结果是乱贴膏药，愈描愈黑。尤其那些解经的人，

---

① 成语"师心用事"，此处言少以私心用事，以公心为主，故改用"私"字，而曰"私心用事"。

又怕经解不通，又怕别人批评，于是就"曲与生说"了。"曲与生说"，自己强作解释，但是真理就一个，自然就是本性。

（1978 年 12 月 22 日复讲此段注）

凡事不要"曲与生说"，只要大的方面对，即好。不要乱贴膏药，否则事事皆圣人之言，事事皆圣人之行，则是混人。

郭象解释庄子的思想，认为庄子思想最重要的是"在乎逍遥游，放无为而自得，故极小大之致，以明性分之适"，而达观之士学道，会归于自然，将自己人为之说皆遗之。把人为之所寄都遗掉而会归于自然，这是庄子立说之大本。

庄子认为，有一个必然的东西在那里，一切努力都是要自得这个自然。自得是完全不靠任何人的力量，完全发自内心，然后得其自然，会归于本。"遗其所寄，会归其本，得其自然"，这是庄子最重要的思想。

郭象在"物任其性"一语中提到的"性"，是儒家的思想。"要其会归"，以儒家言，即会归于本性。

"北冥"是北海。"化而为鸟"的"化"是变成。

庄子此段完全在说一个"本"的东西，等到用的时候就变得太多了。本是什么？用儒家的话来说，本就是太极，太极可以生鲲，也可以生鹏，要多大有多大，要多小有多小，其小无内，其大无外，也就是《中庸》所说的"其小莫能破焉，其大莫能载焉"。（《中庸》原文为："故君子语大，天下莫能载焉；语小，天下莫能破焉。"）

儒家和道家之学，其宗旨虽然不同，但是所作的比方也不能超出中国的范围，中国思想在这里是很深的。

"小"是隐和微，所以《尚书》说："人心惟危，道心惟微。"小之极为微，小得到了微而无形，所以没有方法把它打破。由微之显，道就发挥作用了，大得无微不至，就"天下莫能载焉"，这是儒家的思想。

人从内里头修这个微，微是本性。本此微以自得，自得之后发之事事物物成外王之功。从本性而有了自得，自得以后就发用了，那个发用，"天下莫能载焉"，什么事都能担当，都能负责。

在内圣的功夫上，我们应该本这个微而自得，等到发于外，发之于事事物物，成外王之功时，就"天下莫能载焉"。天下以他（指有内圣外王之德能的人）为大，以他包括一切。这也就是小大的观念，但是这和道家所讲的宗旨不同。然而入手处，成内圣外王的功夫，都是这样的。

鹏之背，不知其几千里也；怒而飞，其翼若垂天之云。是鸟也，海运则将徙于南冥。南冥者，天池也。

【注】非冥海不足以运其身，非九万里不足以负其翼。此岂好奇哉？直以大物必自生于大处，大处亦必自生此大物，理固自然，不患其失，又何厝心于其间哉？

"鹏之背，不知其几千里也"，无不载也。

"海运"，"运"，行也。海不运，则鹏不能动。或言，"海运"指狂风暴雨。

无为自然乃顺乎天之道，我们常说："有福之人不落无福之地。"因为无福之地没法养有福之人。这和郭注"大物必自生于大处，大处亦必自生此大物"是同一个意思。

"冥"是没有边的，"冥海"是无疆之处，这得大到什么程度？要是没有冥海，怎么能运转大鹏的身呢？若是没有九万里的气，就没办法使大鹏的翅膀浮起来。

所谓"世有伯乐，然后有千里马。千里马常有，而伯乐不常有。故虽有名马，祇辱于奴隶人之手，骈死于槽枥之间，不以千里称也"（韩愈《马说》）。这就是环境，也就是"水浅养不住大鱼，小庙供不起大菩萨"的意思。

环境特别重要，有先天的环境，有后天的环境。想成大物，就得把你的自然环境变成大处，天天小家碧玉似的，成不了大事。有了大的环境才能生大物，而大物也要有大的环境才能放得下。这两者是相依的。人有此才，无环境则不能展翅，何况是鹏程万里？

"理固自然，不患其失，又何厝心于其间哉"，"理固自然"，是说理固然要守于自然。因为理就是自然，我们看不到真理，那只是一时的浮云遮日，我们又何必把心放在这些事情上呢？

有副对联说："万般皆是命，半点不由人。"也就是"万般皆由自然，半点不由人为"，何必巧用机关？这不是灰颓①，而是重视环境，有什么环境就生什么东西。既然这样，又何必把有欲之心放到自然环境中去乱搅呢？我们应该本着自然，固守自然，不以人欲之心放于自然之中，不必加人为之道、人欲之

---

① "灰颓"，灰心颓丧，清陈维崧《念奴娇·祖园与玉峰徐孚君话旧回用前韵》："万事灰颓吾不恨，只负柔奴车子。"

私于其间。

做事也好，打人也好，必须衡量。打人，必须往坏处想，防人还手。否则人一还手，打不过即输。做事必须有把握，不要意气用事。要硬干必站在理上，不合理不做。占了理，得理不畏人，谁也不怕谁。

读书必明精义，叶灵凤（玉麟）先生曾著《白话译解庄子》，可参考。叶先生注《史记》最有名。灵凤先生子叶元（葱奇）为郑孝胥先生女婿。

《齐谐》者，志怪者也。《谐》之言曰："鹏之徙于南冥也，水击三千里，抟（tuán）扶摇而上者九万里，

【注】夫翼大则难举，故抟扶摇而后能上，九万里乃足自胜耳。既有斯翼，岂得决然而起，数仞而下哉？此皆不得不然，非乐然也。

【成玄英疏】（下简称为"疏"）"志"，记也。齐谐所著之书，多记怪异之事。

"水击三千里"，此本身之力量。

"抟扶摇而上者九万里"，人欲上九万里亦必有此外力。

翼大了就难以举飞，要等到刮羊角风时才能往上升。大鹏自己能够自胜的能力、能负荷的量，就仅有九万里，然而环境的力量却超过了九万里。

"既有斯翼"，既然有这么大的膀子。

"岂得决然而起，数仞而下哉"，怎么能决然而起，飞于数仞而下？这是办不到的，因为在小环境下没有办法发展。这都是不得不然的。自然环境如此，并不是自己喜欢，得顺应自然环境去做。

人在社会上，得有"抟扶摇"的环境与力量。"抟"是冲劲，"扶摇"是个技术（扶摇或指左右摇摆以借风势之扶助而飞升）。有此环境加上"抟"之冲劲、扶摇的技术，方能上九万里。我们必得培养自己抟的那股冲劲，运用扶摇的技术，才能直上九万里而成功，不要撞大运（指全凭碰运气）。

"去以六月息者也。"

【注】夫大鸟一去半岁，至天池而息；小鸟一飞半朝，抢榆枋而止。此比所能则有闲矣，其于适性一也。

"去以六月息者也"，一去必六月才止。大鹏鸟这一去，就得经半年才能到天池而休息。小鸟与大鹏之所能，确实有距离，但是其适性一也。

"其于适性一也"，这句话最重要，就是其自得一也。这证明了一开始所说的，小大没有所分。它们的所能虽然有距离，但是等到它们达于性之时，则是一样的。达到适性，就是自得，故其自得一也。在能上有距离，在大本上没有不同。

野马也，尘埃也，生物之以息相吹也。

【注】此皆鹏之所冯[1]以飞者耳。野马者，游气也。

---

① 冯，亦作凭。

野马、尘埃、生物相吹之息，这些都是大鹏凭借以起飞的。

大鹏要高飞的时候，得靠着海运之变的大力量。但你们光知道大的了，却不知道那小的更有用。大鹏什么力量都借，不但借大的自然力量，连野马、尘埃、"生物之以息相吹"这些微小的气都得借，加在一起就能鼓动大鹏之翼。

大鹏已有了这么大的能力、技术与环境，都还不敢忽略野马、尘埃之气，所以一个人即使再了不起，也不能忽略了小的力量。我们不要认为在社会上只有某一个大的东西才有力量，才对我们有利。大的力量对我们有利那是必然的，可是我们更不可忽略了那小的野马、尘埃、生物相吹之息。因为若将全天下生物呼出的小气加在一起，也不得了了（如现今网络社群言论之力量）！

我们不但要重视看得见的、固定的力量，更应重视那些微微妙妙的力量。我们不仅应注意看得到的力量，亦应注意无形无迹的一切力量，此皆所以鹏程万里的力量。明乎此，则没有一力量不是促成我们成功者。大的力量、小的力量，这些都可以帮助我们成功。生物呼吸的气加在一起，也是使我们鹏程万里的力量。

钱先生（宾四）《庄子纂笺》有精义，可参看。

天之苍苍，其正色邪？其远而无所至极邪？其视下也，亦若是则已矣。

【注】今观天之苍苍，竟未知便是天之正色邪，天之为远而无极邪。鹏之自上以视地，亦若人之自地视天。则止而图南矣，言鹏不知道里之远近，趣足以自胜而逝。

做事不必计划道里（路途）之远近，但是必得自己能够自胜才去做。

在大鹏的心里并没有道里之远近，它所重视的是足以自胜。具足了自胜之力，然后才去。光知道计道里之远近，但是最后自己的力量不能胜任，没法走到，那不是白计划了吗？

不必先考虑数字的问题，应该先看看本身的力量足不足以自胜。足以自胜就去，不必计划远近。远近是客观的环境，而足以自胜的是我们自己本身的力量。本身力量够，其余不足虑。先估计了本身的力量以后，再看客观的环境，有了这个力量，就什么客观的环境都能克服。

人要看环境，不要钻尖取巧。看我们的力量，是否有制胜之力？有，才去；没有，则不去。要不然人家一松手，自己就摔碎了。"水击三千里，抟扶摇而上者九万里"，皆自己力量够方可去。

且夫水之积也不厚，则其负大舟也无力。覆杯水于坳堂之上，则芥为之舟；置杯焉则胶，水浅而舟大也。

【注】此皆明鹏之所以高飞者，翼大故耳。夫质小者所资不待大，则质大者所用不得小矣！故理有至分，物有定极，各足称事，其济一也。若乃失乎忘生之主，而营生于至当之外，事不任力，动不称情，则虽垂天之翼不能无穷，决起之飞不能无困矣！

水之积不厚，不足以负大舟。

"坳堂"，坳，音 āo，又读 ào。

水浅不能漂浮大船。

"故理有至分，物有定极"，科学家所以能役物，即因"理有至分，物有定极"，所以指哪儿打哪儿。

"此皆明鹏之所以高飞者，翼大故耳。夫质小者所资不待大，则质大者所用不得小矣"，大鹏的膀子大，有这本钱才能高飞，不是只有客观环境就能高飞的。大鹏鸟因为膀子大，然后再加上客观环境的力量，所以才能高飞。"翼大"即本钱，有本钱再加上客观环境之力量则能高飞。若是自己本质小，则所资取的就不必那么大，只要能和自己的体相称就有用。本质大的若是所处的环境太小，那就没有办法了。

"故理有至分，物有定极，各足称事，其济一也"，这个理有其至高之分际，而无论什么事物都有一定的止境，因此我们才能把事物研究到最高境界，所以处事办事都有一定的原则。如果事物没有止境，那么我们就无法研究出对付的办法。

就是因为事物都有一定的止境，所以我们的智慧就能在其范围之内来想办法，人就能把事物控制住了。只要事物是有止境的，则不论其范围有多大，我们的智慧都能在其范围之内控制它、役使它。现在我们把很多东西都当成了废物，就是因为我们的智慧没到境界。每个物都有和它相通、相称的，只要我们研究到了最高境界，就任何东西都不是废物。猪粪能生沼气即一例。

天下没有废物！我们认为有废物，那是因为我们的智慧没达到，把它给糟蹋了。我们在世界上所用之物，没有重要不重要之分，缺少一个东西都不行。像一个机器，我们不能说那个大杠才值钱，因为若是缺个小钮，这个机器也不能动。所以，每个动物都有同等的地位，没有轻重之分，"其济一也"，其济世的功能是完全一样的。

"若乃失乎忘生之主，而营生于至当之外"，若是失掉了大本而经营我们的生活，生活于最恰当的道理之外，那正是"人之为道而远人"，到最后完全白费了。

一般人营生于至当、大本之外，忽略了自身的本能，专做无谓的事。"虚内恃外"，结果非但对面前的环境运用不当，自身的本能也白白地浪费了。我们做事完全与大本合，这才叫作"至当"。

"事不任力"，《礼记·礼运》"力恶其不出于身也，不必为己"，就是"任力"。我们把智力、智慧完全拿出来，担当起责任，做了许多于别人有益的事情，却不是为了自己。我之财力、智力应叫之担当应担之责任，各任其事，若在至当之外，则其力量完全发挥不出来。

"动不称情"，是离了大本，行动与情不相称，完全悖逆而不近人情。

"则虽垂天之翼不能无穷，决起之飞不能无困矣"，那么虽然有大膀子，也不能发挥作用，长了膀子而不能用事，就成了废物。我们有那么多的智力不能专为自己保存，我们有那么多的财力，不可专寄于一身。专寄于一身，则我之智力、财力未尽其用，浪费！

若是环境没能用上，那么即使是大鹏鸟要奋飞起来，也不能没有困难啊！做事时任何小的力量都不能轻视，所谓"舜好问而好察迩言"（《中庸》）、"舜无一不取于人者"①，就是能集众

---

① 《孟子·公孙丑上》："大舜有大焉，善与人同，舍己从人，乐取于人以为善。自耕稼、陶、渔以至为帝，无非取于人者。"

人之智以为己智。舜所以能成其大，就是因为他不弃小。我们为什么没成其大？因为我们弃小，所以大的也没得到。

把这些注都玩味好了，用在人事上，这真是新的智慧。注《庄子》的没有比郭象高的。

可见了解面前环境多么重要！有人忽略本身之力量，专靠外面的环境，结果外面环境变坏了，本身之力量也白搭了！

风之积也不厚，则其负大翼也无力。故九万里，则风斯在下矣，而后乃今培风；背负青天而莫之夭阏者，而后乃今将图南。

【注】夫所以乃今将图南者，非其好高而慕远也，风不积则夭阏不通故耳。此大鹏之逍遥也。

【疏】培，重也。夭，折也。阏，塞也。

胡林翼云："办大事以集才、集气、集势为要。"庄子所谓"而后乃今培风"也。

"阏"，音 è。又音 yān，阏氏。

大鹏不是好高慕远，而是因为它有这个环境，本身又有这个力量。这是说大物之逍遥有大物的环境，而小物之逍遥有小物的环境。大鹏要在积厚之风下，才能逍遥。而一个人的成功，是他本身积的"德""能"够了，所以推也推不掉，这不是好高慕远或强求所能得的。

蜩与学鸠笑之曰："我决起而飞，抢榆枋，时则不至而控于地而已矣，奚以之九万里而南为？"

【注】苟足于其性，则虽大鹏无以自贵于小鸟，小鸟无羡于天池，而荣愿有余矣。故小大虽殊，逍遥一也。

"苟足于其性"，要是真的能把我们自己性之本能发挥出来，"则虽大鹏无以自贵于小鸟"。大鹏如果不能把自己之本能发挥出来，亦不如小鸟。

不要有自卑感，假设自己的功夫能足于自己的性，这就是自得。能如此，则虽是大鹏鸟也不能觉得自己比小鸟尊贵，小鸟也不必羡慕大鹏能飞到天池去。一个人能足于自性，那就够了。例如普通百姓捐款少，较王永庆捐款多一样有意义。不在多少，在是否尽力。

足于自性就是尽性，《中庸》云："能尽其（己）性，则能尽人之性；能尽人之性，则能尽物之性；能尽物之性，则可以赞天地之化育；可以赞天地之化育，则可以与天地参矣。"足于自己之性，就是把自己性的本能完全发挥出来，这样就不分大小了。能各尽其性，能足于其性，就是逍遥，就是自由。

抹杀了人性，就是抹杀了自由，所谓"己所不欲，勿施于人"（《论语·卫灵公》)，是绝对地不妨害他人的自由，绝不侵害别人。这个最高境界就是"杀一不辜得天下，不为也"①，古人讲自由讲得多好！言外之意，有罪的就得杀，因为杀恶人即做善事。

古时候人和人之间，是多么地相互尊重。唐朝李华的《吊

---

① 《孟子·公孙丑上》："有得百里之地而君之，皆能以朝诸侯有天下。行一不义、杀一不辜，而得天下，皆不为也。是则同。"

古战场文》："苍苍蒸民，谁无父母？提携捧负，畏其不寿。谁无兄弟？如足如手。谁无夫妇？如宾如友。生也何恩，杀之何咎？"读来特别感人，别人父母辛辛苦苦好不容易提携儿女长大，你有什么权柄去害别人，去叫他死？

适莽苍者，三餐而反，腹犹果然；适百里者，宿舂粮；适千里者，三月聚粮。

【注】所适弥远，则聚粮弥多。故其翼弥大，则积气弥厚也。

"腹犹果然"，肚子还是饱的。

"所适弥远，则聚粮弥多"，去的地方愈远，所储备的粮食要愈多。

有远大的抱负，想担当大事，就要有远大的基础，所储备的也要最多。有抱负的人储备必多。

自己一点基础都不具备，还天天想远游，那不是妄想吗？自己所积储的少，怎么能够担当大任？

你想要跑得远，担当起救国救民的大任，必储备大的力量。什么大的力量？那得快快地储备"灵粮""慧粮"啊！人是铁，饭是钢，不储粮靠什么？

没有智慧靠什么去做事？又怎能担当大任？

"故其翼弥大，则积气弥厚也"，膀子愈大，积气得愈厚，不然你的膀子没有用。自己很聪明、很有智慧，那还得好好地储备力量，若是自己不积厚那也不行。

今人即乏积气之厚，本质好亦必积气，否则也起不来。要成个人物却没有积气之厚，那还能有发展吗？光有容貌外表，而没有一点真实内在的力量，那啥力量都发挥不出来。

积气愈多愈好，如野马、尘埃都包括在内。不能说只"友士之贤者"，交友之时，若仅友士之贤者，那小流氓碰到你就会打你。

积厚之气的"气"，有干净的气，也有尘土的气。有了好的本质，也得把外边的环境积厚起来，然后才能左右逢源，取之不尽、用之不竭，"无入而不自得"（《中庸》）。

说了那么多，也不外乎教你们"有伟大的抱负"，得下真功夫啊！否则光有胚子（胚子，即质地、材料）没有用。谁没有妄想？但是，吃得苦中苦，方为人上人啊！

之二虫又何知？

【注】二虫，谓鹏、蜩也。对大于小，所以均异趣也。夫趣之所以异，岂知异而异哉？皆不知所以然而自然耳。自然耳，不为也。此逍遥之大意。

"岂知异而异哉"，岂是知道异而异？

"皆不知所以然而自然耳。自然耳，不为也。此逍遥之大意"，这是逍遥的定义。不知所以然而自然耳，就是完全顺乎自然，而没有人之为道，这才是逍遥。

小知不及大知，小年不及大年。

【注】物各有性，性各有极，皆如年知，岂跂尚之所及哉？自此已下至于列子，历举年知之大小，各信其一方，未有足以相倾者也。然后统以无待之人，遗彼忘我，冥此群异，异方同

得而我无功名。是故统小大者，无小无大者也；苟有乎大小，则虽有大鹏之与斥鷃（yàn），宰官之与御风，同为物累耳。齐死生者，无死无生者也；苟有乎死生，则虽大椿之与蟪蛄，彭祖之与朝菌，均于短折耳。故游于无小无大者，无穷者也；冥乎不死不生者，无极者也。若夫逍遥而系于有方，则虽放之使游而有所穷矣，未能无待也。

"物各有性，性各有极"，每个东西的性，都有它的"极"。"极"字特别重要。抓住此"极"，则知性为何；知极至之处，则可控制之。今天下事打开收音机即可知，可以听人之意见，自其漏洞求解之之方。

因为它有了这个极所，所以只要我们了解了极，就能控制这个事物。我们想要役物，得先完全控制住"极"，然后才能役物。我们知道了极，然后才能在极的范围内，想出方法来控制这个东西。例如，懂得铁的性，就能把铁的作用完全发挥出来而用之。

科学家知道了物之极，就能研究物而控制物。每件事情都是这样，只要我们对事情了解清楚了，就能左右逢源。这必须从基本上了解，得识大本。

"皆如年知，岂跂尚之所及哉"，"跂尚"，是说踮起脚尖来往前追赶，虽然比别人高了一点，但是跷起脚走路，是走不了几步的，也发挥不了作用。天下没有靠着捡便宜和钻尖取巧而得到真理的。

"各信其一方"，小知、大知，小年、大年，各成其一方。因为各有其性，所以就有其某一方面之用。

"故游于无小无大者，无穷者也；冥乎不死不生者，无极者也"，这两句话特别重要。游心于没有小大的境界之中，才能游于无穷。因为小大有穷，大到多大都有穷，即使是九万里，也是有穷的。"冥"，与"冥此群异"之"冥"是同一意思（当动词用）。

"物各有性，性各有极"，有极则有极之理，明之、通之则可控制之。若无极，则无法明亦无以通，亦无法控制之。

我们从不知到知，知道不死不生时，就到了最高的无极境界，别人就没法把持住你。等到我们有极的时候，有极就有有极之理，就被人家用了。

在极之理中研究通了，就能控制住物。一般人在有极的境界之内，才有办法去研究，无极就无法研究得通。

"若夫逍遥而系于有方，则虽放之使游而有所穷矣，未能无待也"，"系于有方"是有方所，有方所就有所"穷"，就没有办法完全逍遥了。譬如，你说到南方去，就只有在南方这一处逍遥，这就没有办法达到真逍遥的境界。

由"不冥"达到"冥"这个"不死不生"的无极之境，才是真正的逍遥游。因为人没有办法研究无边无极的东西，所以任何人都不能控制此无极之境。而有极之物，无论怎么妙，必得受人家控制，就没法逍遥了。

"物各有性，性各有极"，在有极之中研究，了解了物之性，就了解了物之极，也就能研究出一套办法来控制物。

有一定的"方所"就有所"困"，因为超出了这一定的方所就不行了。为什么有所困？因有方所。有方所则有极，有极就能用智慧。没有"极"，智慧于无极中无法明白，所以物不受控制。

只有在自然之中，才能逍遥游。顺自然才能有自由，不顺自然，有人之为道，就没有办法自由了。

奚以知其然也？朝菌不知晦朔，蟪蛄（huì gū）不知春秋，此小年也。楚之南有冥灵者，以五百岁为春，五百岁为秋；上古有大椿者，以八千岁为春，八千岁为秋。此大年也。而彭祖乃今以久特闻，众人匹之，不亦悲乎？

【注】夫年知不相及若此之悬也，比于众人之所悲，亦可悲矣。而众人未尝悲此者，以其性各有极也。苟知其极，则毫分不可相跂，天下又何所悲乎哉！夫物未尝以大欲小，而必以小羡大。故举小大之殊各有定分，非羡欲所及，则羡欲之累可以绝矣。夫悲生于累，累绝则悲去，悲去而性命不安者，未之有也。

【疏】特，独也。以其年长寿，所以声〔名〕独闻于世。

"奚以知其然也"，怎么知道他对呢？

"蟪蛄不知春秋"，蟪蛄只生一季。

"楚之南有冥灵者"，"冥灵"，一说是木名，一说是海龟。

"而彭祖乃今以久特闻，众人匹之，不亦悲乎"，彭祖因为活得久，所以独闻于世。大家一提到长寿，就都想和彭祖相匹配，这不是很可怜吗？因为只要是有数的，到最后都还得死啊！

"众人匹之，不亦悲乎"，与八千岁①比就太小了。

---

① "八千岁"一词在宋朝指赵匡胤的儿子赵德芳，赵德芳本该继承皇位。传说赵匡胤为弟赵匡义所杀，而赵匡义继位为宋太宗后，封赵德芳为八千岁，"上殿不参，下殿不辞君"，享八个王的俸禄，称八贤王。

人生之累，一个是"慕"，一个是"欲"。我们看到好的而心里有所求，这是羡慕。想求而求不到，就有求不得之苦而累心了。"悲"生于累心，"求而不得"才累心，"累绝则悲去"。所以，复性必先去欲，欲多则"灵冥"昧矣。我们要想复性命，那得先"去欲"，欲去掉了，"灵冥"才不昧。

"欲"就是"累"，这一累，"灵冥"都没了。人都成物了，见了物就跑。

汤之问棘也是已。

【注】汤之问棘，亦云物各有极，任之则条畅。故庄子以所问为是也。

穷发之北有冥海者，天池也。有鱼焉，其广数千里，未有知其修者，其名为鲲。有鸟焉，其名为鹏，背若太山，翼若垂天之云，抟扶摇羊角而上者九万里，绝云气，负青天，然后图南，且适南冥也。斥鴳笑之曰："彼且奚适也？我腾跃而上，不过数仞而下，翱翔蓬蒿之间，此亦飞之至也。而彼且奚适也？"此小大之辩也。

【注】各以得性为至，自尽为极也。向言二虫殊翼，故所至不同，或翱翔天池，或毕志榆枋，直各称体而足，不知所以然也。今言小大之辩，各有自然之素，既非跂慕之所及，亦各安其天性，不悲所以异，故再出之。

"穷发之北"，"穷发"指不毛之地。
"未有知其修者"，"修"者，长也。

"扶摇羊角","羊角",羊角风,又称龙卷风。

在这里斥鷃认为,大鹏飞到南冥,麻烦其实是一样的。所以斥鷃的志向只是在小树丛中飞一飞而已。

"各以得性为至,自尽为极也",得其性,才是达到最高之境。把自己的本能发挥出来,才是极点。不论大小皆以"得性"为至高之境。"得性",得以将其性发挥出来。两只鸟的膀子不同,所以达到的目的不同。两个人的本钱不同,则达到的目的也不同。小的照样能发挥力量。只要是照着他的本钱,把他的本能都发挥出来,则没有小大之分。在乎发挥的作用如何,在乎尽性,能尽性就行。

"直各称体而足","称体而足"四个字很重要,是足其体之能而发挥出来。

看看!自由是如此争取的。争取自由是多么麻烦,不是不管事。

"各有自然之素,既非跂慕之所及",每个物都有其自然之本,不是跷脚仰慕所能达到的。

故夫知效一官,行比一乡,德合一君,而征一国者,其自视也亦若此矣。

【经典释文】郭庆藩:"而征一国者","而"字当读为能,能、而古声近,通用也。

【注】亦犹鸟之自得于一方也。

"比",合也。"自视"二字妙!

如果某人的智慧可以报效一官,行为能庇护一乡,他的德合于一个国君，他的能使一国的人都相信他。他自己看自己，也就像鹏、鴳能自得于一方一样。

而宋荣子犹然笑之。

【注】未能齐，故有笑。

且举世而誉之而不加劝，举世而非之而不加沮。

【注】审自得也。

定乎内外之分，

【注】内我而外物。

【疏】荣子知内既非我，外亦非物，内外双遣，物我两忘，故于内外之分定而不忒也。

辩乎荣辱之境，

【注】荣己而辱人。

宋荣子这种人，全世界都赞美他好，他也不会因此去拼老命；全世界都批评他，他自己也不沮丧，不会自认失败。这是因为他能"定乎内外之分，辩乎荣辱之境"。

"定乎内外之分，辩乎荣辱之境"，世德堂本"境"作"竟"。"竟"，当究极、究竟讲。完全辩乎荣辱之究极、之究竟，故不为荣辱动心！这解释比当境界讲好。内外之分定而不移，明白了荣辱之究极，而不为荣辱所动心了。

"内我而外物，荣己而辱人"，"内我"，是下内圣的功夫。

"外物"，是去掉外诱之私。人能离开外诱之私的太少了。一个人明白了荣辱，就绝不会去辱人。

郭注"荣己而辱人"，解得有问题，可参见成玄英疏所说："忘劝沮于非誉，混穷通于荣辱，故能返照明乎心智，玄鉴辩于物境，不复内我而外物，荣己而辱人也。"

斯已矣。

【注】亦不能复过此。

"斯已矣"，没有再高之境界。

彼其于世，未数数然也。

【注】足于身，故闲于世也。

"数数然"，汲汲然，急促的样子。

足于己之德智，则"从心所欲不逾矩"，乃真逍遥矣！己之德智俱足，方真逍遥。

"足于身，故闲于世也"，是说足于己，故闲于世矣。治国、平天下就是闲世。

要想"德博而化"，就要"闲邪存其诚"，把不正的念闲住。"闲"像是篱笆，把邪闲住、囚住，这才能德博而化。

想要用世，就要把世界上的坏事都控制住，其不二法门是"足于身"，得自己足了才能去闲世啊！一定要自己本身的道德、知识与品行都足了，然后才能闲世之邪，才能治世。

大家误解了道家，认为道家整天啥都不干，拿把破伞，穿件大袍，到处逍逍遥遥地乱跑。这可不行，如果逾矩了就不能逍遥。你碰到人家，人家就告你。治世的人要自己的本钱够、条件好，自己的"德""智"都足了，然后才能治世啊！

虽然，犹有未树也。

【注】唯能自是耳，未能无所不可也。

【疏】树，立也。

前面说"斯已矣"，他自以为清高，然不能达至德之境。为什么不能达至德之境？因未有所树立，"犹有未树也"！

未立主德也，未有所树立，因有依赖。

虽然如此，这只是自己不出毛病而已。只能达到随心所欲而不逾矩，但还不能达到无所不可的境界。这样也可闲世，但还不能化世。人到了"无所不可"时就能化世。不借任何力量才可以化世。

夫列子御风而行，泠然善也，

【注】泠然，轻妙之貌。

列子不得了，很轻妙，但他还得有风，没有风也跑不了。

旬有五日而后反。

【注】苟有待焉，则虽御风而行，不能以一时而周也。

他去一次半个月就回来了。

彼于致福者，未数数然也。

【注】自然御风行耳，非数数然求之也。

【疏】致，得也。

列子达到这种自求多福的境界，却不是积极地汲汲求之。那怎么能达到这境界呢？成玄英疏云："欲明为道之要，要在忘心，若运役智虑，去之远矣。"

社会的事都是如此，什么环境长什么东西，离开了生长环境就不容易发挥作用了。如果有待，就不能同时周遍天下，只能到一个地方。

此虽免乎行，犹有所待者也。

【注】非风则不得行，斯必有待也，唯无所不乘者无待耳。

列子能飞了，虽然不必走路了，但还得借着风。

他们一个比一个强，但都没到最高境界，因为还有所倚、所待。大鹏还得靠着海运的力量，便是有所倚，这不行。没达到自得之境，就有所倚待。等到不凭借任何力量了，这才是无倚无待。

若夫乘天地之正，而御六气之辩，以游无穷者，彼且恶乎待哉！

【注】天地者，万物之总名也。天地以万物为体，而万物必以自然为正。自然者，不为而自然者也。故大鹏之能高，斥鷃

之能下，椿木之能长，朝菌之能短，凡此皆自然之所能，非为之所能也。不为而自能，所以为正也。故乘天地之正者，即是顺万物之性也；御六气之辩者，即是游变化之涂也。如斯以往，则何往而有穷哉？所遇斯乘，又将恶乎待哉？此乃至德之人玄同彼我者之逍遥也。苟有待焉，则虽列子之轻妙，犹不能以无风而行，故必得其所待，然后逍遥耳，而况大鹏乎？夫唯与物冥而循大变者，为能无待而常通，岂〔独〕自通而已哉？又顺有待者，使不失其所待，所待不失，则同于大通矣。故有待无待，吾所不能齐也；至于各安其性，天机自张，受而不知，则吾所不能殊也。夫无待犹不足以殊有待，况有待者之巨细乎！

"岂〔独〕自通而已哉"，王叔岷以为此当有一"独"字。

"吾所不能齐也"，"齐"非均平义，乃自足义。自足故逍遥。

"若夫乘天地之正，而御六气之辩"，"乘"，如骑马。会骑马的以膝盖支配马。"正"，正道、正气。天地之精华要乘之，能乘方能御之。"六气"是阴、阳、风、雨、晦、冥。"辩"者，变也，就是变化之变。能够"乘天地之正，而御六气之辩"，才能游乎无穷之境界，而得到真的自由。

这真是"时乘六龙以御天"（《易经·乾卦》），"六龙"就是六变。完全没有一点私心，而把六气之变都运用得当，然后才能通行无阻、无所不通，能无所倚待。这才到了完全自由的境界。

我们乘在天地之正气、正道上面，天地精华我们都能乘之，那不得了。就像骑马，要乘之才能役之。能御之，就像赶车一样，叫往哪儿走就往哪儿走。到了"无所倚"的境界才能成事。

"乘天地之正"，就是顺万物之性。儒家说："民之所好好之，民之所恶恶之，此之谓民之父母。"(《大学》）这是顺民之性。有了这种亲子关系以后，没有人会反对你。若是好民之所恶，恶民之所好，逆了民之性，那"灾必逮夫身"。

故曰，至人无己，

【注】无己，故顺物，顺物而王^①矣。

"无己，故顺物"，没有自己则能顺物。

毓老师笔记

"顺物而王矣"："庄生之政治观也。顺物者可以王天下，顺己者（可以）亡天下，发人深省。"（加"可以"为口头解说。）

太顺己了足以亡身，完全为自己打算，那怎么行呢？

人人都要争利，你自己集利于一身，由于你多利，那害就来了，一定亡身。

神人无功，

【注】夫物未尝有谢生于自然者，而必欣赖于针石，故理至则迹灭矣。今顺而不助，与至理为一，故无功。

无心用事，故"至人无己"。无心作为，故"神人无功"。

---

① "王"，原文"至"，世德堂本作"王"，与唐陆德明《经典释文》同，师据改。

"无心用事"，就是没有君民之心。《春秋繁露·王道第六》云："五帝三王之治天下，不敢有君民之心（'君民之心'的'君'作动词，指统治人民的心理）。"

圣人无名。

【注】圣人者，物得性之名耳，未足以名其所以得也。

"圣人无名"，郭象注得好！我所教即"所以得"，偏差即"为达目的不择手段"。讲学必有流弊，为救世不得不这么讲，后人必有以所教而责之者。

人得了性，就是圣人。圣人无心为胜。把性的本能都发挥出来，无心胜人，那还要什么名？故"圣人无名"。

尧让天下于许由，曰："日月出矣而爝（jué）火不息，其于光也，不亦难乎？时雨降矣而犹浸灌，其于泽也，不亦劳乎？夫子立而天下治，而我犹尸之，吾自视缺然。请致天下。"

许由曰："子治天下，天下既已治也。

【注】夫能令天下治，不治天下者也。故尧以不治治之，非治之而治者也。今许由方明既治，则无所代之。而治实由尧，故有子治之言，宜忘言以寻其所况。而或者遂云：治之而治者，尧也；不治而尧得以治者，许由也。斯失之远矣。夫治之由乎不治，为之出乎无为也，取于尧而足，岂借之许由哉？若谓拱默乎山林之中，而后得称无为者，此庄老之谈所以见弃于当涂，〔当涂〕者自必于有为之域而不反者，斯之由也。

"爝火"，炬火，火把。你许由出如日月，我是火把，不耽误你。

"吾自视缺然"，我看我有点缺德。

"若谓拱默乎山林之中，而后得称无为者"，我们不能说隐于山林之中就是无为。要"治之由乎不治，为之出乎无为"才能成功。

"而我犹代子，吾将为名乎？名者，实之宾也，吾将为宾乎？

【注】夫自任者对物，而顺物者与物无对，故尧无对于天下，而许由与稷契为匹矣。何以言其然邪？夫与物冥者，故群物之所不能离也。是以无心玄应，唯感之从，泛乎若不系之舟，东西之非己也，故无行而不与百姓共者，亦无往而不为天下之君矣。以此为君，若天之自高，实君之德也。若独亢然立乎高山之顶，非夫人有情于自守，守一家之偏尚，何得专此！此故俗中之一物，而为尧之外臣耳。若以外臣代乎内主，斯有为君之名而无任君之实也。

"故无行而不与百姓共者，亦无往而不为天下之君矣"，能处处与百姓共，到哪儿都是天下之君。古之君只管事，没好处，大家不愿做。

"鹪鹩巢于深林，不过一枝；偃鼠饮河，不过满腹。

【注】性各有极，苟足其极，则余天下之财也！

明乎此，必好好做事。能足其极，则何贫之有？此乃逍遥自由也。

性都有极，真能"足其极"，则余财为天下用，而不私于一家。

余财不藏在你家里，使老百姓吃吃喝喝都够用，但不任意浪费资源。这正是《礼记·礼运》"货恶其弃于地也，不必藏于己"之意。

古人的书有一个共同的观点，就是不叫人"私其财"。

"归休乎君，予无所用天下为！

【注】均之无用，而尧独有之。明夫怀豁者无方，故天下乐推而不厌。

"庖人虽不治庖，尸祝不越樽俎而代之矣。"

【注】庖人尸祝，各安其所司；鸟兽万物，各足于所受；帝尧许由，各静其所遇。此乃天下之至实也。各得其实，又何所为乎哉？自得而已矣。故尧许之行虽异，其于逍遥一也。

"不越樽俎而代之"，不代之做事。

"庖人尸祝，各安其所司"，素其位而行。

"各静其所遇"，"静"字重要。

"此乃天下之至实也"，"至实"，绝对是真的。

对天下事看法虽然不同，但是其逍遥一也。

肩吾问于连叔曰："吾闻言于接舆，大而无当，往而不返。吾惊怖其言，犹河汉而无极也，大有径庭，不近人情焉。"

连叔曰："其言谓何哉？"

曰："藐姑射之山，有神人居焉，肌肤若冰雪，淖（chuò）约若处子。

【注】此皆寄言耳！夫神人即今所谓圣人也。夫圣人虽在庙堂之上，然其心无异于山林之中，世岂识之哉！徒见其戴黄屋，佩玉玺，便谓足以缨绂其心矣；见其历山川，同民事，便谓足以憔悴其神矣。岂知至至者之不亏哉？今言王德之人而寄之此山，将明世所无由识，故乃托之于绝垠之外而推之于视听之表耳。处子者，不以外伤内。

"往而不返"，说话永不兑现。

"故乃托之于绝垠之外"，"垠"，边也。"绝垠"就是没有边。"绝垠之外"，边之外。

"不食五谷，吸风饮露。

【注】俱食五谷而独为神人。明神人者非五谷所为，而特禀自然之妙气。

"乘云气，御飞龙，而游乎四海之外。其神凝，使物不疵疠而年谷熟。吾以是狂而不信也。"

【注】夫体神居灵而穷理极妙者，虽静默闲堂之里，而玄同四海之表，故乘两仪而御六气，同人群而驱万物。苟无物而不顺，则浮云斯乘矣；无形而不载，则飞龙斯御矣。遗身而自得，虽淡然而不待，坐忘行忘，忘而为之。故行若曳枯木，止

若聚死灰，是以云其神凝也。其神凝，则不凝者自得矣。世皆齐其所见而断之，岂尝信此哉！

"狂而不信"，"狂"，诳，骗人的话。

"夫体神居灵而穷理极妙者"，"神"是最妙之境，是功夫。我们得体最妙之境。我们想事情不能只看表面就决定了。一件事情的发生，必然有其远因和近因，要去体会其深处。"居"者，守也。要守住自己的"灵冥"，然后才能"体神"，才能"穷究其理"而达"至妙之境"。若是"嗜欲深，天机浅"，那怎么去体神？所以必"居灵"，叫天机不浅，才能"体神"而达最妙之境。

"虽静默闲堂之里，而玄同四海之表"，在卧龙岗的屋里能静静地待着，然虽静默以处，对天下事却能了如指掌。虽如此有能（体神居灵，而穷理极妙者），但静默以处。如严子陵之类的隐居之士可不要轻视，他们虽然闲着不做官，但是他们有用，他们能"玄同四表"，天下事都知道，脑子会出主意而有所贡献。

"故乘两仪而御六气"，至此则可乘天地之正，御六气之变。

"同人群而驱万物"，同人群方可驱使万物。

"苟无物而不顺"，无物不顺则无阻碍。

"无形而不载"，没有形不载。

"则飞龙斯御矣"，所以时乘六龙以御天。

连叔曰："然。瞽（gǔ）者无以与乎文章之观，聋者无以与乎钟鼓之声。岂惟形骸有聋盲哉？夫知亦有之。

【注】不知至言之极妙，而以为狂而不信，此知之聋盲也。

"文章"，古礼服。古时身上之衣服一花一叶皆有意义。

"岂惟形骸有聋盲哉？夫知亦有之"，连叔说："你不懂不要说人不懂。"

"不知至言之极妙，而以为狂而不信"，所以曲高和寡亦没用。有的人认为他以为对的才对，而不能接受比自己高明的意见。

"是其言也，犹时女也。

【注】谓此接舆之所言者，自然为物所求，但知之聋盲者谓无此理。

指此接舆之言犹如窈窕之女，绰约凝洁为君子所求，"但知之聋盲者谓无此理"也。

"之人也，之德也，将旁礴万物，以为一世蕲（qí）乎乱，孰弊弊焉以天下为事！

【注】夫圣人之心，极两仪之至会，穷万物之妙数。故能体化合变，无往不可，旁礴万物，无物不然。世以乱故求我，我无心也。我苟无心，亦何为不应世哉？然则体玄而极妙者，其所以会通万物之性，而陶铸天下之化，以成尧舜之名者，常以不为为之耳。孰弊弊焉劳神苦思，以事为事，然后能乎！

"之人也，之德也，将旁礴万物，以为一世蕲乎乱，孰弊弊焉以天下为事"，像这种人，这种德行，他要把万物混同为一世，以求乎治，谁能经营以为天下事呢？

张默生先生言：他是将要广被万物，以为全宇宙求乎治平的，他哪肯劳苦经营，以为天下事呢？

"将旁礴万物"，"旁礴"，犹混同也。

"以为一世蕲乎乱"，"蕲"者，求也；"乱"者，治也。

"孰弊弊焉以天下为事"，"弊弊"，经营貌。

"夫圣人之心，极两仪之至会，穷万物之妙数"，"极"，当动词用。"极两仪之至会"，不是明白天地就可以了，是明白天地之和合，即《易经》所谓的"阴阳合德而刚柔有体"。

社会事即二，好坏、美丑、成败、敌（你）我。我们必明其至会之处、至会之极是什么。圣人之心能"极"（动词）此"两仪之至会"，故能"穷万物之妙数"。"穷"是穷究，研究到彻底。

一般人理事只是常数，我们能用妙数来治常数，则指哪儿打哪儿。体会"妙数"不容易，俗话说："少不看《西游》，老不看《三国》。"少不看《西游》，因《西游》含义深，年少之人不易体会，只见其荒诞处。老不看《三国》，因奸诈。

看《三国演义》能体其极妙之处，就可以拿来对付常数了。例如空城计，对手也是用兵如神的人。并不是孔明事先就安排好了空城计，而是那时候没办法了。人到了穷途之际也有穷途的办法。因为以前都是真的，所以只摆这一次就成功了。由此可知，空城也不能常摆。孔明知道司马懿认为自己一向稳扎稳打，就能用一次空城计。要是天天摆空城计那可不行。空城是空城，重要的是那个计，我们应该就事实来找计，在事实上去想计。

"计"比"谋"还高，比谋更重要。用非常之计，则能出奇制胜，也就对付了常态。但摆空城得后继有人，否则人家回兵，还是空城，就都给人家了。〔做事〕不要封住嘴，要叫之说完，以神兵唬住，让他相信你之神兵。

所以说剎剎都得成功，一步失败，就都垮了。我们不躲开事实去想计，才能"体化合变"。空城计即"体化合变"。

"我苟无心，亦何为不应世哉"，既无心，为何不应世？"不应世"就是有心，那不算清高，清高被风刮跑了（此意须深悟）。

总结：得无为而为，如果到处找事得累死。今天得以无形之兵胜有形之兵。

"之人也，物莫之伤。

【注】夫安于所伤，则伤不能伤；伤不能伤，而物亦不伤之也。

"大浸，稽天而不溺；大旱，金石流、土山焦而不热。

【注】无往而不安，则所在皆适，死生无变于己，况溺热之间哉！故至人之不婴乎祸难，非避之也，推理直前而自然与吉会。

"大浸，稽天而不溺；大旱，金石流、土山焦而不热"，何以故？因"无往而不安"。"无往而不安，则所在皆适"，正是"君子无入而不自得""无所不用其极也"（《大学》）。

祸难不加乎至人之身，并不是因为他能避难，而是因为他能"推理直前"，不做没有把握的事，"推理直前而自然与吉会"。

若是盲人瞎马地去做，早晚会掉到沟里去。何以有凶？因为顶多瞎猫碰到死耗子，撞大运。

你们常说"逢凶化吉"，而自以为庆幸，那多么丢脸。能"推理直前而自然与吉会"，根本就不会逢凶。

不必拜狐仙庙、黄大仙庙，自然与吉会。碰到黄皮子^①，打黄皮子也完全不害怕。反之不能推理直前，只是傻撞。

"是其尘垢粃糠，将犹陶铸尧舜者也，孰肯以物为事！"

【注】尧舜者，世事之名耳；为名者，非名也。故夫尧舜者，岂直尧舜而已哉？必有神人之实焉。今所称尧舜者，徒名其尘垢粃糠耳。

"为名者"，"为"，音 wèi。

"夫尧舜者，岂直尧舜而已哉"，不只是尧舜而已，人人皆可为尧舜！

宋人资章甫而适诸越，越人断发文身，无所用之。尧治天下之民，平海内之政，往见四子藐姑射之山，汾水之阳，窅（yǎo）然丧其天下焉。

【注】夫尧之无用天下为，亦犹越人之无所用章甫耳。然遗天下者，固天下之所宗。天下虽宗尧，而尧未尝有天下也，故窅然丧之，而尝游心于绝冥之境。虽寄坐万物之上，而未始

---

① 东北地区称黄鼠狼"黄皮子"，传说会附身，被迷住的人就成为黄鼠狼的代言人。所以民间有拜狐、黄二仙习俗。

不逍遥也。四子者盖寄言，以明尧之不一于尧耳。夫尧实冥矣，其迹则尧也。自迹观冥，内外异域，未足怪也。世徒见尧之为尧，岂识其冥哉？故将求四子于海外而据尧于所见，因谓与物同波者，失其所以逍遥也。然未知至远之所顺者更近，而至高之所会者反下也。若乃厉然以独高为至而不夷乎俗累，斯山谷之士，非无待者也，奚足以语至极而游无穷哉？

"宋人资章甫而适诸越，越人断发文身，无所用之"，"宋人"，是殷之后。"资"者，卖也。"章甫"，冠也。"越"，是现在的浙江。越人那时还是野蛮人，他们断发文身，还不知道束发，当然不必戴帽子。

庄子此段之意是说："有许多人认为对自己有用的东西，别人就能用；认为自己之所好的东西，就是别人之所好。"再仔细地说，就是不了解大势。

在自己的小圈子里头，不了解"大势"，完全孤陋寡闻。认为自己什么都对，而自己认为对的，就要求别人都得用。以为自己所需就是人之所需，可是人家没地方用你这玩意儿。

尧到遥远的姑射之山去，看到了四子，感到自己没有天下也无所谓，故能游心于窅然之境。

"然遗天下者，固天下之所宗"，道家的观念都是这样，你越不要什么，什么越归之。越不要名，天下之名却都归于你。也就是老子所说："既以为人，己愈有；既以与人，己愈多。"勉强说自己没有嗜欲是不行的，要到了窅然之境才可以。

"而尝游心于绝冥之境"，所谓"人到无求品自高"，这无求，得是发自本心的。本来想求却求不到，这就是佛家所说的"求不得苦"。求不得之苦是人生最苦的。要能游心于"绝冥之境"才能无求，否则不容易。

这是说，只有把事理弄清楚之后才能定其是非。明白了是是非非就有了定力，那就很少有贪欲了。许多人明知其非而勉强去做，这也是求不得苦。

"虽寄坐万物之上，而未始不逍遥也"，人到了绝冥之境，不是不管社会的事，而是社会上什么事都去做。因为能寄其一切行为于万物之上，所以仍然在逍遥之境界，非但不是不做事，还可能能做更多的事。

在逍遥之中，什么都做，但自己的心并不在焉。这正如《论语》所说，尧舜之伟大，并不在于他们的王天下。

我们必须学到"有天下也而不与焉"的境界。有的人自己本来欲，却还要说不欲。天下的事都在这里头，这问题最容易扰害自己，而不是扰害别人。

做事情必须面对现实、善用头脑，到该低声下气时，必低声下气。重的事怎可如此儿戏？明白了是非，就知道自己应该怎么去做，犹豫是不行的。凡事"豫则立"，是非定则不犹豫。

处理一件大事必得有备，不可感情用事；遇到了事情，必得参合众人之见，谋事的人必得是"智者"。不能"筑室道谋"，因为"筑室道谋，三年不成"，所以说不能和路人谋事，谋事时必得与谋士去谋事。

心能"不为事所系"，应该做什么就做什么，做完以后就很泰然，因为是无为。于无为之境，所以"未始不逍遥也"。

"自迹观冥，内外异域，未足怪也"，"迹"是显迹，就是行迹。"自迹观冥"就是"由显之隐"。一般人只知道从表面上看，从可以看见的行为表现上去看，这就是由显之隐，从显迹来观冥。

我们常说："我们要想知道做父母的有没有德，只须看其有没有好儿女。"这叫"自迹观冥"。有好儿女，做父母的就一定有德。

《易经》讲"由隐之显"，这是《易经》中最重要的。知识分子能由隐之显，从根本、大本上去研究，去溯其源。如果"根本正"，当然"叶就茂"，这就是由隐之显，也就是"由冥之（知）迹""内外异域"，"异"，有别，有区分。"迹"是外，"冥"是内，外内有别。"未足怪也"，这不是奇迹而是自然相应的。根深叶就茂，这是一定之理。

"世徒见尧之为尧，岂识其冥哉"，一般人光知道尧之为尧，只看到他的迹，只知道践迹，这怎么能认识他的"冥"呢？

一般人只知道"自迹"，不知道"观冥"；只知道看成果，却不知他人达到这个成果，中间受了多少苦。我们看某人的行迹成果，知道他很伟大，却没有看到他那为我们所不见的奋斗与苦难。

"因谓与物同波者，失其所以逍遥也"，为何我们不逍遥，每天为心所累连饭都吃不下？这是因为你"与物同波"，也就是"逐俗"。一个逐俗的人，看别人有什么好的都羡慕，却得不到，于是有求不得之苦，那怎么能逍遥？人要"寄坐于万物之上"而不为物所累，才能逍遥。老子说：因为我们无为，所以能无所不为，这就是"寄坐于万物之上，而未始不逍遥也"。

凡事"顺其自然而为之"，不为世俗的名利荣辱所累，自己应该做的一定去做，"尽到本分"，做完了以后，"为而不恃"，所以能"不受累"，能"不失其逍遥"。

若是"随世之波""与物同俗"，就会把得失看得很重，这怎么能够逍遥？等到能看轻得失，王天下也无所谓，达此境界，没有不逍遥的。

若把得失看得很重，"随物逐波"，与世升沉，这种"逐俗"的人就没法逍遥了。此段的深意在此。

人要"无所累才能客观"。人要客观很难，有所累就没法客观，认为自己什么都是对的。客观才能懂什么叫"真是"、什么叫"真非"。客观就是不感情用事。若是感情用事，就失去了真是真非而无法客观了。

这数年台湾地区的变化可谓百年难遇，是活的事实，予人启发大，同学可终身受用。但必得用心，否则空过了。人必去私，才不为物累。不为物累，才能客观，才不感情用事，才能为所当为。有志救民，此其时也！

惠子谓庄子曰："魏王贻我大瓠之种，我树之成而实五石，以盛水浆，其坚不能自举也；剖之以为瓢，则瓠落无所容。非不呺（xiāo）然大也，吾为其无用而掊（póu）之。"

庄子曰："夫子固拙于用大矣。宋人有善为不龟手之药者，世世以洴（píng）澼（pì）絖（kuàng）为事。

【注】其药能令手不拘坼（chè），故常漂絮于水中也。

"大瓠之种"，"瓠"，音 hù。"种"是种子。

"实五石"，"石"，音 dàn，是指一个果实有五石之容量。

大瓠的果实很脆弱，用来装水浆则举不起来；分割开来为瓢，则又平浅不能容物。惠子认为大瓠没有用，就把它打破扔掉了。这是说有的人气量特别小，没有办法用大的东西，虽然有大的东西在他面前，他也会认为一文不值，就把它扔掉、毁掉了。

前段言"神人无功"，此段言"至人无己"。

前段言尧舜不愿言功，此段言惠子之"有己"。

"有己"就是以自己为本位来谈事情。

庄子认为惠子最笨拙的地方就是"不能用大物"。庄子举例说：宋人会制造不龟手的药，他们世世代代都以漂洗织布用的絮为生。"龟"，音 jūn。冬天手湿了以后会有裂纹，这叫"龟手"。

"客闻之，请买其方百金。聚族而谋曰：'我世世为洴澼絖，不过数金；今一朝而鬻技百金，请与之。'客得之，以说吴王。越有难，吴王使之将，冬与越人水战，大败越人，裂地而封之。能不龟手，一也；或以封，或不免于洴澼絖，则所用之异也。今子有五石之瓠，何不虑以为大樽，而浮乎江湖，而忧其瓠落无所容？则夫子犹有蓬之心也夫！"

【注】蓬，非直达者也。此章言物各有宜，苟得其宜，安往而不逍遥也。

有个客人知道了以后，就愿意以一百金向他们买这个方子。于是全族就开了一个会议，一群人在那里合计到底要不要卖。因为以洗絮为业，只能得数金，而这个小药方一卖，就能得一百金，所以就卖给人家了。

这客人去游说吴王，吴王就用他为将。因为有了这个药方，在冬天水战时能不龟手，于是就把越人打败了。他因此而裂地封爵，成其大功。

都是一样的东西，但是所用不同。有的人用了可得封地，有的人用了一辈子还是给人洗絮。你担心瓠很大而不能容物，那是因为你自己心里头还有塞，自己是"一曲之士"，心里还存有东西。

"蓬，非直达者也。此章言物各有宜"，"蓬"者，短而不畅，用来形容"一曲之士"。能识"物之宜"最重要，了悟"物之宜"，才能"得其宜"，做得恰到好处。做事没能识其宜，就是"大伯子背兄弟媳妇——受累不讨好"（**大伯子，已婚妇女对丈夫哥哥的称呼**）。别人认为这里头有问题，结果适得其反。如果能识其宜，用得恰到好处，就成功了，谁看了都舒服。事情过去了以后，成功、失败立见。

"反己"的功夫很重要，要回头再去研究。能反识（**"反识"：要识物之宜，最重要的是恰到好处，才能"反己"，回头去看**）为什么出了毛病，日久了也有进步。

有了反识的功夫，才知道以过去的事情为前车之鉴。既然有了前车之鉴，我们就不会再翻车。即使不成功，但也不会失败。失败之后能有反识的功夫，就能培养自己的智慧。

以曾文正公为例。他自己很拙，所以他就把他的书斋叫作"求阙斋"，他要用勤来补这个拙。人必得知道自己的短处，不知道自己的短处，就没法进步了。社会的灾难都是人带来的，社会的事物，本来很平稳，没有什么不好，但是因为人的智慧不齐，就给人类社会带来了许多人为的灾难。

"苟得其宜，安往而不逍遥也"，能够"安往而不逍遥也"，是因为君子能"无所不用其极"，才"无入而不自得"。君子无处不用他至高的办法，所以任何事情都不敢马虎，不敢轻敌而掉以轻心。即使最容易的事情，一旦马虎去做，所得的结果往往也很坏。

我们把智慧都拿出来，没有地方不用最高的办法，则能指哪儿打哪儿；想得到的，一定能达到目的。如果伸手就失败了，那算什么智慧？这可不是为了达到目的而不择手段，儒家是"达到目的而择手段"。

我们用至极的办法，用最好的手段来达到目的，这种上上的妙智慧是培养出来的，不是天生的。

年轻人读书要多接触，多接触就知道什么是什么了。

我们看历史，读到王安石的失败，肯下功夫的应"反识"。只有反识那个时代、环境、背景与王安石本身的为人，才能知道其失败的原因。不能说他应该失败而不追究其因。

"反识"对我们做事很有帮助，自己做事的时候，就要躲开这些毛病。我们反回来研究戊戌变法，可以明白变法失败的主因就是"欲速不达"四字。

什么是欲速不达呢？那时变法"诏书一日数下"，就知道其情形了。一天下多少道诏书，每道又都是对付旧的。你新是你新，你可知道地头蛇（老臣）的厉害？自古都说："光棍不惹地头蛇。"要懂了这句话可能戊戌变法就成功了。

一般人批评慈禧太后，说她应该让光绪皇帝自主才对。说这话的人可是旁观者，事实可不是这样的。当时那些老臣被逼得没有办法了，就得自卫啊！于是就到颐和园老太后面前哭，说您必得临朝啊，不然就不得了了，我们跟着老太后那么多年，虽然没有功劳，但至少还曾给您站脚助威，也有点苦劳啊。另外，谭嗣同说革命必得流血，流血必得自我谭某始，找袁项城（袁世凯，河南项城人，故人称袁项城）帮忙，这叫不识人，那一下子就完蛋了。

戊戌变法的失败，一是"不识时"，在那环境中怎么能"诏书一日数下"？一是"不识人"，袁项城那纨绔子弟怎能担当大任？既不识时又不识人，再怎么能号召也要失败，所以不到百天就完了。

我们做大事千万不能儿戏，得了解这个时候得怎么做，"时"很重要；再看看用的这些人能不能担当这些事。做大事不能轻忽，像摆家家酒似的，那就太危险了。国家大事要完全审慎才可以，能"无所不用其极"，要用"至极"之方。

戊戌变法，大家说光绪传衣带诏让康、梁赶快逃，事实上衣带诏不一定有，传旨则是可能的，皇帝写几个字都是诏书。光绪被软禁，消息传不出去，刚好忠于光绪的太监王商进藕，珍妃拿起藕扔下去，发怒说："为什么拿烂藕给皇帝？"王商心知有异，拿起就跑，遂将消息传出。等监视的人觉得有问题，再追，已经来不及。同学办事必自我加强训练，反应要快，否则连老公（太监）的智慧都没有，怎能应事？

惠子谓庄子曰："吾有大树，人谓之樗。其大本拥肿而不中绳墨，其小枝卷曲而不中规矩。立之涂，匠者不顾。今子之言，大而无用，众所同去也。"

庄子曰："子独不见狸狌乎？卑身而伏，以候敖者；东西跳梁，不辟高下；中于机辟，死于罔罟。今夫斄牛，其大若垂天之云。此能为大矣，而不能执鼠。今子有大树，患其无用，何不树之于无何有之乡，广莫之野，彷徨乎无为其侧，逍遥乎寝卧其下？不夭斤斧，物无害者，无所可用，安所困苦哉？"

【注】夫小大之物，苟失其极，则利害之理均；用得其所，则物皆逍遥也。

"人谓之樗"，"樗"，音 chū。"狸狌"，"狌"音 shēng。

"卑身而伏，以候敖者"，狸狌这种小动物都知道该怎么抓住需要的东西，它想要去抓住所需要的东西，都还有这个智慧去摆个架势。你想要抓住一群小猪、小羊，怎么能惊扰它们呢？得"卑身而伏"啊！

"以候敖者"，等着那郎当（指晃荡、游手好闲，无所用心者），等着那西门町（西门町为台北市闹区，此处老师意指成天闲逛、不识安危、不知所适者）的货。

做事必须懂得"卑身而伏"，看准再出手。老百姓没主意，一人一主义，谁来跟谁跑。当政者必须有智慧！

"小大之物"，将其至高之极丢失，则"利害之理均"（见前郭注"理有至分，物有定极"）。"物各有性，性各有极"，用得其所，则"物皆逍遥也"，都自自然然的。

齐物论第二

王先谦说：天下的一切事物言论，都可以看作齐一。不必加以辩论，只守定我纯一无二的道好了。

钱穆《庄子纂笺》：章炳麟曰："此篇先说丧我，终明物化，泯绝彼此，排遣是非，非专为统一异论而作。"刘咸炘曰："此篇初明万物之自然，因明彼我之皆是，故曰'齐物'。后人多误认为，破是非。双遣两忘，乃佛家所主。佛家主空，一切俱不要。道家主大，一切俱要。根本大异，岂可强同？"（穆按：章刘说是。）

【注】夫自是而非彼，美己而恶人，物莫不皆然。然，故是非虽异而彼我均也。

"自是而非彼，美己而恶人"，什么都认为自己对，别人不对；自己美，别人丑。"物莫不皆然"，凡事都这样。"故是非虽异而彼我均也"，是非虽然不同，但是你骂人家，别人也一定骂你，所以你骂人等于骂自己，彼我是"均"的。所以说："杀人父者，人亦杀其父。杀人兄者，人亦杀其兄。"这是一定的。你说人家丑，人家也说你丑，没人能证明你是真美啊。每件事情都是这样的，所以是非虽然不同，但彼我是相均的。

常人"自是而非彼"，才看万物皆不齐；圣人能无是无非，所以看万物皆齐。"是非"是指"人之为道"说，而"彼我均"是"自然之道"。不论是贵为天子，或是庶人，以自然而论都是一样的。"彼我均"是自然，是天之道。

"自是而非彼，美己而恶人"，就是"师心用事"，以自己之心为标准来应付一切事，"以己之心为师"而用事。这个"己之心"，就是"自私的心"，也就是"情智之心"，不是"性智之心"。以这个心用事，当然会认为自己对，别人都不对；自己美，别人都不美。

南郭子綦(qí)，隐机而坐，仰天而嘘，苔(tà)焉似丧其耦。

【注】同天人，均彼我，故外无与为欢，而苔焉解体，若失其配匹。

"似丧其耦"，"耦"通"躯"，似丧其身体。

毓老师笔记

"'彼我均'而至'均彼我'。《周官》经之要义，在'均与联'。'联'者，群德也。'均'者，平德也。《大学》一部重在一'平'字。先秦诸家之学在'齐平'。可知当时之背景矣！以群力除独占，而求齐平也。"

"群"，是群众。韩非、孟、墨、荀皆如是（皆重"齐平"），好好看先秦的书，完全是走这一条路。

孟子曰："物之不齐，物之情也。"（《孟子·滕文公上》）但是物之本都是齐的。儒家之"民吾同胞，物吾与也"，那不就是"齐"吗？《春秋》讲"人无生而贵者"，那就是说人都是"齐"的。儒家齐的是性，不齐的是情。"性相齐，情不齐"，因为性相齐了，所以才有用，才能大同，所以才说《齐物论》是大同。先秦之学都是相同的，当时并没有把诸子百家分得那么清楚。

"同天人，均彼我"，上面说"彼我均"是我们的目的，而"均彼我"是"已经彼我均了"，两个层次不一样。

由同天、同人，达到"均彼我"。"均彼我"是自外及内。达到了"同天人，均彼我"的境界，则"世俗之事"和"外诱之私"的快乐我都没有。社会一般所有的同俗之习惯和引诱的力量，都不掺杂在我个人生活之内，才能达到"同天人、均彼我"的境界。

社会一般外诱之私不参与我生活之中，有欲之欢不在我生活之中，方达"同天人，均彼我"之境。由"彼我均"至"均彼我"，此即"齐物"，即"平等"。

"故外无与为欢"，所以外面没人愿参加到你这里面。（按：这是另一种解读。）

"若失其配匹"，虽失匹配，但还要往下做。

外诱之私就是欲，无欲是"约我以礼"。儒家不像佛家所说要绝欲。儒家主张"约我以礼"，以礼约己很重要。为什么说"人无千日好"？因为不能以礼约束自己，总是从心所欲，说不定哪一天就侵害了人家的权利，人家有所不满，日久就生非了，所以说"人无千日好"。

能处上三年的朋友很不容易，人必得约束自己。约己乃不侵害别人，如此方存得住，才有久交之友。

欲要"约"，但不是没有欲，没有欲就没有"生人之气"。因为有欲，才有生人之气。要不是想做人物，那谁都不去做事了。

我们以"性智"来决定欲，欲包括性欲、情欲，那"情欲就是性"，性也就是情欲，所以说要约之以礼。这是提醒我们"不要妄想"，要有"正知正见"。

要站得住，经得起风浪，要有志。有志，必先克己。必得先下克己的内圣功夫，才能"素其位而行""造次必于是，颠沛必于是"。这用嘴说很容易，但必须有一套修养的功夫，到时候才真能做到。没有内在的力量，则看到环境变了，就见异思迁、另做打算。

颜成子游立侍乎前，曰："何居乎? 形固可使如槁木，而心固可使如死灰乎? 今之隐机者，非昔之隐机者也。"

【注】死灰槁木，取其寂漠无情耳。夫任自然而忘是非者，其体中独任天真而已，又何所有哉! 故止若立枯木，动若运槁枝，坐若死灰，行若游尘。动止之容，吾所不能一也; 其于无心而自得，吾所不能二也。

"夫任自然而忘是非"，即儒家"存己"的功夫。忘去是非、荣辱，没有人我的观念。"任自然而忘是非者"，完全任之自然，无所欲，无所求; 广钦〔老和尚〕必有此境界。

"其体中独任天真而已"，则体之所存者，都是"天之真"而已。虽然人每天都和社会的人在一起，但要想有所成就，就得把"欲"降到零度以下。只有"任天真"才是最积极的。"任天真"则把社会事看得轻，无所谓，那"又何所有哉"？

"其于无心而自得，吾所不能二也"，即天真。有我，心即有二。人不能有二，有二就多了。《庄子》讲"精"、讲"一"。"精一"才能"存己"。读《庄子》要明白如何"存己"，不要把《庄子》当《南华经》念了（按：指有口无心，不思精义）。

人不能太懒。如果太懒，光知道用脑子想，手啥都不动，连弯个腰都不愿意，那还能救国救民吗？救国救民在乎行动，是奉献，不是享受。救国得是真的，不是用嘴说，而贵乎行。

子綦曰："偃，不亦善乎，而问之也！今者吾丧我，汝知之乎？汝闻人籁而未闻地籁，汝闻地籁而未闻天籁夫！"

【注】吾丧我，我自忘矣；我自忘矣，天下有何物足识哉？故都忘外内，然后超然俱得。籁，箫也。夫箫管参差，宫商异律，故有短长高下万殊之声。声虽万殊，而所禀之度一也。然则优劣无所错其闲矣。况之风物，异音同是，而咸自取焉，则天地之籁见矣。

"我自忘矣，天下有何物足识哉"，我把自己都忘了，那天下还有何事何物能令我留恋、令我记住而不忘？能如此然后才能超乎一切、超乎众人而得其"俱得"。任何成功的人都必得修到这个忘我的境界，就像一面镜子，来什么就照什么，照过去了就不留痕迹。

成就事业必得到"无我"的境界，必至忘我之境方能成就事业。这很不容易！

人不畏死，何事不成？

"声虽万殊，而所禀之度一也"，这特别有深意。虽然天下乱七八糟，有万殊之声，但是没关系，因为无论天下怎么乱，其中都有"度"、有"间"。我们洞悉了"度"，然后从"间"入手，掌握了"度"，就能以"度"控制万殊。

"然则优劣无所错其闲矣"，"错"，置也。无优劣置其间。

从人事来看，"齐物"不是天下的东西都一样，而是"一个伦一个伦齐"。以前中国的大家庭有百口以上的人，为什么不起纷争？因为一个辈一齐，一辈中衣食等所享的待遇都一样，所以言"有伦有序"。家能够齐是因为"有伦有序"。

子游曰："敢问其方。"

【疏】方，道术也。

疏得好！"方"是道之术，其中没有宗教的观念。

在《春秋繁露》中讲的是"王术"（见《春秋繁露·深察名号第三十五》），就是王（wàng）天下之术，以王（wáng）者之术而王天下。凡讲王术的地方都要特别注意，要加以深究。在《孟子》中讲的是"仁术"。什么是仁术？"闻其声不忍食其肉。"齐宣王见衅钟之牛，说"吾不忍其觳觫，若无罪而就死地"，要以羊易之。孟子说："是乃仁术也。"仁术，保民而王。

道家把《庄子》称作《南华经》，是要用它。任何事都不是轻易成的。人能用不过六十年，小时候太小，老了太糊涂，中间就没多少时间了。古人弄一本书都是半辈子。成玄英用了三十年的工夫，但大家都还以郭象注为本，后世没有出其右者。

佛经（开经偈）中说："无上甚深微妙法，百千万劫难遭遇。我今见闻得受持，愿解如来真实义。"我们也愿解庄生真实义，必得深求，练达无上甚深的微妙法了，才能解得真实义，才能用事。这得加入"深"的功夫。真明白了，就有超人一等的智慧。如果没那功夫，怎么能把经书、子书的智慧变成我们自己的智慧呢？因为子书是"无上甚深微妙法"，所以我们讲子书。

子綦曰："夫大块噫气，其名为风。是唯无作，作则万窍怒呺。而独不闻之翏（liáo）翏乎？山林之畏佳，大木百围之窍穴，似鼻，似口，似耳，似枅（jī），似圈，似臼，似洼者，似污者；激者，谪（xiāo）者，叱者，吸者，叫者，譹者，宎（yǎo）者，咬者，前者唱于而随者唱喁。泠风则小和，飘风则大和，厉风济则众窍为虚。而独不见之调调，之刁刁乎？"

【注】大块者，无物也。夫噫气者，岂有物哉？气块然而自噫耳。物之生也，莫不块然而自生，则块然之体大矣，故遂以大块为名。

【经典释文】"调调"音条，向云："调调、刁刁"，皆动摇貌。

"夫大块噫气，其名为风。是唯无作，作则万窍怒呺"，俞曲园以为：大块者，地也。〔老师以为〕郭注较好，解释"地籁"当然指地。

大风吹起，树的窍、山的窍、万物的窍，都满了。窍的实和虚虽然不同了，但实和虚都超脱不了窍的范围。实虚虽异，但其各得之位、各得之分是相同的。虚是窍之本，受外感之风则窍就实了。可是无论怎样大的风，那个实绝超不了这个窍的范围。

上篇《逍遥游》说：老鼠过河喝水，也不过一腹。这懂不懂？这是说如果你的窍太小了，那你所充实的也不会大，有无穷的水，你也只能喝一点点。外边的环境是无所不备的，你能吸收利用多少，并不在于外边环境有多少，而在于你自己本身的窍有多大。你们自己造就自己的时候，造就自己的窍那么小，不能容物。外边有无尽量的东西，你也吸收不了、运用不上，因为你的量没修成那么大。

修养自己，要把自己的量练大。窍练大了就宰相肚里能撑船，这是度量大。量不大就是"管仲之器小哉"。我们每天应该严格琢磨自己，没有比今天这个时代更需要人才的了。需要的是人才。要练容、练量，不然器就小了，不开窍啥都容不进去。你是什么器，一张嘴人家就知道了。

子游曰："地籁则众窍是已，人籁则比竹是已。敢问天籁。"

子綦曰："夫吹万不同，而使其自己也，咸其自取，怒者其谁邪？"

【注】此天籁也。夫天籁者，岂复别有一物哉？即众窍比竹之属，接乎有生之类，会而共成一天耳。无既无矣，则不能生有；有之未生，又不能为生。然则生生者谁哉？块然而自生耳。自生耳，非我生也。我既不能生物，物亦不能生我，则我自然矣。自己而然，则谓之天然。天然耳，非为也，故以天言之。以天言之，所以明其自然也，岂苍苍之谓哉？而或者谓天籁役物使从己也。夫天且不能自有，况能有物哉？故天者，万物之总名也，莫适为天，谁主役物乎？故物各自生而无所出焉，

此天道也。物皆自得之耳，谁主怒之使然哉？此重明天籁也。

郭注"接乎有生之类，会而共成一天耳"，是说把许多东西聚在一起而成其"天之德"，所以任何东西都是天德的表现，而"孽"是人造的。例如，天造了五谷，人就把它酿成酒，喝醉了去杀人，这是"人之为道而远人"，人把智慧发展到另外的途径了，就造成了很多的罪孽，有再多的发明，也不能解决问题。

"天籁"是无形的风。风吹动的时候，是指天籁而言。等吹至万物之窍而发出声音，那是指地籁而言。

大知闲闲，小知间间；大言炎炎，小言詹詹。

【注】此盖知之不同。

【经典释文】俞樾曰：《广雅释诂》："闲，觇也。小知间间，当从此义，谓好觇察人也。"

"觇"，音 sì。

"大知闲闲，小知间间"，大智慧的人很宽裕，窍很大，能容纳一切，能"存诚"而困住一切的邪；小智慧的人专瞪眼看人家的毛病、察他人的短处。这是智之分。

"大言炎炎，小言詹詹"，"炎炎"，一音淡淡。有道之言很平淡，不奇峰突起。小德之人做一点好事就沾沾自喜，唯恐别人不知道。

其寐也魂交，其觉也形开。与接为构，日以心斗。缦者，

窖者，密者。

【疏】构，合也。

"其寐也魂交，其觉也形开"，打盹的时候精神交错，糊里糊涂，睡醒了又睁开眼睛看见一切事了。

"与接为构，日以心斗"，"构"解释为合，那不深刻。中国式的房子用一根木头接一根木头搭起来的，叫作构。在社会上，我们每天都要和所接触的事有所交构，都脱不了关系。"日以心斗"，每天都拿心和大家来斗智。

"缦者，窖者，密者"；"缦者"是舒缓；"窖者"深也，深藏不露为窖，这种人最阴险；"密者"是精深、精密。

这是三种用心的状态，斗的方式不同，用心的方式也不同。斗智的人用这些方式来斗，一个比一个厉害。

小恐惴惴，大恐缦缦。其发若机栝，其司是非之谓也；其留如诅盟，其守胜之谓也；其杀若秋冬，以言其日消也；其溺之所为之，不可使复之也；其厌也如缄，以言其老洫也；近死之心，莫使复阳也。

【疏】惴惴，怵惕也。缦缦，沮丧也。

"其发若机栝，其司是非之谓也"，有人做事非常老练，在机栝中间经过了"缦、窖、密"很多致密的功夫，有的人看完是非以后，搁在心里头，等到其发出制人之术时，就能像机栝一样百发百中。

齐物论第二

"其留如诅盟，其守胜之谓也"，一切事情要不叫别人知道，才能守住而有必胜的把握，所以我们要像发誓结盟那样，秘密地处理一件事情，绝不脱口。

"其杀若秋冬，以言其日消也"，"杀"，音 shài。为政者必得学学这套，用来对付敌人。像秋冬一样，叫他日消。

"其溺之所为之，不可使复之也"，使他陷溺进去以后，叫他没有复原的机会。

"其厌也如缄，以言其老洫也"，要老谋深算，像信封一样完全封上。

喜怒哀乐，虑叹变慹（zhí)，姚佚启态；乐出虚，蒸成菌。日夜相代乎前，而莫知其所萌。已乎，已乎！旦暮得此，其所由以生乎！

【注】日夜相代，代故以新也。夫天地万物，变化日新，与时俱往，何物萌之哉？自然而然耳。

"与时俱往"就是儒家所说的"与时偕行"。"物萌之哉"就是违背自然之道。

非彼无我，非我无所取。

【注】彼，自然也。自然生我，我自然生。故自然者，即我之自然，岂远之哉？

自然和我，我和自然，是一样的。这正是儒家"天人合一"之说。

我是属于自然的，我的一切行为都是承受自然、彰显自然的大能。用儒家的话说：我们都是"承受天命"而来的，我们的一切行为都是"代天行化""替天行道"。所以孟子讲我们是"天民"。

是亦近矣，而不知其所为使。

【注】凡物云云，皆自尔耳，非相为使也，故任之而理自至矣。

"皆自尔耳"，是说每个人都有各自的主宰。

天下事、天下物都是这样，不是谁使谁，能任之，叫他自由，不用"人之为道"来捆绑他，就自然达到了"理事之道"。

许多为政者用"人为之法"来约束老百姓，所立的法违背了人性，不但未能得到好的结果，这些"人之为道"还戕害了人性，时间久了大家就受不了了。为政当国的人应当"任民自然之性而为之"，用儒家最恰当的一句话就是："民之所好好之，民之所恶恶之。"那么"治天下之理"自然而然就达到了。

若有真宰，而特不得其眹(zhèn)。可行己信，而不见其形，有情而无形。百骸、九窍、六藏，赅而存焉，吾谁与为亲？汝皆说之乎？其有私焉？

【注】皆说之，则是有所私也。有私则不能赅而存矣，故不说而自存，不为而自生也。

"有私"就不能包含一切，不私才能"生而不有"，以得其

"自存"；"为而不恃"，以得其"自生"。

谁都懂得不能有私，但碰到了私，就迈不开步了。把什么东西都说是我的，就不能"自存"了。古今一是，一个"私"字，非但断了自己的种，也害了天下的苍生。

如是皆有为臣妾乎？其臣妾不足以相治乎？

【注】若皆私之，则志过其分，上下相冒，而莫为臣妾矣。臣妾之才，而不安臣妾之任，则失矣。故知君臣上下，手足外内，乃天理自然，岂直人之所为哉？

"若皆私之，则志过其分"，任何东西都是一定的，如吃东西，分多少份，有了私心就超过其分，吃人家的了。国家宪法是一定的，志过其分，则大盗盗国。

"上下相冒"，官官相讳，谁都不碰谁。

"臣"者，《广韵》云"伏也"。做官是最丑的事。

其递相为君臣乎？

【注】夫时之所贤者为君，才不应世者为臣。若天之自高，地之自卑，首自在上，足自居下，岂有递哉？虽无错于当而必自当也。

做官就像走马灯①，递相为之。东北有冰灯，走马灯用冰做，

---

① 走马灯，为中国灯笼的一种，常见于元宵、中秋等节日。中有轮轴，上置剪纸故事，灯中蜡烛点上，产生气流，剪纸图像便不断转动。

剪纸后以矾水胶上，胶完只见影像，不见纸。其中故事，上智之士见之，就说这是八仙，那是孙悟空……冰灯大者里面可以进去人。

臣的智慧比不上君，那臣有啥用？乱，因为都是些才不能应世的货！

人体的官能各尽其责，脑有脑之责，脚有脚之责。一个社会有很多人才，要是安置不当，他是锥子，尖总会露出来。总闹革命，就是这缘故。刘邦说"大丈夫当如此也"，就是"自当"。

他是那材料，你不搁那儿去，他自己也会去，没安排好，他就自己找恰当的事去干了。做领袖时，不要压制人才，压制人才他就革你的命，只要是人才就都用到你麾下来，那你就成了。

例如，东北民性，都自己有一套，来台宗教领袖东北人多：天主教于斌先生，轩辕教王寒生先生，天德教王德溥先生。人才你压制他，他就自为其当。

其有真君存焉？

【注】任之而自尔，则非伪也。

如求得其情与不得，无益损乎其真。

【注】凡得真性，用其自为者，虽复皂隶，犹不顾毁誉而自安其业。故知与不知，皆自若也。若乃开希幸之路，以下冒上，物丧其真，人忘其本，则毁誉之间，俯仰失错也。

按百姓之性，安排得当，虽然叫他做皂隶，他不会考虑到别人的毁誉，也不嫌官小，干一辈子也能安其业而不发牢骚，不会感到受压迫。但必得真，不可有一点伪，"任之而自尔，则非伪也"。

了解"性"而按性用之，这真是宰相之才。这段讲的是"政术"。

反过来"开希幸之路"，大家求侥幸，那就不得其功，满足了"希望"（按：彼此间不实的想法）而"俯仰失错"了。

一受其成形，不忘以待尽。与物相刃相靡，其行尽如驰，而莫之能止，不亦悲乎？

"与物相刃相靡，其行尽如驰，而莫之能止，不亦悲乎"，如此一来，逆顺相交，各申其偏见，大家爱怎么干就怎么干，就"不亦悲乎"了。

终身役役而不见其成功，

【注】夫物情无极，知足者鲜。故得此不止，复逐于彼。皆疲役终身，未厌其志，死而后已。故其成功者无时可见也。

人对物之情无边，赶时髦能赶上吗？

知足的少，不能止，看了这个又想那个好的，不能足其志，死而后已，终累其一生而已。反过来，能无所欲、少欲，就可见其成功矣。

茶然疲役，而不知其所归，可不哀邪？

【注】凡物各以所好役其形骸，至于疲困茶然。不知所以

好此之归趣云何也!

"茶",音nié。"茶然",疲困的样子。

人有所好,就役其形骸。像一般人好名,那好名之苦就不得了。像装圣人,装圣人就得吃多少亏、受多少罪,这懂吧?装成圣人做什么?你太矫揉造作了,那很苦啊!

人谓之不死,奚益! 其形化,其心与之然,可不谓大哀乎?

【注】言其心形并驰,困而不反,比于凡人所哀,则此真哀之大也。然凡人未尝以此为哀,则凡所哀者,不足哀也。

"心形并驰"四字要注意。有的人一天都在屋里坐着,足不出户,可是如果没有修养,心里天天周游世界,那也是"心形并驰",这不行啊!

我们讲郭注,如果真能启发明白了,就能培养做事情的很大的担当力量。因为一切不流于形迹,没有患得患失,就能有大担当。如果流于形迹,则"既得之,患失之",患失之,则无所不为矣。(《论语·阳货》:"鄙夫,可与事君也与哉? 其未得之也,患得之。既得之,患失之。苟患失之,无所不至矣。")

做事情必有所困顿,自己已经受困了,就应当知道反省,找出困顿之处,追查我们触礁的原因,等到我们知道为什么发生了困难,那我们就能克服困难。这样才有进步、有希望。要是"困而不反"、一意孤行,不知检讨自己,那只有到失败灭亡为止。这和一般人一样,那就白读书了,这才是哀之大者。

知识分子必须和非知识分子不一样,否则书就白读了。读书不管成圣不成圣、成德不成德，最低也要学几个"坏道道"啊！你要没有弯肠子，怎么能吃镰刀头（**按：俗谚"不有弯弯肠，不吞镰刀头"**）？那真是的，有的读书人还不如那没读书的。不读书的人还有正气。像乡下张二爷、李二爷的，那很有一套，因为他豪气长存，他们以其"善"为之，就是"善之"。一个人读书读成窝囊废了，见到什么都退缩，那就坏了。

人之生也，固若是芒乎？其我独芒，而人亦有不芒者乎？

【注】凡此上事，皆不知其所以然而然，故曰"芒"也。今未知者皆不知所以知而自知矣，生者皆不知所以生而自生矣。万物虽异，至于生不由知，则未有不同者也，故天下莫不芒也。

不识其"原"，不知其"所以"，对事实"根源"认识不清，这都叫作"芒"。

这是说人生下来都是糊里糊涂的，能够"不芒"则是修为所至。

夫随其成心而师之，谁独且无师乎？

【注】夫心之足以制一身之用者，谓之成心。人自师其成心，则人各自有师矣。人各自有师，故付之而自当。

这些地方要特别注意，心之为用太重要，也太微妙了。我们常说"心猿意马"，人的心像猴子、意像马一样，很难被控制住。

心之"用"能把自己之"用事"都控制住了，这叫作"成心"。成心可以在你之所欲上支持你一辈子。有的人赌博非赌一辈子不可，永远不知道错误，以私心支配了他的一生。

"人自师其成心"，"师"当动词，每个人都以他的成见来支配自己，总按自己的成心去做事，最后都不知怎么失败的。每个人都有自己的成见，于是一拉到底困而不反，像我常说："成功于此，失败于此。"这都是"师其成心"。

儒家教我们"过，则无惮改"（《论语·学而》），又云："君子之过也，如日月之食焉。过也，人皆见之。更也，人皆仰之。"（《论语·子张》）能勇于改过，就是不师其成心。这很不容易！俗话说："信主一年，主在眼前。信主三年，主下云南。"人的"成心"不容易变。许多传道的人，不要听他讲得好，他是闭着眼睛讲，根本不经心。

奚必知代而心自取者有之？愚者与有焉。未成乎心而有是非，是今日适越而昔至也。是以无有为有。无有为有，虽有神禹，且不能知，吾独且奈何哉！

【注】夫以成代不成，非知也，心自得耳。故愚者亦师其成心，未肯用其所谓短而舍其所谓长者也。理无是非，而惑者以为有，此以无有为有也。惑心已成，虽圣人不能解，故付之自若而不强知也。

【疏】虽有大禹神人，亦不〔能〕令其解悟。

夫言非吹也，言者有言，其所言者特未定也。

【注】我以为是而彼以为非，彼之所是，我又非之，故未定也。未定也者，由彼我之情偏。

这个"是非"没有定论，我们不必因为"谁说你是"，你就高兴得不得了，"谁说你非"，你就恨不得要自杀了。因为人之情有所偏，"你之所是，我就非之；我之所是，你就非之"。像王婆骂街一样，看自己总是圣人，看别人却是挑剩下的人。

只有年轻人闲着没事干，才坐在那里谈他人之是非。老的哪扯那一套，自己的事干都干不过来，哪有工夫管人家的是是非非。你们了解了这些，就什么是是非非都没有了。只是按照自己的志向去做，别人说什么都不影响自己，但可不是一意孤行。害人的事也做，那可不行。

我们只要凭良心做事，自己良心过得去，躺在床上无愧于心，就都可以去做。有愧于心的事，就是别人不知道也不能做，这样子自己做事就很有力量，任何是非都左右不了你。

果有言邪？其未尝有言邪？其以为异于鷇音，亦有辩乎，其无辩乎？

【注】夫言与鷇音，其致一也，有辩无辩，诚未可定也。天下之情不必同而所言不能异，故是非纷纭，莫知所定。

"鷇"，音 kòu。"言"和"鷇音"其本一也，可是得分内外。

"鷇音"是在内的，是小鸟还未出蛋壳，就在里头叫的声音。老师怎么知道的？因为老师喜欢养鸟。

人莫知其是非，莫知其所从。社会上尽是些"鷇音"，根本没那回事也扯一阵。这些没成形的玩意儿，比幼稚还小的、找不到的风言风语，就是鷇音。所以有些话不知从哪儿来的，大家就会说这是"空谷来风"。

"言"就必有所从出了。

道恶乎隐而有真伪？

【疏】虚通至道，非真非伪。

"虚"者，空也。

"虚通至道"，这是功夫。用佛家一句话说就是："无我见。"一个有我见的人，他自己的主观见解就把一切都阻塞了，那还能"虚通至道"吗？得无我见才能"虚通至道"。"虚通至道"就没有真伪。至道还有什么真伪？

言恶乎隐而有是非？道恶乎往而不存？言恶乎存而不可？道隐于小成，言隐于荣华。

【注】夫小成荣华，自隐于道，而道不可隐。则真伪是非者，行于荣华而止于实当，见于小成而灭于大全也。

社会上，如政客，专注重"小成荣华"，有一点成就则沾沾自喜。打开历史看看，有多少"小成荣华"之人？结果都是一无所成，把"大全"都糟蹋了。再看看今天，多少人年纪轻轻就当了"部长""院长"，结果四十多岁就成了满街跑的"部长""院长"（按：言其无所事事）。

千万不要近视，不要急急忙忙地求小成之荣华；要快快有个大全的计划，按部就班往前走，完全在乎自己去做而已。如果大全的事业太大了，自己一生做不完，那就要以造就接班人为第一要义。自己活着就干，然而成功不必在我，一边干一边造就接班人，等到大全成功了，他们也忘不了你是老大啊！即使没名，也于自己有得。今天最短的就是不知道造就接班人，然后死了就束手无策。培养接班人不可光看自己儿子。

今天同学没有志，只要教官笑着对你说话，就高兴了。教官见你笑着说话的荣华①有什么了不起？

乾隆皇帝，贵为皇帝，自号十全老人，结果尸不全。

东北有拜十不全的风俗，相传十不全是位宁可把别人的病揽到自己身上的好人。老百姓病了，就将膏药贴在十不全那里，就会好。历史上施公案的主角施世纶，常自称施不全。施世纶是施琅之子，为清代著名的清官，政绩卓著。康熙帝召见，见其相貌不佳，故意戏问：卿有何才？施世纶知自己相貌之短，乘机就己相十不全之缺，展现学思才华、心胸气度。康熙帝大喜，赐名"不全"。民间感念其泽，遂成享受香火的"十不全"。

同学日后如果小成荣华，自己知足了，可以自隐于道。但真正的道不可隐，所以应该有一长期的计划，建设一个强盛的中国。

故有儒墨之是非，以是其所非而非其所是。欲是其所非而非其所是，则莫若以明。

【注】儒墨更相是非，而天下皆儒墨也。故百家并起，各私所见，而未始出其方也。

---

① 台湾地区高中以上学校有"军训"，其时"军训"教官往往兼负责校内党团、维安工作。这对学生在校生活，甚至日后发展常有相当影响。故许多同学以得教官特殊关照为荣。

天下都是儒墨之徒，而更相是非。你说他是非，他说你是非，结果是一担挑两鳖，都跳不出儒、墨之范畴。

我们不要在是非里打转，应该求其大全，从那里去打算。我们要想把天下的是非弄清楚，就用反复相明的办法，一个对一个来比较，把天下的是非各还其道，然后就知道真是真非了，最后也就没有是非了。

我们不要把这当空理去想，而要用到事实上来悟，看怎样才能去掉是是非非。只要仔细去琢磨，看什么书都是活的。事实就摆在眼前，得到一点，马上能用得上。

同学为什么读了书用不上？就因为光讲空理，陶然自乐，不知读完要面对现实琢磨。多读、多琢磨，将来少吃多少亏！像老师这样，历经艰难，要饭有饭，要馒头有馒头，指哪儿打哪儿，就这么来的。

我们用"以明"做照妖镜，无论好事坏事，在我"以明"的照妖镜下，都叫你原形毕露无所隐藏，也就没有是非了。用"以明"专对付一切是非，是非在"明"之前照一照，儒墨之是非就还之以儒墨之是非，照完就没有是非了。

"莫若以明"这四个字特别重要。

物无非彼，物无非是。

【注】物皆自是，故无非是；物皆相彼，故无非彼。无非彼，则天下无是矣；无非是，则天下无彼矣。无彼无是，所以玄同也。

"玄同"，儒道两家都说一切源于道。那是玄同，在源上同。道家讲"玄之又玄，众妙之门"，儒家讲"成性存存，道义之门"。

儒家认为"率性"就是"道"。道家认为玄比道还高，是道的爸爸。那就不同了。所以"玄同"，唯在"玄"的范围内是同的，然而由于"物皆自是"，所以在玄之外就"不同了"。

因此成玄英疏说："'物皆自是，故无非是；物皆相彼，故无非彼。无非彼，则天下无是矣；无非是，则天下无彼矣。无彼无是，所以玄同也'，此注理尽，无劳别释。"

自彼则不见，自知则知之。故曰彼出于是，是亦因彼。

【注】夫物之偏也，皆不见彼之所见，而独自知其所知。自知其所知，则自以为是。自以为是，则以彼为非矣。故曰"彼出于是，是亦因彼"，彼是相因而生者也。

事物偏了，总认为自己是对的，就知道自己知道的，完全看不到别人所见到的。认为自己才是万能，别人都不懂，所以是非永远存在。

彼是方生之说也，虽然，方生方死，方死方生，方可方不可，方不可方可；因是因非，因非因是。

【注】夫死生之变，犹春秋冬夏四时行耳。故死生之状虽异，其于各安所遇，一也。今生者方自谓生为生，而死者方自谓生为死，则无生矣。生者方自谓死为死，而死者方自谓死为生，则无死矣。无生无死，无可无不可。故儒墨之辩，吾所不能同也；至于各冥其分，吾所不能异也。

道家把生死视为春、夏、秋、冬的自然之运，或生或死都能各安其所遇。所以庄子在太太死了以后就看得轻松，和别人不同，不像儒家哭得那样。其实哭也哭不活。

人在冥冥之中、在内心里，都知其分之所在。即便最坏的人，做了坏事，良知也必发现。为什么？因"各冥其分"。再从另一方面讲，大家都骂老师，甚至连老师面都没见过就批评。老师也是人，心中也有不平之气。所以老师读子书有所得，自觉有"大全"的计划在，"知其分之所在"，心就平了。

所以，人不要随便染上颜色，否则跳进黄河也洗不清。

是以圣人不由，而照之于天，亦因是也。是亦彼也，彼亦是也。彼亦一是非，此亦一是非。果且有彼是乎哉？果且无彼是乎哉？彼是莫得其偶，谓之道枢。

【注】偶，对也。彼是相对，而圣人两顺之。故无心者与物冥，而未尝有对于天下也。此居其枢要而会其玄极，以应夫无方也。

"偶"是相对的，"是"和"非"是相对的。

圣人无是非之心，所以能两顺之。因为事物都源于"冥"。与事物冥冥相合就没有是非、彼此了。自己能修到"无对""没有是非"的境界（不但人对我无是非，我对人亦无是非），故能守住枢要，会其最高之极（玄极），等到应那个无方之事，就能"无所不用其极"，而"无入而不自得"。

小人用人求全责备，就重视是非。君子用人用其枢要、取其所长，因为人不是万事通，但也不是废物。

枢始得其环中，以应无穷。

【注】夫是非反复，相寻无穷，故谓之环。环中，空矣，今以是非为环而得其中者，无是无非也。无是无非，故能应夫是非。是非无穷，故应亦无穷。

什么叫作"环"啊？

你说你是，你说他非，哪有真是真非啊！把精神都消耗在是非里头就糟糕了。环中是空的，也就是虚的，根本没有是非。

只有没有是非、没有成见的人，才能应付是非。子路片言可以折狱，因为他没有成见，是就是是，非就是非，所以别人都听他的。有成见的人就有是非，有是非就有偏执。自己一小帮专画小圈子，爱之欲其生，恶之欲其死，那怎么能应付是非？孔子说："君子不以言举人，不以人废言。"（《论语·卫灵公》）所以要爱之而知其恶，恶之而知其美，这样就没有废人、废言，这才能应是非。

天下的是非是无穷的，能应是非就能应无穷，无论在什么环境都能达到自己的目的。

郭象注的《庄子》没有出其右者。这是郭象的《庄子》，是另外一本书，是人家读完一本书之后又作了一本书，因为庄子有余言余音，郭象就发其未尽之言，发其未尽之音。

是亦一无穷，非亦一无穷也。故曰：莫若以明。

【注】天下莫不自是而莫不相非，故一是一非，两行无穷。唯涉空得中者，旷然无怀，乘之以游也。

天下人都认为自己是对的，别人都不好。真正好，得日积月累，日行一善，累积起来，不是一当大官就是圣人。但好坏有时只是人之所好，像东北人喜欢吃楂①子饭、楂子粥，本是玉蜀黍磨成的粗粮做成饭、粥。东北人以贴饼配大楂粥，老师离家多年犹思其味。净讲吃了，我们回过头再看书。

是非是循环无穷的，无穷的是"环"，"环中"就空了、虚了。我们乘那环中之空以游，就能"旷然无怀"，无所留系。

"乘之以游也"，"以游"，以看世（事）。

以指喻指之非指，不若以非指喻指之非指也。以马喻马之非马，不若以非马喻马之非马也。天地一指也，万物一马也。

【疏】指，手指也。马，戏筹也。喻，比也。言人是非各执，彼我异情，故用己指比他指，即用他指为非指；复将他指比汝指，汝指于他指复为非指矣。指义既尔，马亦如之。所以诸法之中独奉指者，欲明近取诸身，切要无过于指，远托诸物，胜负莫先于马，故举二事以况是非。

"指"是手指。"马"是赌博用的筹码。

用手指来移动筹码以计算胜负输赢，要都是自己的筹码才好。

指和马是用来比喻是和非。

以前人教小孩，不要说赌博不可以，连下棋，太师母都说"玩物丧志"。所以老师不下棋，有空就打拳。

----

① 楂，或作"渣"，磨得粗的为大楂子，细的为小楂子，像玉米做的饽饽黄金塔，高粱米做的粥，在台湾地区都很难看到。

可乎可，不可乎不可。道行之而成，物谓之而然。恶乎然？然于然。恶乎不然？不然于不然。物固有所然，物固有所可。无物不然，无物不可。故为是举莛与楹，厉与西施，恢恑憰怪，道通为一。

【注】夫莛横而楹纵，厉丑而西施好。所谓齐者，岂必齐形状，同规矩哉！故举纵横好丑，恢恑憰怪，各然其所然，各可其所可，则理虽万殊而性同得，故曰"道通为一"也。

一般人总把自己的主观见解和私心之见当成真理。只有"心境两空，物我双幻"，才能把一切都看成虚空的。

所谓的"齐"不是形状规矩之同，而是"道通为一"，虽万殊而其"性"同也，也就是儒家"一致百虑，殊途同归"之意。孔子于是说"吾道一以贯之"，就是拿一个中心思想来贯穿一切。你不同可以，我必须叫你在同一条件下完成这件事。

最危险的是完全不读书。一切事，中国历史久，都有成方子。多读书就有成案，否则一遇事，没有成案，都现对付，哪能不出问题？现在同学不读书，以为拉上社团就出息了？那不是"出息"。

"可乎可，不可乎不可"，不可有特权，应正而无私，特别柔顺，否则只要一邪，人必无法应付，必定受害。今天台湾地区有些人在刀尖上跳舞犹不自知。老师的话将来都会应验，那要看上五年、八年。

同学也是"可乎可，不可乎不可"，老师天天说，同学不知怎么听的，唉！

其分也，成也；其成也，毁也。凡物无成与毁，

"凡物无成与毁"，"无成与毁"是说"无是与非"。

复通为一。唯达者知通为一，为是不用而寓诸庸。庸也者，用也；用也者，通也；通也者，得也；

【注】夫达者无滞于一方，故忽然自忘，而寄当于自用。自用者，莫不条畅而自得也。

适得而几矣。

【注】几，尽也。至理尽于自得也。

【疏】几，尽也。夫得者，内不资于我，外不资于物，无思无为，绝学绝待，适尔而得，盖无所由，与理相应，故能尽妙也。

"至理尽于自得也"，"至理"完全在乎自得，不自得，就是父子之亲也爱莫能助。"得"者，是内不资于我，外不资于物，无思无为，绝学绝待。"不倚他人之智"，这叫"绝学"；"不倚他人之势"，这叫"绝待"。

到了这最高境界，则"内"心不曲于我之私见，"外"不受客观环境的影响，故能尽妙也。中国有句话说："有状元徒弟，没状元师父。"到那时候你所学的，未必能比得上你自己的那一套。到了此至高之境，自然与理相应，当然就"绝学绝待"了。完全自己去创造自己的，而得其大全之智。像《春秋繁露》自以为高过一切之子，即"大全"。若是倚旁人之智、倚旁人之势，他都没成功，你怎么能成功？

诸子百家立说时，就是"绝学绝待"了，所以能自成其说。

《齐物论》很难读，要从注上详细看。《齐物论》是众家的产物，不要轻视。你没得到好处是你没下真功夫。一遍看不懂，多看几遍，一定能得到启示。《齐物论》为各家精华之所集，要细读、深悟！

因是已。

【注】达者，因而不作。

【疏】夫达道之士，无作无心，故能因是非而无是非。

"达者，因而不作"，"因而不作"和儒家"述而不作"的境界差不多，有因的功夫而不创作。"因不失其亲，亦可宗也"（《论语·学而》），"亲"当"新"讲，因古人的东西而不失新的价值，亦可宗法。

《庄子》原文"因是已"给我们更大的启示，用白话来说：只要我们因着、照着这个，根据这个去做就够了。

儒家更重要的是"因而不失其新"的观念，境界较高。《论语·学而》："信近于义，言可复也。恭近于礼，远耻辱也。因不失其亲，亦可宗也。"旧注（孔颖达疏）："因，亲也。"是说我们亲近某个人，不失掉我们所应该亲近的。你说这不是废话吗？所以我们不能照旧注讲。在《尚书》中"亲""新"二字是不分的，我们看上下文就知道，"亲"字在这里应解释为"新"字，如此文义是相对的，才讲得通。

道家说"因是已"，只要照着做而不必创作，就像孔子"述而不作"一样，可是儒家"因而不失其新"，则是一个更高的境界。"因"是一件事，可不能失其新。"新"者，时也。"因"是大本、大经，"新"是大法。为什么要因呢？因为大本、大经不能变，必得因。然而"法"是不离"时"的，所以大法必得变。虽然根据大经，但不能失去时。这是讲"时之义"。

"夫达道之士，无作无心"，"达"是通达，达的境界是无阻的。如"达德"，《大学》"自天子以至于庶人，壹是皆以修身为本"，这就是达。达道之士能"无作"，没有造作就没有私心。"无心"的心，是指私心。一般人的毛病就是矫揉造作和私心，说得不好听就是"色庄者乎"（《论语·先进》）。何以造作？就是私心用事。有作、有心，是一般人；达道之人"无作无心"，就是顺其自然。

"故能因是非而无是非"，能"因是因非"而"无是无非"，这个最重要，正如儒家所说"和而不流"（《中庸》），自己不觉得比人家强就是和，和是和，可得"不流"，这就是"因是非而无是非"。我们从这个是非里出来，但本身可没有是非。我们从"和"里出来，但是自己并不流，像莲花一样，能出污泥而不染。

人必得达到出污泥而不染的境界，也就是"因是非而没有是非"。一个人不能说我要置于是非之外，天下哪有圣洁的地方啊！像伯夷、叔齐，不食周粟，但他们吃的蕨菜也是周地生出来的啊！这书就没读明白，所以就饿死了（采薇：薇，蕨菜，上有小叶似手，色如蚯蚓）。饿死了以后也还得葬在周地啊！人是没法遗世而独立的。

"无作无心"，然后才能"因是非而无是非"，"因"是动词。

这个社会就是是是非非，我们从是非堆里出来，只要本身没有是非就够了，也就是"和而不流"、出污泥而不染。

一个人不和那怎么行？自己所见者小，又孤高自赏，学也是白学，那就是庄子所谓的"学鸠"。引申了以后，我们骂那些没用的读书人叫作"学究"。但此学究（指成玄英能说出"因是非而无是非"的道理）不同凡响，看得比别人远。

循彼我而无彼我，在大化之中而不受其化，这完全没有造作，没有私心，没有人为的。我们要做到中立而不倚还容易，只要抱定主意，就可以办到。但是要做到"和而不流，强哉矫"，很不容易。

我们要"因是非"，不要孤高自赏躲避现实，不要怕肮脏，说这么坏的环境不能待，那不必，我们要"因是非而无是非"。什么肮脏不肮脏，你自己不肮脏就够了。表面干净，心里肮脏，那就完了。没有圣洁的心，产生不了圣洁的作用。成功的人不外乎圣洁，也就是"真"与"诚"。人的伟大不伟大，是看你做的事是不是人做的。

人的存在完全靠你的人格，绝不靠你的财富。看看那些历史上富如石崇的人，而今安在哉？不是有财富就伟大，这不都摆在面前吗？为什么还要为了追求财富就出卖人格？没有人格怎么能有超人一等的思想？天天干那些庸俗的事，天天助人为恶，能有超人的思想吗？今天这个乱世，人人都有责任。要想担当这个重任，必得下千锤百炼的功夫。

已而不知其然，谓之道。

【注】夫达者之因是，岂知因为善而因之哉？不知所以因

而自因耳，故谓之道也。

【疏】夫至人无心，有感斯应，譬彼明镜，方兹虚谷，因循万物，影响苍生，不知所以然，不知所以应，岂有情于臧否而系于厉害者乎？以法因人，可谓自然之道也。

"岂知因为善而因之哉"，有所为而去做的就是"有心"了。有心去做一件善事，那就不是真善了。"不知其所以因而因之"，是"自然之因"，"因为善而因之"，就是"同俗"。社会上的风俗到这儿了，我们就跟着这个风俗走，就是"因为善而因之"。

为政者不能逆人之情、逆人之性而为之。如果恶民之所好，好民之所恶，老百姓往东，你却往西，结果就背道而驰，就愈离愈远了。我们得民之所好吾好之，民之所恶，亦恶之（《大学》："民之所好好之，民之所恶恶之"），这就是因。不知其所以因而因之，老百姓所好的，我们就跟着好。这是说"民心之向背"很重要。《论语》中说"民"是指黎民，是没有利害关系的纯老百姓；说"人"的时候是指一帮官僚。历代讲书都特别强调这个"民"，因为历代都叫这帮"人"左右了时局。这"民"和"人"之间有很大的区别，要特别分清楚。"人"是指"掌政者"，"民"是指"善良的老百姓"。

我们常误解，认为掌政者就是一切的标准，其实掌政者不是标准，民才是一切的标准。这正如你们常常分不开"国家"和"政府"一样，国家和政府不同。

人必须头脑清楚，把握大前提。人的理智不清最可怕，都被感情的包袱压扁了。我们的良知，是爸爸妈妈、祖宗给我们的。父母生你有多么高的期待，为什么拿我们那么宝贵的东西为那些"人"跑？真理只有一个，人之良知为父母所予，为何为人所用？这对得起祖宗吗？为什么不本着良知做事？

中国有一句永不能忘的话：毋忝所生。溥二爷（溥儒）的母亲是项太夫人。当溥二爷二十七岁从德国拿了博士回来，很得意地把博士文凭交给他母亲时，他母亲问："天下就你一个人在德国得博士吗？"溥二爷说："不是！"项太夫人再问："二十七岁得博士，你是不是第一个？"溥二爷再答："不是！"项太夫人说："那有什么高兴的，我是叫你做天下第一人。"于是就叫他到西山去读书。十年后，他就一举成名，就"北溥"了。"北溥南张"，北，是北派，北派的代表人物是溥儒。南派的代表人物"南张"，是张大千的哥哥张善孖。二爷死后文人画就绝了，因为都没那个功夫。在台画家如高逸鸿虽为蒋经国先生国画老师，但与溥二爷功夫毕竟不同。溥二爷感念母恩，在母亲逝世二周年刺血作《释迦牟尼坐像图》（**按：戊寅冬十一月公元 1938 年溥先生作画**）。

十年有成。十个小时想一个问题，和你只想一个小时那绝对不一样。你们不想，怎么能深入？古圣先贤的东西能传千百年，必有传的价值，那都是千锤百炼磨出来的，不要看轻了。

溥二爷写字画画，功夫极深。如厕时、卧于床上时，亦以指代笔，练字不辍，棉被上方且因指画而破。溥二爷字后虽进步，然四十岁左右最为浑圆。二爷认为字画，宣纸不如棉纸能长久保存。

一个人要有抱负，先要有独立的人格。有了独立的人格，才能有独立的思想，才能有自己的主张，而成就自己所要成就的事业。如果没有独立的人格和思想，老是鬼鬼祟祟在人家马屁股后面跑，那永远没有用。天下没有哪个没有主张的人能够成事。看看击鼓骂曹，有人还赞美击鼓骂曹的人。击鼓骂曹，实际上那只是奴儒的代表。你应该有独立的人格思想。你为什么要去服侍那个奸臣？等到他不用你了，你就骂他，那有什么用？今天就需要"中流砥柱"，没有人知道今天谁走的路是对的。虽然我们不知道，但必有个超凡的人，他知道怎么走才对，他成就的事业必是超凡的事业。

将来谁是这个宇宙的安定力没法说，浅知浅见没法决定天下的事。

一个人有所守了，有了中坚的思想了，才能有不平凡的作为，才能有正知正见。你天天趋炎附势、跟着人家走，那永远赶不上"时"。一个人必得站得住，因为你就是主人。举世这么乱，哪个国家都需要人才，好好训练自己，二十年后正是你们当事的时候，那时候才可以铁肩担重担。铁肩是锻炼出来的，你们将来好的、坏的环境都会碰到，不锻炼担当，将来怎能应付这个社会、对付这个大变局？

老师至台一个人，死了也没人哭。既没人哭，何必怕死？我就是主人。他当官是他运气好，到我家、在我的范围内，他得听我的。不要怕任何事。我不欺负别人，可是谁要欺负我，我绝对"干掉"他！

"夫至人无心"，"至人"是道家的一个境界。

"譬彼明镜"，人要像一面镜子，什么来照什么，过去了绝不留痕迹。一个人天天把利害放在前头，那能成就事业吗？见到好的不放过，见到坏事就离得远远的，天下没有这样的便宜可捡。

"以法因人，可谓自然之道也"，"以法因人"特别重要。"立法院"有许多"立法"，往这儿一放就立好了，立完了以后把老百姓往里头装，那老百姓能接受吗？

法必因人而立。如报税之表，报所得税老百姓看不懂，造成算账者之剥削，此"烤民也"。以纳税言，百姓必苦于此，但谁解民倒悬？（毓师于此，三自叹：马后炮！）立法要老百姓看了就明白、就能接受才行。

劳神明为一而不知其同也，

【疏】夫玄道妙一，常湛凝然，非由心智谋度而后不二。

这几句话特别重要。这是说，"修德"可不是用智慧，修德要用"功夫"。

你们夜里睡不着觉，不要胡思乱想，起来好好下功夫。作战，用智慧，自己好好对付自己，再对付别人。把自己的短处除掉，长处自然就增了。

谓之朝三。何谓朝三？狙公赋芧（xù），曰："朝三而暮四。"众狙皆怒。曰："然则朝四而暮三。"众狙皆悦。名实未亏而喜怒为用，亦因是也。

有志，先学对付自己，削去自己之短，再对付别人。世事如此，不知何时大事来临。

《庄子》内七篇不要以道家的观念来看，好好细心地用智慧来看，每篇都有特殊的主张、特殊的意见。

是以圣人和之以是非，而休乎天钧，

【注】莫之偏任，故付之自均而止也。

【疏】天均者，自然均平之理也。夫达道圣人，虚怀不执，故能和是于无是，同非于无非，所以息智乎均平之乡，休心乎自然之境也。

"莫之偏任，故付之自均而止也"，"偏任"之意很广。有的政府就偏任，用的必得是这帮人，常常换职不换人，像走马灯一样，这样偏任就不行了。

不偏任就是大公。大公才能"付之自均而止也"，自己自然而然地就均了，即"自均"。大公则自均，完全顺自然而不加半点人力。加了人力中间就有私了。有了私就没法治国。

为什么历代必得有兴兴衰衰？因为都有"私"。但其间也必有几个大公无私的皇帝，有个政绩，例如由康熙到雍正就奠立了清朝三百年江山的基础。并不是以后的百姓都好，而是百姓感德，有所留恋，所以才传了三百年。若是余德浅，江山绝对短。百姓没有得到好处，无所留恋，那你怎么站得住？覆舟者即载舟者！

"天均者，自然均平之理也"，"天均"是自然均平之理。"夫达道圣人，虚怀不执"，没有一点人力，没有一点执着。"故能和是于无是，同非于无非，所以息智乎均平之乡，休心乎自然之境也"，就像镜子一样，照万有而不留任何痕迹。这都不是理论，政治不到这个境界就有痕迹了，"政"至此境方无兴衰。

是之谓两行。

【注】任天下之是非。

本身无是非，但必任天下之是非，担当天下之是非。我们从是非过来，不是自己本身没有是非就够了，得担当天下之是非。你想要叫别人说你好，那完全是伪道学的思想，天下没有都说你好这回事。动心则任何事皆不能为。你们要有这个心就完了。

所谓"燕雀焉知鸿鹄志"，胜者王侯败者贼。看得清楚则有担当。只要我们无是无非，把自己看清楚了，就会有勇气、担当去做自己的事。

像李后主他也没得罪谁啊，到最后落个风流亡国皇帝（的下场）。他不想害天下苍生，也没这个能力害，但他也没能力救天下苍生，可是谁说他是好的？他的词看了让人很动情，为他洒点同情泪！

有担当的人必然对别人有所影响。有影响就有是非。能任天下之是非，这个担当还得了？既然任天下之是非了，那还怕什么是非！

你们就只知道吃面包、喝洋奶，就会吹牛。这一代的自私，做任何事都先考虑自己的利害；这一代的胆小，树叶掉下来都怕打到脑袋。那你们能做什么？记住！再不自立的话，你们将来唯有被人奴役。你们一点勇气都没有，一点精气神都没有，就有点自私自利的小智慧，东算西算，尽想捡便宜，你们想得也太天真了！天下没有白捡的事，必得自求多福。

古之人，其知有所至矣。

【疏】至，造极之名也。淳古圣人，运智虚妙。

"至"，甲骨文为👤，《说文》云："鸟飞从高下至地也。"

"虚妙"，无染之妙。"运智"在于无染，完全用良知来运。什么叫作"无染"呢？就是没有一点嗜欲。运智之时，一点嗜欲都没有。嗜欲深者天机浅。庄子说的"嗜欲深"，就是"有染"，有染的人天机就浅。无染的人天机深，才能运至高之智。

能忘却己私，以身许国。许国而忘家之人，必能无私。无私才能运智无染。运智无染，成就才高。

十大建设①几个已做？于己有利，必有害于人，那不是亲亲、亲民即可解决的。

"运智无染"即佛家之"妙智慧"。

佛经前的《开经偈》："无上甚深微妙法，百千万劫难遭遇。我今见闻得受持，愿解如来真实义。""无上甚深"，无所不在，无所不包。"无上甚深微妙法"即妙智慧。"百千万劫难遭遇"，遇，大则平天下，小则安国。无量的岁月中难逢此微妙法，于无染中产生的妙智慧才能应世！

"运智虚妙"贵乎无染。无染，没有私欲，没有私欲包含很多，不光是孔宋之欲（按：不是特指某人，而是借之以明义），也不光是和尚要戒的食色之欲，一切"欲"都在内。唯有在无

---

① 1971年至1972年间，台湾地区在国际经济不景气的形势下进行一连串经济建设。老师于此预言：建设有益于经济，有益于多数人，但对其他方面，对部分人亦必有所伤害。

染中产生的妙智慧才有办法济世。

恶乎至？有以为未始有物者，至矣，尽矣，不可以加矣。

【注】此忘天地，遗万物，外不察乎宇宙，内不觉其一身，故能旷然无累，与物俱往，而无所不应也。

像镜子一样，来什么应什么，完全无染，没有任何私欲。

其次以为有物矣，而未始有封也。

【注】虽未都忘，犹能忘其彼此。
【疏】初学大贤，邻乎圣境，虽复见空有之异，而未曾封执。

能忘彼此，就没有分别心。现在人最可怕的就是有分别心，你的、他的、坏的、好的，分别得太厉害了。一个人最低限度得没有分别心。"封"是分别心，"执"是固执。

其次以为有封焉，而未始有是非也。

【注】虽未能忘彼此，犹能忘彼此之是非也。

把你我之间的是非忘掉，但还知道有你我之别。
这个境界低了一点，但也是一个境界。

是非之彰也，道之所以亏也。

【注】无是非乃全也。

读书有领悟马上记笔记，根据这个启示往前想，像跑接力，时间长了，必有所得。

道之所以亏，爱之所以成。果且有成与亏乎哉？果且无成与亏乎哉？有成与亏，故昭氏之鼓琴也；无成与亏，故昭氏之不鼓琴也。昭文之鼓琴也，师旷之枝策也，惠子之据梧也，三子之知几乎，皆其盛者也，故载之末年。唯其好之也，以异于彼；其好之也，欲以明之。彼非所明而明之，故以坚白之昧终。而其子又以文之纶终，终身无成。若是而可谓成乎？虽我亦成也。若是而不可谓成乎？物与我无成也。是故滑疑之耀，圣人之所图也。为是不用而寓诸庸，此之谓以明。

【疏】夫圣人者，与天地合其德，与日月齐其明。故能晦迹同凡，韬光接物，终不眩耀群品，乱惑苍生，亦不矜己以率人，而各域限于分内，忘怀大顺于万物，为是寄于群才。而此运心，斯可谓圣明真知也。

"夫圣人者，与天地合其德，与日月齐其明。故能晦迹同凡，韬光接物"，人不要超凡。大家误解了，以为超凡才能入圣。得"同凡"，不遗世而独立，才能入圣。要是你和凡人不同，那谁知道你是圣人啊？但同凡可不容易，"与天地合其德，与日月齐其明"，才能"晦迹同凡"。一个人有点学问、地位了，就不同凡了，处处矫揉造作，老百姓就对你望而生畏了。"韬光"，把光套上，让别人看不到你的光，这才能与凡合而为一。

"不矜己以率人"，不要总认为自己是领导者。

"而各域限于分内，忘怀大顺于万物"，为的就是要"寄于群才"，把天下之大用寄于所有的人才，使天下无弃人。这样为圣才可以。不这样，那就是下焉者也。

孟子曰："尧舜，性之也；汤武，身之也；五霸，假之也。久假而不归，恶知其非有也。"（《孟子·尽心上》）"久假而不归"，焉知其非仁？不归者，不归于私。五霸虽非至诚行仁，亦知礼法。知虽然不是真知，但知非借此假办法不成。假事虽是假事，还是得做一点。久了，焉知其非仁？

读了书，琢磨之后，自己训练自己。以国家为重，以世界为重，但先其国而后天下，不可虚内务恃外好，内务重要。自己国家好，再照顾周边，有余力再照顾照顾他们。

"为是不用而寓诸庸，此之谓以明。"此乃大智若愚。"百姓日用而不知"，此圣人藏道（用）于民之深旨。"各得其所"，在乎不知之教。

今且有言于此，不知其与是类乎？其与是不类乎？类与不类，相与为类，则与彼无以异矣。虽然，请尝言之。有始也者，有未始有始也者，有未始有夫未始有始也者。有有也者，有无也者，

【注】有无而未知无无也，则是非好恶犹未离怀。

有未始有无也者，

【注】知无无矣，而犹未能无知。

有未始有夫未始有无也者。

"知无无矣，而犹未能无知"，自己感觉到了这个境界，但是还没到无知的境界。必须到无知的境界。

严格训练自己，近代曾（国藩）、李（鸿章）能有成就不易，必千锤百炼方有成就。近代人成就少，就因少训练。同学的智慧够，行（音hàng）力不够，人之精神在乎自己训练，人要有所成就必有牺牲。行力缺，因自己管自己的功夫不够。眼观天下事，则知一切慢不得。

俄而有无矣，而未知有无之果孰有孰无也。今我则已有谓矣，而未知吾所谓之其果有谓乎，其果无谓乎？天下莫大于秋毫之末，而大山为小；莫寿于殇子，而彭祖为夭。天地与我并生，而万物与我为一。

【注】夫以形相对，则大山大于秋毫也。若各据其性分，物冥其极，则形大未为有余，形小不为不足。苟各足于其性，则秋毫不独小其小而大山不独大其大矣。若以性足为大，则天下之足未有过于秋毫也；若性足者非大，则虽大山亦可称小矣。故曰"天下莫大于秋毫之末，而大山为小"。大山为小，则天下无大矣；秋毫为大，则天下无小也。无小无大，无寿无夭，是以蟪蛄不羡大椿而欣然自得，斥鷃不贵天池而荣愿以足。苟足于天然而安其性命，故虽天地未足为寿而与我并生，万物未足为异而与我同得。则天地之生又何不并，万物之得又何不一哉！

既已为一矣，且得有言乎？既已谓之一矣，且得无言乎？一与言为二，二与一为三。自此以往，巧历不能得，而况其凡乎！

【注】夫以言言一，而一非言也，则一与言为二矣。一既一矣，言又二之；有一有二，得不谓之三乎！夫以一言言一，犹乃成三，况寻其支流，凡物殊称，虽有善数，莫之能纪也。故一之者与彼未殊，而忘一者无言而自一。

"故一之者与彼未殊"，以"一"为出发点，到最后都不能守其一。

故自无适有以至于三，而况自有适有乎！无适焉，因是已。

【注】各止于其所能，乃最是也。

儒家和道家没什么差别。儒家说"止于至善"，道家说"各止于其所能，乃最是也"，因为天不生废物。

某人本来对机械有专才，可是有官迷，结果官是当了，但是因为未能明自己之所能，自己所长并不在行政，就变成废物了。

很多人把自己所能忽略了，每个人知己之所长，是最对的事。分析自己所能是什么，什么是自己的长才，就干什么，这不就各尽其才了吗？一般人完全叫"欲"掩盖了自己的"能"，结果所为者皆非自己所能，于是庸庸碌碌以终其身。如果人人都为自己所能去发挥，那么国家的进步就会快，这正是"人人为我"，也就是儒家所说"止于至善"。

夫道未始有封，言未始有常，为是而有畛也，请言其畛：

有左，有右，有伦，有义，

【注】物物有理，事事有宜。

"畛"，音 zhěn。田间分界的路。

这个特别发人深省。

"事事有宜"的宜是从哪里来的呢？就是从"理"来的，处处按照"理"来做事，就成其"义"。物之理包含了事和人。按照其"理"处理事，结果就"成其所宜"。成果即所宜。反之，不按理做事，就坏了。

有分，有辩，

【注】群分而类别也。

这个术更重要。

在大的里头还要看小的，要一群一群详详细细地分开，一类一类地把群区别"而类别也"，到那时候，每个人都各尽所能。否则他有什么能你也不知道，那不就糟了吗？

有竞，有争，此之谓八德。
六合之外，圣人存而不论；

【注】夫六合之外，谓万物性分之表耳。夫物之性表，虽有理存焉，而非性分之内，则未尝以感圣人也，故圣人未尝论之。若论之，则是引万物使学其所不能也。故不论其外，而八畛同于自得也。

六合之内，圣人论而不议。春秋经世先王之志，圣人议而不辩。

【注】顺其成迹而凝乎至当之极，不执其所是以非众人也。

把这个当座右铭就成了。

"凝乎至当之极"，"至当"还要到极点，这是内圣的功夫。

"不执其所是以非众人也"，千万不要以自己所是的来批评别人。这是何等境界！这是外王的功夫。自己有了内圣的功夫，才能达到这个境界。以此存心，则减去多少私心！

故分也者，有不分也；辩也者，有不辩也。

【注】夫物物自分，事事自别。而欲由己以分别之者，不见彼之自别也。

曰：何也？圣人怀之，

【注】以不辩为怀耳，圣人无怀。

众人辩之以相示也。故曰辩也者，有不见也。夫大道不称，大辩不言，大仁不仁，大廉不嗛，大勇不忮（zhì）。

【注】无往而不顺，故能无险而不往。

"大廉不嗛"，"嗛"，音 qiān。

一个人能有这个智慧，无论做什么事情，都会顺利的。

"无往而不顺，故能无险而不往"，能到"无往而不顺"的境界，则能"无险而不往"。为什么"无往而不顺""无入而不自得"？因"无所不用其极"。所以险是人家看到的，对他来说都不是险，他无入而不自得。

无论什么危险，我都不能不去啊！因为君子"无入而不自得""无所不用其极"，所以"险"的地方对他来说都不是"险"。

到了这个境界，才能"任事"。

晏婴个子小，人辱之，要他走小门，他不接受，成为外交典范。未接受"狗洞"之侏儒也成就了事业，而且成就得更高！

道昭而不道，

【注】以此明彼，彼此俱失矣。

【疏】明己功名，炫耀于物，此乃淫伪，不是真道。

你在别人面前批评这个、批评那个，你批评别人你也完蛋了，因为"来说是非者，便是是非人"。

言辩而不及，仁常而不成，

【注】物无常爱，而常爱必不周。

"君子周而不比，小人比而不周。"（《论语·为政》）

你看你们同学总画小圈子，在一起混，自己行为不行，那还能成什么大事？

廉清而不信，勇忮而不成。五者园而几向方矣，故知止

其所不知，至矣。

【注】所不知者，皆性分之外也。故止于所知之内而至也。

孰知不言之辩，不道之道？若有能知，此之谓天府。注焉而不满，酌焉而不竭，

【注】至人之心若镜，应而不藏，故旷然无盈虚之变也。

而不知其所由来，

【注】至理之来，自然无迹。

循迹不行，要寻找"至理"的时候，不要找迹，至高之理之来，是没有迹的。"待文王而后兴者，凡民也。若夫豪杰之士，虽无文王犹兴。"（《孟子·尽心上》）等到找迹，就坏了。

此之谓葆光。

【注】任其自明，故其光不弊也。

不要加人工，叫其自明，所以光永远照而能不弊。

我们讲《庄子》，都是选那最机巧处来讲，你们要特别注意，从这儿去"了悟"。

那些老生常谈我们就没重视，《齐物论》和《逍遥游》，尤其是《齐物论》自己要下功夫。一个是"自由思想"，就是《逍遥游》；一个是"平等思想"，就是《齐物论》。白话参见叶玉麟先生的《白话译解庄子》和张默生先生的《庄子新解》。同学

之年当求字句外之意，若再连句读都不懂，则可哀矣。

故昔者尧问于舜曰："我欲伐宗、脍、胥敖，南面而不释然。其故何也？"

舜曰："夫三子者，犹存乎蓬艾之间。若不释然，何哉？昔者十日并出，万物皆照，

【注】夫重明登天，六合俱照，无有蓬艾而不光被也。

"无有蓬艾而不光被也"，"蓬艾"是草之卑微者。也就是说，最卑微之物也没有不受其光的。老子说："天地不仁以万物为刍狗，圣人不仁以百姓为刍狗。"刍狗也是指物之卑微者。

"而况德之进乎日者乎！"

【注】夫日月虽无私于照，犹有所不及，德则无不得也。而今欲夺蓬艾之愿而伐使从己，于至道岂弘哉！故不释然神解耳。若乃物畅其性，各安其所安，无远迩幽深，付之自若，皆得其极，则彼无不当而我无不怡也。

"夫日月虽无私于照，犹有所不及"，日月没有私照，可是犹有所不及。我们说个笑话，一个盆子底下光就照不到了，就有所不及了。

下边是说一个无所不及的东西，就是德，"德则无不得也"。

"而况德之进乎日者乎"，德者无不及也。德是善行之被于人者。日月之照万物皆利爱之，虽然如此，但是还有所不及，可是"德"则无不及也。只要你有善德，就没有得不到的事情，

这就是注重人事的问题。

"德"是指"善之行"。一个有善行的人，肯定能得到好处。现在有"善之行"的人是少了，可是打开历史看一看，每个时代都有有"善之行"的人，他的德无所不照、无所不被。

"若乃物畅其性，各安其所安"是这段的主旨。什么是齐物？"物畅其性"就是齐物。因为性都是一样的，没有大小。人之性和蚂蚁之性，如果都各畅其性，就不分大小。

上边是说各随其性，"各安其所安"，包含很多，不是安分就完了，就是各尽其性了。每个人在他的本能上都有所为，都有其用，都有其长。能发挥其所为各尽其用，就是"各安其所安"。

杨子说"人人为我"，那不就是各随其性，"各安其所安"吗？如果人人都为我的话，那这个社会就不必有救济院。人人为我就是"人皆可以为尧舜"，这没有多大的区别。在那个时代里头，这些哲学家发挥的理论，就是要把每个人的所长都拿出来。孟子所谓的"尽性"，就是杨子所谓的"人人为我"，也就是"物畅其性，各安其所安"。每个人都把自己的长才发挥出来，哪里还需要救济？只在偶发事件上要互助，因为谁也想不到谁会出车祸。在本能上，在自己的维生上，不用任何人帮助，因为都各随其性，"各安其所安"。《齐物论》是在这上面来齐的。无论什么东西，只要各随其性，"各安其所安"，则天下无一废物。

并非一切讲救济都是善策。如美国，失业就有失业救济金，他们感觉到国家很富有，重视老百姓福利，但这都有依赖性，我们不赞成这些个。只要都"各安其所安"，就不必救济。因为人尽其才、物尽其用，这就是所谓的尽性。

《中庸》说"能尽其性，则能尽人之性；能尽人之性，则能尽物之性"，尽己之性，是指把自己的本能发挥了。我们"尽性"，别人有见贤思齐的心理，则我们能影响别人，使他也能尽性。这就是由"尽己之性"进而"尽人之性"了。然后我们有智慧能"知周万物，道济天下"，就能尽物之性。物都研究好了，都尽其用了，则天下无一废物、无一废人。这些都研究清楚了，就知道物与人的价值所在，这样人人都为我，各安其所安、各顺其性，何必再给人当奴才呢？人人都是自主的、齐平的，则何必给人当奴才？可是社会怎么办呢？一个社会有一个社会的主旨，到最后，有那么一个空头的领袖，因为谁也约束不了谁，所以到了"群龙无首，吉"（《易经·乾卦》）的境界。

如果能发挥自己所长，即使卖大饼也没什么不好，比那些不能发挥自己所长就跟着别人屁股后面跑、丢祖宗万代脸的要好得多。人必须了解自己所长。每个人都有自主之力。能"自主"，就能"自立"，就不必跟着人跑。

"皆得其极，则彼无不当而我无不怡也"，"君子无入而不自得"，"无所不用其极"，所以能"皆得其极，则彼无不当而我无不怡也"，我之以外没有不当的，在我也没有不怡悦的。能顺其性，"安其所安"，当然自己能用其极，所以皆大欢喜。

许多人不知道自己成就自己，这是多么可怜的事！所以我特别喜欢杨子的"人人为我"。各顺其性，"各安其所安"，那不是自己成就自己吗？孟子骂杨子"杨氏为我，是无君也"，倒使我们有所了悟。人人为我，人人皆有士君子之行。人皆是龙，就能到"群龙无首，吉"的境界。群龙无首，那还有什么君啊！所以孔子以后，大概就只有杨子是孔子思想真正的奉行者。

啮（niè）缺问乎王倪曰："子知物之所同是乎？"曰："吾恶乎知之？"

【注】所同未必是，所异不独非，故彼我莫能相正，故无所用其知。

大家常犯这个毛病，了解了这个才能客观。有许多人故步自封，很骄傲，认为自己什么都是对的。

"子知子之所不知邪？"曰："吾恶乎知之？"

【注】若自知其所不知，即为有知。有知则不能任群才之自当。

如果我们知道了自己所不知道的，那就是"有知"的人了。

我们常说："日知其所亡，月无忘其所能。"（《论语·子张》）就是认为自己知道了，自己有知了，就不能"任群才之自当"。

自己认为自己有知了，那是自己"自造之知"，所以不能把人才和物用得恰到好处。

"然则物无知邪？"曰："吾恶乎知之？

【注】都不知，乃旷然无不任矣。

若自知其所不知即为有智，那是"私智"，不是"性智"，没有自己之私智才是"性智"。有性智的话，那你就能够"任群才之自当"，而"旷然无不任矣"。"旷然"二字形容得更妙，无论多么大的环境都"无不任矣"！就是要人尽其才，物尽其用，也就没有弃人，没有弃物，乃"旷然无不任矣"。这些地方要深悟。

"虽然，尝试言之。庸讵知吾所谓知之非不知邪？庸讵知吾所谓不知之非知邪？

【注】所谓不知者，直是不同耳，亦自一家之知。

"一家之知（智）"，就是"私智"。

"且吾尝试问乎女：民湿寝则腰疾偏死，鳅然乎哉？木处则惴栗恂惧，猨猴然乎哉？三者孰知正处？民食刍豢，麋鹿食荐，蝍蛆甘带，鸱鸦耆鼠，四者孰知正味？猨猵狙以为雌，麋与鹿交，鳅与鱼游。毛嫱西施，人之所美也；鱼见之深入，鸟见之高飞，麋鹿见之决骤。四者孰知天下之正色哉？自我观之，仁义之端，是非之涂，樊然殽乱，吾恶能知其辩？"

【注】夫利于彼者或害于此，而天下之彼我无穷，则是非之竟无常。故唯莫之辩而任其自是，然后荡然俱得。

"夫利于彼者或害于此"，无论在个人的处事上，或是在国家的行政上，有一利就有一弊，尤其从今天的政治上看得最清楚，利弊很明显。也就是说，今日的政治家最大的抱负就是使利多于弊，这就是最好的政治家了。要说能除弊尽利，没有谁有那个抱负，只要利多于弊就好了。

我们必得谋天下之共利，不知道谋共利就没有方法除弊。今后的政治家必得"谋共利"，只有在共利之下才能除弊。

古人不说保护文化、民主、自由，而说保护其（百姓）利益，这种智慧真令今人惭愧。我们得用何等的智慧来处理这样复杂的社会？

"而天下之彼我无穷，则是非之竟无常"，"彼我无穷"、是非无常，怎么来处理？什么事你都不必辩，你愈辩，就愈描愈黑，只要"任其自是"。这不是放弃责任，而是由自然之势，水到渠成。

"故唯莫之辩而任其自是，然后荡然俱得"，"然后荡然俱得"，"荡然"与"旷然"是同一境界。只要我们不违背自然，谁说什么是非，那都是私智、私见，不必去管他。然后就能"荡然俱得"，完全是任自然、不用人力而俱得的，不是人之为道。人之为道就远人了。

现在做事经常不任自然，工程该什么时候完工却不按时完工，一定要赶谁生日。同样是工程，为什么过去有些工程建好这么久没有裂纹？为什么现在有些工程一启用就毛病百出？

啮缺曰："子不知利害，则至人固不知利害乎？"

【注】未能妙其不知，故犹嫌至人当知之。斯悬之未解也。

王倪曰："至人神矣！

【注】无心而无不顺。

【疏】至者，妙极之体；神者，不测之用。夫圣人虚己，应物无方，知而不知，辩而不辩，岂得以名言心虑亿度至人耶？

为什么我们办事老出毛病？因为完全是"有心用事"，常说："必得我成功，不成功不行啊！"因为有心，所以不顺，所以毛病百出。为什么你们不"任自然"？

"妙极之体"是无上甚深的妙智慧。我们有无上甚深的妙智慧，那等到我们用事的时候，常人不能测，那就是"不测之用"。一个人的修为也是如此，"燕雀安知鸿鹄之志"就在此。你的作为要教别人明白了，那你不也是和他一样了吗？如果你做事他不明白，那就对了。因为你有"妙极之体"和"不测之用"，所以他人不能了悟。

每个人都有"妙极之体"，所以说"大学之道，在明明德"，我们想成大人之学，得先明这个"德"，"明德"就是"妙极之体"。"妙极之体"受外诱之私被蒙蔽了，所以要下"明"的功夫来恢复这个明德。明德恢复了，那就是"妙极之体"。等到"无入而不自得"时，那就是"不测之用"了，就是神了。一个人"能无入而不自得"，那不是神吗？那就是"不测之用"。这都是个人的修为，谁也帮助不了，谁也抢不去。求则得之，舍则失之，完全在乎己，所以说："皆自明也。"

圣人是虚己的。虚己有什么妙用？他能"应物无方"。像镜子一样，能虚己，自己啥都没有，什么来，应什么。

"大泽焚而不能热，河汉沍（hù）而不能寒，疾雷破山飘

风振海而不能惊。若然者，乘云气，骑日月，而游乎四海之外。死生无变于己，而况利害之端乎？"

瞿鹊子问乎长梧子曰："吾闻诸夫子，圣人不从事于务，

【注】务自来而理自应耳，非从而事之也。

【疏】务，犹事也。诸，之于也。

"务自来而理自应耳"，只要修至某一境界，事来，理自应之。今天许多事，往往发生了再应付，发生了再临时想方案。

"不就利，不违害，不喜求，不缘道；无谓有谓，有谓无谓，而游乎尘垢之外。夫子以为孟浪之言，而我以为妙道之行也。吾子以为奚若？"

长梧子曰："是黄帝之所听荧也，而丘也何足以知之！且女亦大早计，见卵而求时夜，见弹而求鸮（xiāo）炙。

【注】夫物有自然，理有至极。循而直往，则冥然自合，非所言也。故言之者孟浪，而闻之者听荧。虽复黄帝，犹不能使万物无怀，而听荧至竟。故圣人付当于尘垢之外，而玄合乎视听之表，照之以天而不逆计，放之自尔而不推明也。今瞿鹊子方闻孟浪之言而便以为妙道之行，斯亦无异见卵而责司晨之功，见弹而求鸮炙之实也。夫不能安时处顺而探变求化，当生而虑死，执是以辩非，皆逆计之徒也。

"夫物有自然，理有至极。循而直往，则冥然自合，非所言也"，物有自然之性，就有自然之道、至极之理。我们应该

顺着自然一直往前去奋斗。

"夫不能安时处顺而探变求化，当生而虑死，执是以辩非，皆逆计之徒也"，人都有自己的短处，当控制自己的短处，发挥自己之长处。看完这，想自己是哪一类人，如果是"逆计之徒"，常人也。天天合计，一次未中，不像孔子弟子子贡"亿则屡中"。

"予尝为女妄言之，女以妄听之。奚旁日月，挟宇宙？为其脗（wěn）合，置其滑涽，以隶相尊。众人役役，圣人愚芚（chūn），参万岁而一成纯。万物尽然，而以是相蕴。

【注】蕴，积也。积是于万岁，则万岁一是也；积然于万物，则万物尽然也。故不知死生先后之所在，彼我胜负之所如也。

"参万岁而一成纯"，"一"是动词。

"积是于万岁，则万岁一是也；积然于万物，则万物尽然也"，修此功夫为御世之道。《易经·乾卦·彖传》曰"时乘六龙以御天"，及"乘云气"（《庄子》本文"若然者，乘云气，骑日月，而游乎四海之外"），此皆"而以是相蕴"。

"积然于万物，则万物尽然也"，就是"积是"于万事，则万事"一是也"，这特别重要。政治上也是这样，孔子说"吾道一以贯之"，因为能"积是"于万事，则万事"一是也"。反之，人生不如意者十常八九，你们头脑要是有些智慧就好好去玩味吧！

"积是"的"积"字，特别重要。这个"是"，不是一下都是了，要日行一善，一个是一个，是积成的。《易经》说"积善之家，必有余庆"（《易经·坤卦·文言》），而日行一善就是"积善"，这得求根。因为什么能"积是"？至少本心没有是非才可以。因为心里头没有是非，你的行才能"积是"。圣人能从心所欲不逾矩，就都是"是"，就都是"然"。

孔子心中无是非，只有"是"和"然"，故所为都是"是"和"然"。为什么能从心所欲而不超过"是"和"然"呢？因为他的心里头只有"是"和"然"，而没有是非。为什么我们有是非？因为我们的心里头就有是非。

所以说："来说是非者，便是是非人。"做任何事业，在旁边对你说悄悄话的人，你要特别小心，他能对你说，也会对别人说。

"万物尽然，而以是相蕴"，"万物尽然"，就像万物皆备于我，就拿这个来"相蕴"。

"予恶乎知说生之非惑邪！予恶乎知恶死之非弱丧而不知归者邪！丽之姬，艾封人之子也。晋国之始得之也，涕泣沾襟；及其至于王所，与王同筐床，食刍豢，而后悔其泣也。予恶乎知夫死者不悔其始之蕲生乎！

"梦饮酒者，旦而哭泣；梦哭泣者，旦而田猎。方其梦也，不知其梦也。梦之中又占其梦焉，觉而后知其梦也。且有大觉而后知此其大梦也。而愚者自以为觉，窃窃然知之。君乎，牧乎，固哉！

【注】夫愚者大梦而自以为寤，故窃窃然以所好为君上而所恶为牧圉，欣然信一家之偏见，可谓固陋矣。

"欣然信一家之偏见"，完全把自己的感情投到这里头，天天负着感情的包袱，那什么时候能见真理啊！孔子说"疾固也"（《论语·宪问》），就是最讨厌这种固陋的人。

"丘也与女，皆梦也；予谓女梦，亦梦也。

【注】即复梦中之占梦也。夫自以为梦，犹未寤也，况窃窃然自以为觉哉。

"是其言也，其名为吊诡。万世之后而一遇大圣，知其解者，是旦暮遇之也。既使我与若辩矣，若胜我，我不若胜，若果是也，我果非也邪？我胜若，若不吾胜，我果是也，而果非也邪？其或是也，其或非也邪？其俱是也，其俱非也邪？我与若不能相知也，则人固受其黮暗。吾谁使正之？使同乎若者正之？既与若同矣，恶能正之！使同乎我者正之？既同乎我矣，恶能正之！使异乎我与若者正之？既异乎我与若矣，恶能正之！使同乎我与若者正之？既同乎我与若矣，恶能正之！然则我与若与人俱不能相知也，而待彼也邪？"

【注】是若果是，则天下不得复有非之者也；非若信非，则亦无缘复有是之者也；今是其所同而非其所异，异同既具而是非无主。故夫是非者，生于好辩，而休乎天均，付之两行，而息乎自正也。

要找个公正人，可是举世没有一个有"真是真非"的人能够做调停人。因为都"是其所同"，"非其所是"，所以是非就从这里来了。

"何谓和之以天倪？"曰："是不是，然不然。是若果是也，则是之异乎不是也亦无辩；然若果然也，则然之异乎不然也亦无辩。化声之相待，若其不相待。和之以天倪，因之以曼衍，所以穷年也。忘年忘义，振于无竟，故寓诸无竟。"

【注】和之以自然之分，任其无极之化，寻斯以往，则是非之境自泯，而性命之致自穷也。

"穷"是穷极。"性命之致"到了至极的时候，就能完全顺自然而不加约束。

成就要像姜太公，八十岁伐纣。不过姜太公忙了一辈子，却忘了自己。大家都封了神，三十晚诸神归位，太公没地方去，只好在灯笼杆下过。过了那个时辰，哪个庙他又都可以去了。老师在此戏言：在大陆，房子不太吉祥，书"太公在此"，意思是"诸神退位"，不好的都不要来。日后自己或如姜太公，书"鋆太公在此"。（按：老师孤身在台，此虽笑语，实有无尽感慨）

毓老师笔记

"'无竟'之境，不从静中得，要从振中来；令人深省；常观之悟道也。"

"振"字特别重要，很有生命力。一般人都误解了，认为"无竟"之境要"从静中来"，这不对。"无竟"之境不从静中来，不要学广钦（意谓不光是打坐），达到"无竟"之境要从振中来。

"振"是动，但光乱动、乱晃也不行，有所振是要有所表现才行，要有事功之表现。禅宗所说"坐亦禅、立亦禅、行亦禅、卧亦禅，时时都是禅"，要这么来。禅宗有个境界，真懂得禅的境界，那也是指动来说的。

不能振于无竟，就不能寓于无竟。没有事功的表现，你就不能立功、立德、立言。那些没出门的圣人，不是要命吗？所以，没有不出门的圣人。无"圣德"亦不能有圣位，有"圣德"才有圣位。"圣德"不是读几本书，连眼睛都睁不开，那怎么可以？

罔两问景曰："曩子行，今子止；曩子坐，今子起；何其无特操与？"景曰："吾有待而然者邪？吾所待又有待而然者邪？吾待蛇蚹蜩翼邪？恶识所以然！恶识所以不然！"

【注】世或谓罔两待景，景待形，形待造物者。请问：夫造物者，有耶无耶？无也？则胡能造物哉？有也？则不足以物众形。故明众形之自物而后始可与言造物耳。是以涉有物之域，虽复罔两，未有不独化于玄冥者也。故造物者无主，而物各自造，物各自造而无所待焉，此天地之正也。故彼我相因，形景俱生，虽复玄合，而非待也。明斯理也，将使万物各反所宗于体中而不待乎外，外无所谢而内无所矜，是以诱然皆生而不知所以生，同焉皆得而不知所以得也。今罔两之因景，犹云俱生而非待也，则万物虽聚而共成乎天，而皆历然莫不独见矣。故罔两非景之所制，而景非形之所使，形非无之所化也，则化与不化，然与不然，从人之与由己，莫不自尔，吾安识其所以哉！故任而不助，则本末内外，畅然俱得，泯然无迹。若乃责此近

因而忘其自尔，宗物于外，丧主于内，而爱尚生矣。虽欲推而齐之，然其所尚已存乎胸中，何夷之得有哉？

昔者庄周梦为胡蝶，栩栩然胡蝶也，自喻适志与！不知周也。俄然觉，则蘧蘧然周也。不知周之梦为胡蝶与，胡蝶之梦为周与？周与胡蝶，则必有分矣。此之谓物化。

【注】夫时不暂停，而今不遂存，故昨日之梦，于今化矣。死生之变，岂异于此，而劳心于其间哉！方为此则不知彼，梦为胡蝶是也。取之于人，则一生之中，今不知后，丽姬是也。而愚者窃窃然自以为知生之可乐，死之可苦，未闻物化之谓也。

佛家讲人生如苦海，死后又如何如何。在庄子看来，这也不过是物化而已。

养生主第三

王先谦说：顺着事物的自然之理，而不被物所拘泥；忘去情感的悲欢不齐，而不违反天命。这乃是庄子养生的宗旨。

【注】夫生以养存，则养生者理之极也。若乃养过其极，以养伤生，非养生之主也。

《逍遥游》《齐物论》《养生主》是接着的，《逍遥游》是讲自由，《齐物论》是讲平等，《养生主》是讲如何去养"生之主"。

养生不光是指养身，我们治国平天下也是养生。各人养各人之生，治国平天下是养天下人之生。

无论是万物或是人，我们生了以后怎么能存这个生呢？我们要因养的功用，然后才能存生，使生不断。所以养生之理就要特别注意。

"礼者，理也"，礼是指次序，指一切伦理说。礼是行之于用的，就是《易经·说卦传》"和顺于道德而理于义"的理。

道德是天之所赋之于形者，跟着性而行的叫作道德。我们秉之于天者曰"性"，行之于世者曰"理"。用事就得"和顺于道德而理于义"，所以说"理"和"性"是一个概念。

毓老师笔记

"养生者宜于义之极则。"

养生得"宜于其极则"，若是养过其极，光知道养，却不能养得恰到好处，那就坏了。举最浅显的例子：每家都娶妻生子，生子以后可得养之以理，要是过于理，只知溺爱，那就是以养伤生。在温室里长大的，什么都不能抵抗。像当年老师在〔台北市〕四维路上课，同学带孩子来看老师，结果小孩上了桌，同学脸红不好意思。总记得："养得不好，不如没有。"以养伤生可怕，现代人不要老的，惯小的。再如小孩哪知什么营养不营养，都依他，岂有不出问题的？"以养伤生"，因养伤生。

此篇善悟自何处下手！
"缘督以为经"，为此篇之经。

吾生也有涯，

【注】所禀之分各有极也。

因为每个物秉之于天的分各有其极，所以只要活到了极点，就是"尽年"。

而知也无涯。

【注】夫举重携轻而神气自若，此力之所限也。而尚名好胜者，虽复绝膂，犹未足以慊其愿，此知之无涯也。故知之为名，生于失当而灭于冥极。冥极者，任其至分而无毫铢之加。是故虽负万钧，苟当其所能，则忽然不知重之在身；虽应万机，泯然不觉事之在己。此养生之主也。

"知"是智慧的智。

"夫举重携轻而神气自若，此力之所限也"，有的人能举重，有的人只能携轻，这是各人力量的不同。有人迈个门槛还喘气，而僧格林沁，则可以拿起石狮子。拿起石狮子那还是受了力量之所限，所以只能达到那个境界。

"冥极者，任其至分而无毫铢之加"，"冥极"① 是本之于天的至分。

我们应自己的本然之善而发挥之，没有一丝一毫的人力加上去，把自己的性都发挥无余了，这就是儒家所讲的尽性，这才叫作冥极。尽用人力不行。这是养生之道。

养生的目的不是长寿，而是要担负起万钧之重。但是真的"当"自己之所能，则自己没有"重"的感觉。

要应世，则要应万机，而泯然不觉事之在己。这不必靠外力，不必养金刚功，只需任己之至分。只要好好地修养自己，则每个人都能做到，这就是儒家的"尽己之性"。

"任其至分"，"至"字重要。不光任己之分，还要"任己之至分"。把本能都发挥出来了，即儒家所说的"尽己之性"。

以有涯随无涯，殆已。

【注】以有限之性寻无极之知，安得而不困哉？

已而为知者，殆而已矣。

---

① "冥极"有二义：一、终极，指天。《穀梁传·庄公三年》"三合然后生"，晋范宁注："会二气之和，极发挥之美者，不可以柔刚滞其用，不得以阴阳分其名，故归于冥极而谓之天。"二、佛教指悟道的最终境界。南朝宋宗炳《明佛论》："及身随顺玄化，诚以信往，然后悟随应求，一悟所振，终可遂至冥极。"

【注】已困于知而不知止，又为知以救之，斯养而伤之者，真大殆也。

为善无近名，为恶无近刑。

【注】忘善恶而居中，任万物之自为，闷然与至当为一，故刑名远己而全理在身也。

"为善无近名，为恶无近刑"，一般为善的就近名，为恶的就近刑，要"为善无近名，为恶无近刑"。人要是做了坏事，什么时候出毛病不知道，但他所做的事都接近刑。

"忘善恶而居中"，要"忘善忘恶"才能"居中"。居中就是"缘督以为经"，督者中也。

上言"任己之至分"，与此言"任万物之自为"相应，"任万物之自为"，所以不知不觉地就与"至当"合而为一，达到了至高之境，即儒家所谓的"与天地合其德"。

"刑远己"，因为我不为恶。"名远己"，因为我不为善。因为作恶为善的人，不是近刑，就是近名。

看看！求名和作恶同样地损己之身。能不近刑、不近名了，才能"全理在身"。"全"，当动词。

缘督以为经，

【注】顺中以为常也。

【疏】缘，顺也。督，中也。经，常也。夫善恶两忘，刑名双遣。故能顺一中之道，处真常之德。虚夷任物，与世推迁，养生之妙，在乎兹矣！

"缘督以为经"是《养生主》的大本，主题之所在。

　　"虚夷任物，与世推迁，养生之妙，在乎兹矣"，"虚夷任物"是无我，没有成见。虚是空，夷是平。任物之自然，任物之性，而不加一点外力。

　　我们能与环境相推迁，这是"养生之妙"，也就是一切顺乎自然。顺自然可不是马马虎虎什么都不管，得先体悟了什么是自然，然后才能顺自然，才能"虚夷任物"。"虚夷任物"是"生而不有，为而不恃，长而不宰"，完全是空的，我们拿这个来与物推迁。"推"是主动的，"迁"是被动的。我们在社会上就主动地、被动地来应付。道家"虚夷任物"的精神不是什么都不做，其中的术也很高明。

　　"缘督以为经"可参见船山之说①。

可以保身，可以全生，可以养亲，可以尽年。

　　【注】苟得中而冥度，则事事无不可也。夫养生非求过分，盖全理尽年而已矣。

　　"保身"，是指肉身说。
　　"全生"，是指整个生命说。

---

　　①　船山云："奇经八脉，以任督主呼吸之息，背脊贯顶，为督为阳。身前之中脉曰任，身后之中脉曰督。督者居静，而不倚于左右，有脉之位而无形质者也。缘督者，以清微纤妙之气循虚而行，止于所不可行，而行自顺以适得其中。不居善恶之名，即可以远恶之刑。尽年而游，不损其逍遥；尽年而竟，无择于曼衍；尽年而应，不伤于天下；安万岁之不可知，而听薪之尽。则有生之年皆生也，虽死而固不亡也。"（王夫之《庄子解》）

"尽年"，就是中途没有夭折，老死了。

真的到了"缘督以为经"的境界，则能"全理尽年"，故"夭寿不二"。像颜回之伟大，三十二岁就死了，但只要"全理"，三十二岁死也是"尽年"。"全理尽年"就够了，活多了也没用。

"苟得中而冥度，则事事无不可也"，我们度事情为什么有搞不清楚的时候？就是因为我们不能"冥度"。"冥度"义深，我们做任何事情，都在冥冥之中，隐而不显，所以外边的人不知道我们的想法。这样去做就近乎冥了。等我们得到了中道以后，心会神通了，然后度量一切事，就什么事情都可以做。隐而不显近冥，冥的境界更高，近乎"无入而不自得"。"冥度"是一步最深的功夫，养生过分，就溺爱了，溺爱就不冥，那就坏了。

庖丁为文惠君解牛，手之所触，肩之所倚，足之所履，膝之所踦，砉（huò）然向然，奏刀騞（huò）然，莫不中音，合于桑林之舞，乃中经首之会。

【注】言其因便施巧，无不闲解，尽理之甚，既适牛理，又合音节。

庄子描写庖丁的动作很美，有如舞蹈，声音也很不错。

我们对事情能"虑深通敏"，了悟到最深的境界，然后因便施巧，则"莫不中音，合于桑林之舞，乃中经首之会"。为什么能如此？因为有功夫，熟能生巧。这没有一定的规矩，要看一个人的智慧和熟练程度。

外交官"受命不受辞"，那是要看环境而"因便施巧"，所以都能用上。如果事先只准备了一套，那环境一变，就不合节了。

"尽理之甚，既适牛理，又合音节"，不要把牛只看成牛，我们的一切对象乃至天下事，都可看成牛。要是对牛认识不清楚，怎能东一刀西一刀，非但不损伤刀，还能中舞中乐呢？研究天下事也是一样，对事情不注意，到去做的时候，连东西南北都不知道，那怎么去对付？"尽理之甚"，能"尽理之甚"方能"因便施巧"。

有野望①，同学可据世界地图研究天下事，以古人的东西为棋谱、地图为棋盘，摆棋子，将天下事摆在世界地图上。摆棋子就是在棋盘上用功夫。

老师讲解此段，感慨事有定理，有德者居之。曹锟贿选任总统如一代之君，死后坟修得也很像样，但民间称其为曹家大坟而不称陵。张作霖请名设计师殷俊仿北陵（清太宗陵）修元帅陵，结果也没用上。张作霖死后埋于其母旁。

文惠君曰："嘻！善哉！技盖至此乎？"

"盖"，古通"盍"。

庖丁释刀对曰："臣之所好者道也，进乎技矣。始臣之解牛之时，所见无非全牛者。

【注】未能见其理间。

---

① "野望"，日语用词，指不符合自己身份的巨大愿望。

"三年之后，未尝见全牛也。

【注】但见其理间也。

我们刚开始看什么东西，都是全体的，有如全牛，因为我们不能见其理间。三年小成，就能看到理间，而得其入手之处。

我们初看天下之政治这么乱，这该怎么对付啊？我们看局势，先练习看地图。天天下功夫，三年之后就把它解开了，全天下就如弹丸之地摆在跟前了。

"道"和"技"是相配的，道寄于技。

孔子曰："吾少也贱，故多能鄙事。"又曰："吾不试，故艺。"（《论语·子罕》）没有人用孔子，所以他就多才多艺。我们所好的不是技，而是把道理寄于技艺之中。孔子寄道理于艺，所以子曰："求也艺，于从政乎何有？"（《论语·雍也》）这话恐怕有深意。

因为看到全牛就没法看到理间。三年以后，既通其理，又见其间，然后刀才能"无厚"。只见理间，不见全牛，牛就迎刃而解了。"尽理之甚"方能"因便施巧"。

庖丁释刀对曰："臣之所好者道也，进乎技矣。始臣之解牛之时，所见无非全牛者。三年之后，未尝见全牛也。方今之时，臣以神遇而不以目视，官知止而神欲行。依乎天理，批大郤，导大窾，因其固然，技经肯綮之未尝，而况大軱乎？良庖岁更刀，割也；族庖月更刀，折也。今臣之刀十九年矣，所解数千牛矣，而刀刃若新发于硎。彼节者有间，而刀刃者无厚；以无厚入有间，恢恢乎其于游刃必有余地矣。"庖丁在答话之时，多么神采飞扬啊！为什么他能这么神乎其技呢？这是因为《礼记·礼运》所云"茂而有间"，无论多么茂密、多么乱，因为有"间"，所以能把它分开。牛的骨节间都有空隙，很薄的刀刃在有间之节中，还有余呢！

自己的武器要无厚，才能入有间。要熟，才能无厚入于有间。知己是无厚，知彼是有间。无厚入有间才能百战百胜。（老师说当年杀戊戌变法六君子的刀，后来留了下来。砍头的刀如滑冰之刀，较钝。）

"方今之时，臣以神遇而不以目视，

【注】暗与理会。

"暗与理会"，这很重要，好好玩味，去了悟实际的事情。想，要想实际事就可以想出一套办法来。

"官知止而神欲行。

【注】司察之官废，纵心而理顺。

"纵心而理顺"，就是"从心所欲不逾矩"。

为什么我们能遥控？因为我们能以神遇天下事，而不必用眼睛看。我们看人参观，有的看完了还得用手摸摸，他连自己的眼睛都不相信，这得笨到什么程度？有的看一看就走了，那不是没看，而是看完了。

庖丁不用眼睛之官能去看，但能用神会。

"依乎天理，批大郄，

【注】有际之处，因而批之令离。

"郄"，音 xì。

"际"，是接头。因为有间，所以才可以下刀。下刀要找有分际的地方，"际"比那"间"还细微。

最重要为求"全"之理，求天下事理，再求其"间"，自"间"求其"际"，"际"即下招处。

"导大窾（kuǎn），因其固然，技经肯綮（qìng）之未尝，

【注】技之妙也，常游刃于空，未尝经概于微碍也。

尽理以后，要重视间、空、际。

我们先循其理，然后看看它的间，看它的分际之处，最后能在空里走，所以就没阻碍了。把这个联想到实事，以天下为大牛，从这一头大牛去了悟，弄清楚了就可以了解天下之事，就可以应世。天下事，就是摆棋谱。

"而况大軱（gū）乎？良庖岁更刀，割也；族庖月更刀，折也。今臣之刀十九年矣，所解数千牛矣，而刀刃若新发于硎（xíng）。彼节者有间，而刀刃者无厚；以无厚入有间，恢恢乎其于游刃必有余地矣。

【疏】……况养生之士，体道之人，运至忘之妙智，游虚空之物境，是以安排造适，闲暇有余，境智相冥，不一不异。

"族庖"，一般的厨子。

"境智相冥"，则体和用都在内了。天天念这些，应该有用了。

"是以十九年而刀刃若新发于硎。虽然，每至于族，吾见其难为，怵然为戒，视为止，

【注】不复属目于他物也。

"虽然"，言下之意即虽然如此，不必骄傲。

人一心不能二用，办事情遇到难处要专心，不能三心二意，还瞩目于他物。自己都过不去，还去管别人，就是瞩目于他物。

"行为迟，动刀甚微，谋 (huò) 然已解，

【注】得其宜则用力少。

埃以之事，卡特来回跑，必有下文，日后必有作用[1]。

在恰到好处之时，用的力气就少。在得其宜之时，在寸劲儿上，用的力绝对少。办外交也是一样，他正需要这个，你就有这个用，你不去找他，他还要来找你。正在他要找你之时，你先去了，他就受宠若惊了，所以一拍即合，用力特别少。所以说社会上就是"需要而有用"。人家需要，你却没有用，那就被冷冻了。你要不是"需要而有用"，那永远不会发生作用。"他需要，你有用"，一拍即合；"他需要，你没用"，自然不理你，

---

[1] 1979 年 3 月 26 日，《埃以和约》签订，为卡特处理中东问题一指标。

不必抱怨。像老师,当权的人如果要找骂人的人,老师可以。其他?不行。当然就没人理了。哪有养老院啊?没这个事。像友人说一直想探望老师,可是不知道老师住哪儿。老师答:"不做'行政院长',所以不知道。"所以说:"贫居闹市无人问,富在深山有远亲。"

最重要的是制造机会,自己不能制造机会不行,打兔子(打猎)都得下几个空的套。这得看你的智慧,给他故布疑阵,去分散他的头脑思虑。疑阵多了,他就是再聪明的人,也有看走眼的时候。等到他碰到我们所宜的时候就用力少了。

哪有办事情一个萝卜一个坑的?众目所视,十手所指,都叫人看到了,那你能跑掉吗?记住!干什么事情,得其宜的时候,一定用力少。那何时"得宜"?创造自己有为时所需之用。

"如土委地。

【注】理解而无刀迹,若聚土也。

"提刀而立,为之四顾,为之踌躇满志,善刀而藏之。"
文惠君曰:"善哉!吾闻庖丁之言,得养生焉。"

【注】以刀可养,故知生亦可养。

"以刀可养","以",因也。刀可以养,所以生也可以养。生可以养了,那就什么都可以养。国也可养。

"养"字最重要,"在没有办法中要想出办法来",那就是"养"。

公文轩见右师而惊曰："是何人也？恶乎介也？天与，其人与？"曰："天也，非人也。天之生是使独也，人之貌有与也，以是知其天也，非人也。"

【注】偏刖曰独。夫师一家之知而不能两存其足，则是知之所无奈何。

很多人将其解释成一问一答，你看到人家缺腿还问人家，右师能这么客气地回答他吗？

这一段张默生先生说不是问答，而是公文轩的自问自答。张说好。

师一家之言也是一条腿啊！很多思想还单条腿呢，天下有多少单条腿的知识分子！

泽雉十步一啄，百步一饮，不蕲畜乎樊中。

【注】蕲，求也。樊，所以笼雉也。夫俯仰乎天地之间，逍遥乎自得之场，固养生之妙处也。又何求于入笼而服养哉！

神虽王，不善也。

【注】夫始乎适而未尝不适者，忘适也。雉心神长王，志气盈豫，而自放于清旷之地，忽然不觉善之为善也。

"不觉善之为善"，不以为在野地好，不求善之名。
同学在好环境中不知用功读书，不知福之为福，是无福也；日后站着吃饭再学就迟了。

老聃死，秦失吊之，三号而出。弟子曰："非夫子之友邪？"曰："然。""然则吊焉若此，可乎？"

曰："然。

【注】至人无情，与众号耳，故若斯可也。

"始也吾以为其人也，而今非也。向吾入而吊焉，有老者哭之，如哭其子；少者哭之，如哭其母。彼其所以会之，必有不蕲言而言，不蕲哭而哭者。是遁天倍情，忘其所受，

【注】天性所受，各有本分，不可逃亦不可加。

这是庄子骂老子，要是老子是庄子的祖师爷，那他绝不会批评祖师爷。你们看，老、庄是一派吗？

"天性"在不可逃亦不可加之中，我们要特别认识自己的所"受"，然后就能发挥自己的本分。如同儒家尽己之性，然后才能尽人之性、尽物之性，三个性都尽完了，才能与天地参矣，达到天人合一的境界。

尽己之性是把我们性的本能都发挥出来，因为我们能尽性，别人见贤思齐，我们就能尽人之性。然后以智周万物，道济天下，就能尽物之性。天能生物，人能役物，就没有弃物了，所以才天人合一，才与天地参。

"古者谓之遁天之刑。

【注】感物大深，不止于当，遁天者也。

许多人了解之事多，不止于道，不知所止。"不止于当"，遁天者也。

"**适来，夫子时也；适去，夫子顺也。安时而处顺，哀乐不能入也，**

【注】夫哀乐生于失得者也。今玄通合变之士，无时而不安，无顺而不处，冥然与造化为一，则无往而非我矣，将何得何失，孰死孰生哉！故任其所受，而哀乐无所错其间矣。

"今玄通合变之士，无时而不安，无顺而不处"，这和儒家"造次必于是，颠沛必于是"（《论语·里仁》）、"素富贵，行乎富贵；素贫贱，行乎贫贱；素夷狄，行乎夷狄；素患难，行乎患难。君子无入而不自得焉"（《中庸》）是一样的。

"则无往而非我矣"，"无所不用其极"，"无入而不自得"。

"故任其所受，而哀乐无所错其间矣"，素其位而行。儒家的境界也很高，修到那个境界也能应世。

"**古者谓是帝之县解。**"

【注】以有系者为县，则无系者县解也，县解而性命之情得矣。此养生之要也。

"县解"，"县"同"悬"，悬解，指结滞不通、有所悬系者，解开释放出来。

"以有系者为县"，看我们心中有多少系。

人生最苦的是"求不得苦"，那求就是"系"。

我们受到悬系的捆绑，就不自由而没法逍遥了。悬解了以后才能得性命之情，就自由了。得性命之情才能有正知正见。

养生之要，在于去掉一切的欲，无欲才无所系。故孔子云："枨也欲，焉得刚？"（《论语·公冶长》）无欲则刚。

指穷于为薪，火传也，

【注】穷，尽也；为薪，犹前薪也。前薪以指，指尽前薪之理，故火传而不灭；心得纳养之中，故命续而不绝；明夫养生乃生之所以生也。

不知其尽也。

【注】夫时不再来，今不一停，故人之生也，一息一得耳。向息非今息，故纳养而命续；前火非后火，故为薪而火传，火传而命续，由夫养得其极也，世岂知其尽而更生哉？

"一息一得"，这个观念很重要。

时不再来，现在这一刹那也不停。

道家言"纳气养生"，养生即养性。康太老师于戊戌变法失败后自号"更生"，"复辟"失败后，再号"更甡"。长子康同箴，字文㸑，又字文炳，号寿曼，任教"中国文化大学"，字保延。

人间世第四

王先谦说：《人间世》就是"当世"的意思。此篇说：服侍暴虐的人君，居于污乱的世间，和事物交接，应当不要求声名。而隐晦自己的德行，乃是保全身体之道。末了引接舆的歌道：未来的不可预期，以往的不可追悔。这乃是庄子借了兴他的感慨。所以称此篇为《人间世》。

【注】与人群者，不得离人。然人间之变故，世世异宜，唯无心而不自用者，为能随变所适而不荷其累也。

把成玄英的《庄子序》看一下就知道内七篇的意旨了，要深入地看，不是只看字面的意思。把这篇悟通了，就知道我们应如何处理人间的事。

"与人群者，不得离人"，"与"是动词。我们得"与"（按：参与）于人群，不能离人，因为人不能遗世而独立。

"然人间之变故，世世异宜"，"故"字特别重要，"故"就是人间之所以变。人间之变人人知道，我们最重要的是要知道"人间之所以变"。就拿整个宇宙与社会来说，"变"人人皆知，知其"所以变"的人太少了。知其所以变，就能控制这个变，支配、御使这个变。要是我们不知其所以变就没有办法了。

"世世异宜"，世世其义各有其宜，何以故？因"时尚"。时之所尚不同，其宜也就不一样了。因为"世世异宜"，所以说必得是"圣之时者"。在这个世认为合适的事，在另外一个世可能就不合宜了。例如，从清末到现在，原先男女授受不亲，而今天男女要不拉手就不文明。时之所尚不同，所以其宜也就不一样了。这话深悟了以后，社会上任何变迁也就不足以大惊小怪了。

我们知道了"社会之变",还得求其所以变。懂得所以变了,就知"御世之宜",可以拿出办法来把世"御"得恰到好处,那么社会的变就等于没变一样。要是不能有异世之宜,那么社会一变就茫无头绪了。然后头痛医头,脚痛医脚,弄得乱七八糟,那就完了。

"唯无心而不自用者,为能随变所适而不荷其累也",能"无心而不自用",才能"随变所适"。能随变之所适,就能有御世之宜,而不担负变之累。

【经典释文】《人间世》此人间见事,世所常行者也。庆藩案《文选》潘安仁《秋兴赋》注引司马云:"言处人间之宜,居乱世之理,与人群者不得离人。"然人间之事故,与世异宜,唯无心而不自用者,为能唯变所适而何足累。

"世所常行者也",在人间常看到的。

"言处人间之宜","宜"字最难,宜是恰到好处。在人间能处得恰到好处是很难的事情。

"居乱世之理",在乱世我们得守住,守理乱世之道,不能叫它永远乱下去。然后理乱世,把乱世理好。

我们不要想逃避这个社会,与于人群怎么能离开人呢?既然不能离人群,就得有处人群的方法。我们在人群中,有的人"和而不流",有的人"和而流",怎么处都行,都是方法,但最后所得的结果和境界不同,那是个人问题。

最重要的是"无心而不自用"。有的人说"遁世无闷",当然不闷,不闷是说得好听,其实他的"无心"正是他的"自用"

（无心即无特殊立场），因为有特殊的立场，就有特殊的地位，他拿这个当号召，当牌子卖，要不然不是都一样了吗？

颜回见仲尼，请行。曰："奚之？"曰："将之卫。"曰："奚为焉？"

曰："回闻卫君，其年壮，其行独；

【注】不与民同欲也。

好标榜立异的政治家就是"不与民同欲"，能与民同欲就是"民之所好好之，民之所恶恶之，此之谓民之父母"。要是那些"善"政只想到要民财，能与民同欲吗？

"轻用其国，

【注】夫君人者，动必乘人，一怒则伏尸流血，一喜则轩冕塞路。故君人者之用国，不可轻之也。

"夫君人者，动必乘人"，有的君人的人，一举一动都要骑在老百姓脖子上，欺负老百姓。随便下个命令，胜了是我领导有方，败了是你们不听命令、贻误军机。

"一喜则轩冕塞路"，一高兴升大家的官，结果满街都是圣人。管理老百姓的人，不可随随便便地用事。

"而不见其过；

【疏】强足以距谏，辨足以饰非。

这段话很发人深省，"刚愎自用"没有不亡国、没有不败身的。自以为是就是"自用"，那就坏了。

"轻用民死，死者以国量乎泽，若蕉，

【注】举国而输之死地，不可称数，视之若草芥也。

"民其无如矣。回尝闻之夫子曰：'治国去之，乱国就之，医门多疾。'愿以所闻思其则，庶几其国有瘳（chōu）乎！"

【疏】……颜生今将化卫，是以述昔所闻，思其禀受法言，冀其近于善道。譬彼医门，多能救疾，方兹贤士，必能拯难，荒淫之疾，庶其瘳愈者也。

仲尼曰："嘻！若殆。往而刑耳！

【注】其道不足以救彼患。

老师听了他这个天真学生的话，就说："你要去啊？那可危险极了。你去的话，人家一定处分你。"因为你这点道道还不能救那个患。

"夫道不欲杂，

【注】宜正得其人。

所谓"善歌者使人继其声，善教者使人继其志"，我们讲学在继孔子之志。孔子志在《春秋》，那《春秋》之志是什么？《春秋》之志在"拨乱反正"。想"拨乱反正"，"宜正得其人"，你得正遇到那个人！这很难。

"杂则多，多则扰，扰则忧，忧而不救。

【注】若夫不得其人。则虽百医守病，适足致疑而不能一愈也。

【疏】夫灵通之道，唯在纯粹。必其喧杂则事绪繁多，事多则中心扰乱，心中扰乱则忧患斯起。药病既乖，彼此俱困，己尚不立，焉能救物哉？

"夫道不欲杂"，不遇到那个人，道能不杂吗？要是不得其人，谁说的都算，那就坏了。这就好像一百个医生在那儿守着病人，病人一看说："糟糕了！怎么那么多医生？是我要完蛋了吧？"得病乱投医，准被药死。国家大事亦复如是。

"夫灵通之道，唯在纯粹"，"灵通之道"不难，"唯在纯粹"。不难，但得悟，"必其喧杂则事绪繁多，事多则中心扰乱"。

"心中扰乱则忧患斯起"，我们之所以会忧扰，是因为缺少定力。《大学》之"定、静、安、虑、得"，何以"定"？因"知止"。儒家把"止"看得更重要，因为"知止而后有定"。有所定了，才能安其位，安其位就能详细考虑、越想越深，才能"虑深通敏"得其所立之道；然后就能"无入而不自得"，得其所立之志。反过来说，己尚不立，焉能救物哉？

一个人当以立志为先，志已立则"心有所主"，心有所主就"知止"了。止于什么？"为人君，止于仁；为人臣止于敬；为人子，止于孝；为人父，止于慈；与国人交，止于信"（《大学》），为人弟止于悌，知其所止就"心不二物"，心不二物就

"定"了。

要是"筑室道谋"①，那是没有定。人的毛病在这山望那山高，干这行嫌这行，那是不知止，这样一辈子都不能成一件事。

自己对什么有兴趣则做什么，做事得有所嗜，行行出状元。只要自己站得住，任何事情都能十年有成，能熟练，而身体力行最重要。

陆羽对茶有兴趣，结果写了《茶经》。根据《茶经》才有了茶道。

"古之至人，先存诸己而后存诸人。

【注】有其具，然后可以接物也。

【疏】……古昔至德之人，虚怀而游世间，必先安立己道，然后拯救他人，未有己身不存而能接物者也。援引古人，以为鉴诫。

"先存诸己而后存诸人"，自己有什么才能说什么，自己"先存诸己"，然后才能"存诸人"。自己预备够了，然后才可以去应接事物。

"所存于己者未定，何暇至于暴人之所行！

【注】不虚心以应物，而役思以犯难，故知其所存于己者未定也。夫唯外其知以养真，寄妙当于群才，功名归物而患虑

---

① 老师常说："筑室道谋，三年不成。"指盖房子时，不时问路人的意见而做修改，因人多口杂，一再更改设计方案，房子盖三年也难以完成。

远身，然后可以至于暴人之所行也。

"功名归物"，功名归于事，"而患虑远身"。

"且若亦知夫德之所荡，而知之所为出乎哉？德荡乎名，知出乎争。

【疏】夫唯善恶两忘，名实双遣者，故能万德不荡，至智不出者也。

"德荡乎名，知出乎争"，用事必知此，做事必知此术。知而后能变，变而后能通。

"名也者，相轧也；知也者，争之器也。二者凶器，非所以尽行也。

【注】夫名智者，世之所用也。而名起则相轧，智用则争兴，故遗名知而后行可尽也。

"名实双遣者"，知其当为而为之者。

一般人，事未做之前不研究事情所以然之因，而先把善恶、是非、利害摆在前头，先注重"是"，不愿得"非"；先注意"利"，不愿得"害"；先注重"善"，不愿得"恶"。净往好处想，那偶一不慎，一定失足。

智慧的人不论是非善恶，而去研究事情之源、事之"故"。明白了其所以然，就知道有些事情无论怎么做，结果恐怕都是凶多吉少，偶一不慎，一失足成千古恨。

我们应"善恶两忘"，求所以然，明白所以然。我们不管结果的好坏，只要尽到自己的心力就好了，那是"知其不可为而为之"，是尽自己的责任，这才是善为事者。

"而后行可尽"，而后可尽己之心力。

"且德厚信矼，未达人气，名闻不争，未达人心。而强以仁义绳墨之言术暴人之前者，是以人恶有其美也，

【注】夫投人夜光，鲜不按剑者，未达故也。今回之德信与其不争之名，彼所未达也，而强以仁义准绳于彼，彼将谓回欲毁人以自成也。是故至人不役志以经世，而虚心以应物，诚信著于天地，不争畅于万物，然后万物归怀，天地不逆，故德音发而天下响会，景行彰而六合俱应，而后始可以经寒暑，涉治乱，而不与逆鳞迕也。

"矼"，音 kòng，或音 qiāng。

"至人不役志以经世"，"役志经世"就是有主见，不按自然之道理。自己先画个轮廓，先有一个善恶的标准，以自我为本，叫世界上的一切都合乎我的"志"，也不管老百姓喜欢不喜欢，结果不但没合，反而愈离愈远。因为你讲的正是老百姓不喜欢的，那他能和你合作吗？

中国为政、治国之道"天听自我民听"（《尚书·泰誓》）、"天明畏，自我民明威"（《尚书·皋陶谟》），就是"好民之所好，恶民之所恶"，民心即天心，天心即民心，简单说就是"顺乎自然"。

"而虚心以应物"，志，心之所主，"虚心"则心无所主，能"虚心而无所主",像镜子一样,谁来照谁,过去就不留。

"不争畅于万物",不争通于万物。反过来,拼命拉人入伙,纳入组织。君子群而不党,朋党斯乱矣!过去的不必论其是非,都是前车之鉴。有智慧的人得了教训,就应该善用智慧想想:政治制度应如何?将来应走什么路子?

"景行彰而六合俱应",景行,大行也。"景行彰而六合俱应",而后始可以"经寒暑,涉治乱"。至一境界才能经寒暑,才知"岁寒,然后知松柏之后凋也"(《论语·子罕》),否则只是一刹那,朝生夕死哪里知道寒暑?

"涉治乱",经过太平也经过乱世,那这个人就有很丰富的体验和经验。

"而不与逆鳞迕也",犯颜相谏为"逆鳞",但是"德音发而天下响会,景行彰而六合俱应",就不在乎逆不逆鳞了。

《资治通鉴》不是每个人都能讲,讲的人要"经寒暑,涉治乱"。不经冷怎知寒暑?不经仓皇辞庙,怎知心醉(碎)?①所以致仕之人回家讲学,文风因之而盛。

以前人因为要落叶归根,没有人说是当完宰相就留在京城的,致仕的人都回老家开坛讲学,造就后人,家乡文风因之而盛。跟着念书的人,因为都出于高门,当然能办实际的事情。像朱熹就曾讲学金门。要讲学,体悟很重要。今天千载难逢之机好好把握。今天报纸多,报纸也是"涉治乱",能帮大家增长许多体悟。

---

① 毓师曾书宋代王中诗《干戈》于扇面,中有"安得中山千日酒,酩然直到太平时"句。

"命之曰菑（zāi）人。菑人者，人必反菑之，

【注】适不信受，则谓与己争名而反害之。

"适不信受"，你去了，他却不相信你，不接受你的意见，那他还不把你除掉吗？

为官不易！所以说"伴君如伴虎"，这要特别注意。国君喜好什么你得明白，你要是碰到他的鼻子，他以为你和他争名，他怎么能叫你存在呢？《四库全书》总编纪昀，某次议政，话多了，乾隆告之："吾以娼优畜汝。"[①]

我且举纪昀另一事为例：纪昀编《四库全书》，天热赤膊，乾隆忽至，纪昀恐君前失礼，躲于桌下。半晌，全屋鸦雀无声，纪昀悄问："老头子走了没？"殊不知乾隆正坐其位看书。乾隆询："老头子何意？"答："老者，天下之大老（万寿无疆之谓老）；头者，天下之主（兆民之首）；子者，上天之子。"乾隆大悦。实则此为治世皇帝故意留美名。清朝大官桌子极大，贾景德先生（按：贾景德先生字煜如，人称煜老）亦用大书桌，桌前挂帘子，此为宰相之制。

"若殆为人菑夫！且苟为悦贤而恶不肖，恶用而求有以异？

【注】苟能悦贤恶愚，闻义而服，便为明君也。苟为明君，则不苦无贤臣，汝往亦不足复奇；如其不尔，往必受害。故以有心而往，无往而可；无心而应，其应自来，则无往而不可也。

---

① 事见《南巡秘记补编》。

"苟能悦贤恶愚，闻义而服，便为明君也"，"便为明君"，君即领袖。"明君"很简单，对贤者悦之，对愚者恶之，属于义的，我都服。反过来，有许多领袖就怕别人比他强，有比自己强的就把他放得远远的，身旁天天都用些歌功颂德的人，那就完了。

"苟为明君，则不苦无贤臣"，他要真是明君，那还苦于没有贤臣吗？

"汝往亦不足复奇"，那你去不也是白搭了吗？你有心而往，"如其不尔，往必受害"，如果他不需要忠臣，你去了不就要受伤害吗？

"故以有心而往，无往而可；无心而应，其应自来，则无往而不可也"，所以说"需要而有用"就在这（按：经济学中以需求和供给的曲线来决定价格）。一个需要，一个有用，就一拍即合。你有用，他不需要，就冷冰冰。这得靠运气，社会上的成功是这么来的。

如果你就想做官，那就造就自己的有用，正适合人家的需要，他没有你就不行。这你先得"没有骨头"，随方就圆，怎么都行才可以。你有骨头，你是方的，那就没用了。

"若唯无诏，王公必将乘人而斗其捷。

【注】汝唯有寂然不言耳，言则王公必乘人以君人之势而角其捷辩，以距谏饰非也。

"若唯无诏"，只唯诺，不敢再说意见。
"距谏饰非"，距人之谏，而饰己之非。

"而目将荧之，而色将平之，口将营之，容将形之，心且成之。

【注】乃且释己以从彼也。

"释己以从彼"，把自己的主张放弃，完全听别人的。

"是以火救火，以水救水，名之曰益多。

【注】适不能救，乃更足以成彼之威。

"适不能救，乃更足以成彼之威"，许多事情不要轻举妄动，去了不但没能纠正他，还给他站脚助威呢！说"毓老都来了"，连颜回都来了，那不如颜回者，不更得来了吗？

为人许多地方都要多用点心机，处处都是道道。不要别人一请客就去了，哪里那么简单！又不是狗，说来就来，说走就走。我们宁可在家吃馒头也不去，因为不给他站脚助威。有的地方不应该去就不要去。

"顺始无穷，若殆以不信厚言，必死于暴人之前矣！

【注】未信而谏，虽厚言为害。

你老夸他，人家以为你骂他。拍马屁得恰到好处。像老师就夸得好，他像猪，老师就说"衮衮'诸'公"。

"且昔者桀杀关龙逢，纣杀王子比干，是皆修其身以下伛拊（yǔ fǔ）人之民，以下拂其上者也，

【注】龙逄比干，居下而任上之忧，非其事者也。

千万不可抢旗夺号！这就是儒家所说"素其位而行""思不出其位"的观念。

拍马屁也得拍得恰到好处。拍得不好，毛病就出来了。

"故其君因其修以挤之。是好名者也。"

【注】不欲令臣有胜君之名也。

"故其君因其修以挤之"，"挤之"，将之挤下车。你以大臣市惠，那国君干什么？他能不杀掉你吗？臣市惠，君必杀之！你好（臣好），我不好（君不好），你先走（君必先除之）！以臣市惠，你得看看君是什么人。君如果嫉妒你，只要你显出你比他好，那他一定杀掉你①。

在《封神榜》中，比干被封为财神，比干心被挖掉了，只有没心的人才能做真财神，有心的人能把钱给别人吗？

"昔者尧攻丛枝、胥敖，禹攻有扈，国为虚厉，身为刑戮，其用兵不止，其求实无已。是皆求名实者也，而独不闻之乎？"

---

① 《孔子家语·致思》：子路为蒲宰，为水备，与民修沟洫；以民之劳烦苦也，人与之一箪食、一壶浆。孔子闻之，使子贡止之。子路忿然不说，往见孔子曰："由也以暴雨将至，恐有水灾，故与民修沟洫以备之；而民多匮饿者，是以箪食壶浆而与之。夫子使赐止之，是夫子止由之行仁也。夫子以仁教，而禁其行，由不受也。"孔子曰："汝以民为饿也？何不白于君，发仓廪以赈之，而私以尔食馈之，是汝明君之无惠，而见己之德美。汝速已则可，不则汝之见罪必矣。"

【注】夫暴君非徒求恣其欲，复乃求名，但所求者非其道耳。

一针见血，不仅求欲，还要求名！

在一切政策里想，尧和禹都"国为虚厉，身为刑戮"。看看尧和禹是什么？所以说，政治上都是"役志经世"，先有个主观见解，你不合乎我意的，就是叛臣，我就杀掉你。所以中国没有"唐尧路"，中国讲"至圣""大道"。老师有感于此，所以号"安仁"。希望由夏学之质，真正为天下寻得有治无乱之道。

"名实者，圣人之所不能胜也，而况若乎！

【注】惜名贪欲之君，虽复尧禹，不能胜化也，故与众攻之，而汝乃欲空手而往，化之以道哉？

"名实者，圣人之所不能胜也，而况若乎"，连圣人都要名实，何况你呢？日后为政不当如是。（按：应"至人不役志以经世，而虚心以应物，诚信著于天地，不争畅于万物，然后万物归怀，天地不逆，故德音发而天下响会，景行彰而六合俱应"。）

同学学太多不会用，如说相声（讲的）："叉住了"（按：叉，指堵塞住、互相卡住了）。

"虽然，若必有以也，尝以语我来！"

颜回曰："端而虚，

【注】正其形而虚其心也。

"勉而一，

【注】言逊而不二也。

"则可乎？"

【疏】如前二术，可以行不？

孔子说："我说的都不行了，你有你的一套，你就把你的主意说一说吧？"你看看这笨人！"端而虚，勉而一"，又"虚"又"一"，这不是起冲突吗？（按：虚则"无心而应"，又怎能用"一"，用一己之志经世呢？）

曰："恶！恶可？夫以阳为充孔扬，采色不定，常人之所不违，因案人之所感，以求容与其心。名之曰日渐之德不成，而况大德乎？将执而不化，外合而内不訾，其庸讵可乎？"

【注】外合而内不訾，即向之端虚而勉一耳，言此未足以化之。

"恶可"，言未可也。

"然则我内直而外曲，成而上比。内直者，与天为徒。与天为徒者，知天子之与己皆天之所子，而独以己言蕲乎而人善之，蕲乎而人不善之邪？

【注】物无贵贱，得生一也。故善与不善，付之公当耳，一无所求于人也。

"然则我内直而外曲"，内直而外曲，这是"和而不流"之道。

"与天为徒者，知天子之与己皆天之所子"，"皆天之所子"，我们都是上天的儿子，就是天民。古人不论是儒家还是道家都有"天民"的观念。

"物无贵贱，得生一也"，所以无贵贱，因"得生一也"。

"若然者，人谓之童子，是之谓与天为徒。

【注】依乎天理，推己性（信）命，若婴儿之直往也。

"童子"心无欲，就与天为徒了。

"推己性命"，或作"推己信命"。

推己之性命，指大本言，指体说，就是"尽己之性，则能尽人之性"。

"推己信命"，"信"者，伸也，伸命指用言。

"若婴儿之直往也"，无私无欲。

"外曲者，与人之为徒也，擎跽（jì）曲拳，人臣之礼也，人皆为之，吾敢不为邪！为人之所为者，人亦无疵焉，是之谓与人为徒。

【注】外形委曲，随人事之所当为者也。

"成而上比者，与古为徒。其言虽教，谪之实也。

【注】虽是常教，实有讽责之旨。

人间世第四

147

"古之有也，非吾有也。

【疏】夐古以来，有此忠谏，非我今日独起箴规者也。

"若然者，虽直而不病，

【注】寄直于古，故无以病我也。

托古寄意，人不能病我。

"是之谓与古为徒。若是则可乎？"
仲尼曰："恶！恶可？大多政，法而不谍，虽固亦无罪。虽然，止是耳矣，夫胡可以及化？犹师心者也。"

【注】挟三术以适彼，非无心而付之天下也。
【疏】夫圣人虚己，应时无心，譬彼明镜，方兹虚谷。今颜回预作言教，方思虑可不，既非忘淡薄，故知师其有心也。

"虚己，应时无心"最重要，"应时有心"就坏了。例如，我们做外交官，受命不受辞。受命做大使可以，但不受辞，要是先拟好稿子，那么事情一变，稿子用不上就糟了。最了不起的外交官是"应时无心"。

一般人失败就是以成心、成见应事，那就完了。不管对方如何，你不合乎我的成见，你就是罪大恶极，结果愈弄愈捆绑，自己还认为是解脱了。今天世界的外交都是这样，大家都求和平，结果非但没和平，反而愈弄愈紧，这边刚和平，那边又起来了，完全没办法。因为是以私心、成心用事，自己有主观见解，而以自己的主观见解来应付一切，每个都认为自己是棋高一着的上帝。尤其近一两年的世局，在历史上来说是最低潮的外交关系，完全是儿戏，是摆家家酒。

我们看世局，每个人都有治国平天下的抱负，最重要的是要先想一想，个人在这地球上要扮一个什么角色，先要自知。不是说我要扮一个什么角色，而是检讨自己能扮演一个什么角色。再进一步，我们是中国人，我们先看我们在中国能扮演一个什么角色，再看中国在地球应扮演什么角色。这样认识以后，对人类会发生一点影响，少一点战争毁灭也好。不这样去想，那完全是空做梦①。

今天已经不是能解决一个国家的问题就能解决全人类的问题了，任何国家，例如美国或苏联，都没办法解决世界的问题。这边巩固一环，那边就给你破坏一环，这边紧一紧，那边就给你松一松，根本半点作用没有。如果一切办法都出不了这个范畴，那永远是零比零，永远没用。只有跳出这个范畴，才能扩大影响、产生力量，否则像这般人这样，不会对这个时代产生影响。

大家不必怕，我们每个人对这个时代都可以没影响，这个

---

① 此为老师以生命体验证会之言。老师有次谈到他当年在伪满洲国的处境，他说："清朝亡了，皇族就得面对，跳火坑也得跳，否则就是不肖的子孙。'满洲国'是日本长期以来的政策和圈套，是亡中国的第一步，东北避无可避。溥仪出任'满洲国'执政、当'满洲国'皇帝，当然是傀儡。但处理得当，也可以发挥些作用。以我的身份，明知要看人脸色，明知道要在刺刀下生活，但为了祖先发祥的那块土，能不去吗？那样一个时代，谁在干什么，谁有什么打算，头脑清楚的人，心里都明白。"

时代也会过去。例如第二次世界大战，没有谁对那个时代有影响，但那个时代也过去了。过去是过去了，可是这个残局谁也收拾不了。第二次世界大战的影响根本没有结束，哪有什么第三次世界大战？第二次世界大战时就没有哪个英雄人物能解决当时的问题。虽然没有解决当时的问题，但"时"必得过去。推移过去，所以才种下现在的后果。

像美国不是败家子吗？美国从罗斯福以后，没有一个像样的，所有总统都是败家的，把祖宗的余德都败光了，现在都快光了。败到什么程度？原先有人的地方都拿美元，现在有人的地方都反对他。何以至于此呢？就是钱不能买人的心。就是说，没有超人之识就没法控制、领导这个时代。你们宽一点想，人都一样，没有什么超凡的人，把人都想到这里头就都明白了。

《人间世》好好玩味，不必好高骛远，先看看自己能做什么。就是做个丑角也行，这个丑角把别人逗乐了，也就达到目的了，就是知己知彼、百战百胜。尽己然后再去尽人，否则盲目地去想，那一点用都没有！应该脚踏实地，切实际地去想，每天任何事情都不要放过它，慢慢就能了悟一点。

现在的人都是马虎鬼，稍微有能深入一点的，将来一定占便宜，就因为他细心。因为现在人太马虎了，马虎到吃餐饭都不正经吃，端个饭碗到处乱跑。稍微有头脑、冷静一点的人，准能发挥作用。自己重视自己是什么，一定成。

颜回曰："吾无以进矣，敢问其方？"仲尼曰："斋，吾将语若！有心而为之，其易邪？易之者，暤（gāo）天不宜。"

【注】以有为为易，未见其宜也。

"以有为为易"的，我就没看到一个能做得恰到好处的。"宜"字发人深省。

孔子跑了一辈子，最后自己得个结论："我知其不可为而为之者也。"我们只能说孔老夫子很积极、很有责任感，这是儒家的真精神。"以有为为易"，故没人成功。

"知其不可为而为之"，那不是虐待自己、和自己开玩笑吗？应该找个可为的时候再为。

颜回曰："回之家贫，唯不饮酒、不茹荤者数月矣。如此，则可以为斋乎？"曰："是祭祀之斋，非心斋也。"回曰："敢问心斋？"

【疏】……荤，辛菜也。

"不茹荤"，此"荤"指"地五荤"，非"大五荤"①。
"虚者，心斋也"，"虚"，就是空。
孔老夫子说"回也屡空"。那个"屡空"，不是指荷包空空的。荷包是空的，那与修道有什么关系？虚是空，空是心斋，《论语》可以和这印证。(《论语·先进》子曰："回也其庶乎！屡空。赐不受命而货殖焉，亿则屡中。")

仲尼曰："若一志，无听之以耳而听之以心，无听之以

---

① 地五荤是葱、蒜、韭菜、薤、兴渠（洋葱）；大五荤是鸡、鸭、鱼、肉、蛋。

心而听之以气！听止于耳，心止于符。气也者，虚而待物者也。唯道集虚。虚者，心斋也。"

【注】遗耳目，去心意，而符气性之自得，此虚以待物者也。虚其心则至道集于怀也。

先看看自己，先不要管别人。别人好坏不必管，管好自己就行了。

要看我们有没有分量、有没有价值，那就要看我们的心"虚"了多少。我们不必太高估自己，就好好检讨自己有几分虚心。

礼贤下士就是"虚心"。你能这样，那谁有什么道道不就都会告诉你吗？我们说："舜其大智也与？舜无一不取于人者。"人的智慧固然有限，可是聚大家的智慧于一身那就不得了了。因为你虚己以求、礼贤下士，人家当然会告诉你。

虚自己的心后，最高明的办法都在你的怀中，那才是"应时无穷"。

颜回曰："回之未始得使，实自回也；得使之也，未始有回也。可谓虚乎？"

夫子曰："尽矣。吾语若！若能入游其樊而无感其名，

【注】放心自得之场，当于实而止。

"当于实"，到了一点空门都没有，和"实"恰到好处而止。

"入则鸣，不入则止。无门无毒，

【注】使物自若，无门者也；付天下之自安，无毒者也。毒，治也。

【疏】毒，治也。如水如镜，应感虚怀，己不预作也。

"一宅而寓于不得已，

【注】不得已者，理之必然者也，体至一之宅而会乎必然之符者也。

【疏】宅，居处也。处心至一之道，不得止而应之，机感冥会，非预谋也。

"机感冥会"，机之、感之、冥之、会之。非预谋，所以说"应世无方"。预谋去应世就不行了。

"则几矣。绝迹易，无行地难。

【注】不行则易，欲行而不践地，不可能也；无为则易，欲为而不伤性，不可得也。

这里头可以反复地看，常人想做而不伤性，那不容易。

"为人使易以伪，为天使难以伪。

【注】视听之所得者粗，故易欺也；至于自然之报细，故难伪也。则失真少者，不全亦少；失真多者，不全亦多；失得之报，未有不当其分者也。而欲违天为伪，不亦难乎？

"失得之报，未有不当其分者也"，失和得的结果，"未有不当其分者也"，下一分功夫得一分力量。净想白捡，结果怎么来的怎么丢。"失"是自失之，"得"也是自得之，完全在你自己为之。

"而欲违天为伪，不亦难乎"，要想违天为伪，那不是很难吗？到最后没有不失败、不遗漏的。

"闻以有翼飞者矣，未闻以无翼飞者也；闻以有知知者矣，未闻以无知知者也。

【注】言必有其具，乃能其事，今无至虚之宅，无由有化物之实也。

"言必有其具"，"具"是实物、实质的东西。

"乃能其事"，有实物才能有其事。

"今无至虚之宅，无由有化物之实也"，无"至虚"之守（按：宅，守也），就没办法"有化物之实"。

"瞻彼阕者，虚室生白，

【注】夫视有若无，虚室者也。虚室而纯白独生矣。

"虚室"就"生白"了。一个人到了"纯白独生"的时候，就能洞察天下事。

"吉祥止止。

【注】夫吉祥之所集者，至虚至静也。

大家要有"虚静"的功夫。"虚"则"心无所止"、没有成见，什么都能接受。

"夫且不止，是之谓坐驰。

【注】若夫不止于当，不会于极，此为以应坐之日而驰骛不息也。故外敌未至而内已困矣，岂能化物哉？

【疏】苟不能形同槁木，心若死灰，则虽容仪端拱，而精神驰骛，可谓形坐而心驰者也。

"故外敌未至而内已困矣"，外敌没来，内心已先困了，那等外敌来了不是马上就完了吗？

今天有几个不是"形坐而心驰"的？怎么能"得其所适"？

"夫徇耳目内通而外于心知，鬼神将来舍，而况人乎？

【注】夫使耳目闭而自然得者，心知之用外矣。故将任性直通，无往不冥，尚无幽昧之责，而况人间之累乎！

"任性直通"四字特别重要。

"是万物之化也，禹舜之所纽也，伏戏几蘧之所行终，而况散焉者乎？"

【注】言物无贵贱，未有不由心知耳目以自通者也。故世之所谓知者，岂欲知而知哉？所谓见者，岂为见而见哉？若夫知见可以欲为而得者，则欲贤可以得贤，为圣可以得圣乎？固不可矣。而世不知知之自知，因欲为知以知之；不见见之自见，

因欲为见以见之；不知生之自生，又将为生以生之。故见目而求离朱之明，见耳而责师旷之聪，故心神奔驰于内，耳目竭丧于外，处身不适而与物不冥矣。不冥矣，而能合乎人间之变，应乎世世之节者，未之有也。

人间之"变"是我们天天处的，世世代代从上面传下来的，真想旋乾转坤，必得能应乎"世世之节"。然而，对历史没有详尽之了解、了悟，就没有办法应付"世世之节"，就不能扭转时局、旋乾转坤。想成非凡的事业，光有一世的智慧还不够。

叶公子高将使于齐，问于仲尼曰："王使诸梁也甚重，

【注】重其使，欲有所求也。

"叶公子高将使于齐"，大使到哪儿去？要是人家重视我们大使，那是他有所求了。

你们到哪儿去办事，要是没有特殊的关系而有特殊的表情、特别的招待，那就要特别加小心了。你吃了人家的、喝了人家的，人家必有所求。

"齐之待使者，盖将甚敬而不急。匹夫犹未可动，而况诸侯乎！吾甚栗之。子常语诸梁也曰：'凡事若小若大，寡不道以欢成。

【注】夫事无大小，少有不言以成为欢者耳。此仲尼之所曾告诸梁者也。

"凡事若小若大，寡不道以欢成"，事情不分大小，很少不以成功为欢的，都以"成"为欢。

看看人多现实啊！人家放出"你"这个子（棋子），是要抓回一点东西的。"子"放出去，你空手回来了，那人家能不冷落你吗?

"事若不成，则必有人道之患；事若成，则必有阴阳之患。若成若不成而后无患者，唯有德者能之.'

【注】成败若任之于彼而莫足以患心者，唯有德者乎！

你们担当大任之时，要不这样的话，那天天睡不着觉啊！

做任何事情都抱着"成功不必在我"的精神就很少出毛病，就一定有成就。就怕成功必得在我，患得患失，非出毛病不可。

"吾食也执粗而不臧，爨（cuàn）无欲清之人。今吾朝受命而夕饮冰，我其内热与！吾未至乎事之情，而既有阴阳之患矣；事若不成，必有人道之患。是两也，

【注】事未成则唯恐不成耳。若果不成，则恐惧结于内而刑网罗于外也。

《论语·阳货》子曰："鄙夫，可与事君也与哉？其未得之也，患得之。既得之，患失之。苟患失之，无所不至矣！"

"为人臣者不足以任之，子其有以语我来！"
仲尼曰："天下有大戒二：其一，命也；其一，义也。子

之爱亲，命也，不可解于心；臣之事君，义也，无适而非君也，无所逃于天地之间。

【注】千人聚，不以一人为主，不乱则散。故多贤不可以多君，无贤不可以无君，此天人之道，必至之宜。

你们五个八个聚在一起，还感觉自己是志同道合的，可是做事很不容易，谈上半个月，志也不同了，道也不合了，其实谁也没吃谁一餐饭，谁也没拿谁一块钱，因为都要显自己高；我不比你高还行吗？都要做领袖，这能合得来吗？

多接触接触就知道自己那一套不一定发挥作用，和外边对付对付就不行了，半点作用都没发生。谁也不虚心，谁来都满满的，来发表自己的谬论，没有一个人能虚心接纳别人、听别人的。大家都虚心听不就没事了吗？净讲，到最后饱和了，爆炸了。不够虚心就没有办法。

一般人都说"人无千日好"，处朋友能处三年很不容易，原因就是志不同道不合，就是人的素养程度不同，所以没有办法凑到一起。

大家在一起也要有个主，才能够团结在一起。大家都拥护你，那是多么难的一件事。读了这么多的书，没有不教人"虚己下人"的。老子说："不愿意争先才能为人先。"（《老子·第六十七章》"天下皆谓我道大，似不肖。夫唯大，故似不肖，其细也夫。我有三宝，持而保之。一曰慈，二曰俭，三曰不敢为天下先。慈故能勇，俭故能广，不敢为天下先，故能成器长……"）到哪儿都显自己，结果一点作用都没发挥。

"是之谓大戒。是以夫事其亲者，不择地而安之，孝之至也；夫事其君者，不择事而安之，忠之盛也；自事其心者，哀乐不易施乎前，知其不可奈何而安之若命，德之至也。为人臣子者，固有所不得已，行事之情而忘其身，

【注】事有必至，理固常通，故任之则事济，事济而身不存者，未之有也，又何用心于其身哉？

"事有必至"，丑媳妇难免见公婆，不是躲得过去的，得有勇气面对现实。

"理固常通"，我们不找事，有事一定顶上去，不要躲，也躲不了。懂其"理之固常"，然后就通了。我们什么都准备好了，就盼着他来，他要不来怎么能显我们的能啊？乱世出英雄，你是英雄，就绝不怕乱世，没有乱世就显不出你是英雄。

"故任之则事济"，任"理固常通"之道，什么事情都办成功了，那你本身能没有成就吗？

"又何用心于其身哉"，到处安排自己也没用，要叫人（别人主动）安排才行。

"何暇至于悦生而恶死！夫子其行可矣！

【注】理无不通，故当任所遇而直前耳。若乃信道不笃而悦恶存怀，不能与至当俱往而谋生虑死，吾未见能成其事者也。

"故当任所遇而直前耳"，任我们所遇，不必躲避退缩，就往前干。

"若乃信道不笃而悦恶存怀，不能与至当俱往"，如果信道不笃，完全假惺惺，自己所悦、所恶存在心中，看见真理却不能和最恰当的道一起往前去奋斗，不能死守善道。

"而谋生虑死"，反而"谋生虑死"。自己有了正知正见，就应该好好造就自己，好好去做，要威武不能屈。

"威武不能屈"，他威胁你不光是叫你死，而可能是给你好处，用软方子，给你这、给你那，总会碰到一个你喜欢的。要"不屈"，那很不容易。假设哪一天走运了，你还要"富贵不能淫"。

"丘请复以所闻：凡交近则必相靡以信，远则必忠之以言，言必或传之。夫传两喜两怒之言，天下之难者也。夫两喜必多溢美之言，两怒必多溢恶之言。凡溢之类妄，妄则其信之也莫，莫则传言者殃。故法言曰：'传其常情，无传其溢言，则几乎全。'

"且以巧斗力者，始乎阳，常卒乎阴，泰至则多奇巧；以礼饮酒者，始乎治，常卒乎乱，泰至则多奇乐。凡事亦然。始乎谅，常卒乎鄙；其作始也简，其将毕也必巨。

【注】夫烦生于简，事起于微，此必至之势也。

"虑深通敏"，什么事考虑愈深，反应就愈敏捷准确，那是真"简"。不虑深就"简"了，那是马虎。一切麻烦都生于简。

《论语·公冶长》云："居简而行简，无乃太简乎？"麻烦都生于我们事先考虑得不周到。在微小的地方不注意，就会出大毛病。小事也马虎不得。

"言者，风波也，行者，实丧也。夫风波易以动，实丧易以危。

【注】故遗风波而弗行，则实不丧矣。夫事得其实，则危可安而荡可定也。

"故遗风波而弗行"，"遗风波"不去实行。"则实不丧矣"，实就不会丢。实不丢，"夫事得其实"，事就得其实。

拿国家大事看，要事都得其实，那不就"危可安而荡可定"了吗？因此我们应"尚实"而"不空言"。

"故忿设无由，巧言偏辞。

【注】夫忿怒之作，无他由也。常由巧言过实，偏辞失当耳。

每天接触的是不是志同道合的朋友、是不是事业上的伴侣？要从许多方面去看，用这个来衡量就知道了。

"兽死不择音，气息茀然，于是并生心厉。克核大至，则必有不肖之心应之，而不知其然也。

【注】夫宽以容物，物必归焉。克核太精，则鄙吝心生而不自觉也。故大人荡然放物于自得之场，不苦人之能，不竭人之欢，故四海之交可全矣。

"夫宽以容物，物必归焉"，想要"天下归之"，三三五五在一起永不分，则"以宽容物"特别重要。你自己太聪明了，谁也受不了。拿人当傻子，可是人家躺在床上多想想就不傻了。

能"不苦人之能，不竭人之欢"，则四海之内皆兄弟也。就是一个"宽"字，自己可以考虑自己，看看自己有几个老朋友，没有老朋友就应好好检讨自己，用机（机心）、术做领袖，那前车之鉴太多了（按：《庄子·天地》以机心与道心对比，以复杂机巧的心思为机心）。

盗亦有道，所以才能做头。卖豆浆都得三个人，何况其他？否则没有办法。

"苟为不知其然也，孰知其所终！

【注】苟不自觉，安能知祸福之所齐诣也！

"自觉"特别重要，"内圣"的功夫最重要。
好好研究自己，自己能了，是"光"，谁都往你那儿去。

"故法言曰：'无迁令，无劝成，过度益也。'迁令劝成殆事，美成在久，

【注】美成者任其时化，譬之种植，不可一朝成。

"成功必得在我"的这种人，没有一个是千古人物。必得成功在我，"一定失败"。其"美成者任其时"，慢慢成之，不是一朝而成的。能"看到的"，就不是千古事业。

"恶成不及改，

【注】彼之所恶而劝强成之，则悔败寻至。

当今世界之事都是"彼之所恶","劝强成之",结果"悔败寻至"。

"可不慎与！且夫乘物以游心，托不得已以养中，至矣。

【注】任理之必然者，中庸之符全矣，斯接物之至者也。

"任理之必然"的人就能合乎中庸的标准。

抱住一个"精"的地方去了悟，自己去用，勉励自己，应世的时候绝对有用。

注解注得好，都是一家之言，注《庄子》的人就借题发挥，不光船山是一家之言。

"何作为报也！莫若为致命，此其难者。"

【注】直为致命最易，而以喜怒施心，故难也。

"莫若为致命"，"致命"，《易经·说卦传》云："穷理尽性以至于命。"

"直为致命最易，而以喜怒施心，故难也"，"施"者，加也。"而以喜怒施心，故难也"，把喜怒加在自己心上就难了。喜怒多么可怕，喜怒就是"欲"。人生来不都是那么好的，所以才要用智慧来教自己。

颜阖将傅卫灵公大子，而问于蘧伯玉曰："有人于此，其德天杀。与之为无方，则危吾国；与之为有方，则危吾身。

【注】夫小人之性，引之轨制则憎己，纵其无度则乱邦。

"引之轨制则憎己"，如果管他太多了，他就会讨厌你。

没有几个像大禹那样"闻善言则拜"的人，所以《论语·里仁》中子游曰："事君数，斯辱矣。朋友数，斯疏矣。"这是油条。

"其知适足以知人之过，而不知其所以过。

【注】不知民过之由己，故罪责于民而不自改。

"不知民过之由己，故罪责于民而不自改"，失败了就说："都是你们不听话。"你们拿真心多读书，就知道自己出什么毛病。

"若然者，吾奈之何？"
蘧伯玉曰："善哉问乎！戒之，慎之，正女身也哉！

【注】反复与会，俱所以为正身。

"反复与会，俱所以为正身"，反复检讨自己，完全管自己，而不必去管人家。

"形莫若就，心莫若和。

【注】形不乖迕，和而不同。
【疏】身形从就，不乖君臣之礼。心智和顺，迹混而事济之也。

"形不乖迕"，在身形上"不乖迕"，不要显得自己比别人高。
"和而不同"，有"和"还"不同"。
"身形从就，不乖君臣之礼"，不乖迕才能相近，就能正其乖迕。你有不同，他知道你所长，这叫"不言之谏"。

"迹混而事济之也"，"迹混"事济之也，因为水清无大鱼啊！太清是你自清。把罪恶都搁在别人身上，怎么能处得来呢？

"虽然，之二者有患，就不欲入，

【注】就者形顺，入者遂与同。

因为"形顺"，所以才能打到一个圈子里。"形顺"却没有心顺，因为和他不同啊！

"和不欲出。

【注】和者（以）义济，出者自显伐（也）。

"显伐"就是"夸功"。

"形就而入，且为颠为灭，为崩为蹶。心和而出，且为声为名，为妖为孽。彼且为婴儿，亦与之为婴儿；彼且为无町畦，亦与之为无町畦；彼且为无崖，亦与之为无崖。达之，入于无疵。

【注】不小立圭角以逆其鳞也。

"不小立圭角以逆其鳞也"，一点圭角也不立，就不会逆别人的鳞。大臣就不会使国君不痛快，不会使左近的人不舒服。

"圭角"是指外方。外方，和左近的人就容易起冲突。应该叫它外圆内方，像铜钱一样。

"汝不知夫螳螂乎？怒其臂以当车辙，不知其不胜任也，是其才之美者也。戒之，慎之！积伐而美者以犯之，几矣。

【注】积汝之才，伐汝之美，以犯此人，危殆之道。

人很少不犯这毛病的。

"汝不知夫养虎者乎？不敢以生物与之，为其杀之之怒也；不敢以全物与之，为其决之之怒也；时其饥饱，达其怒心。

【注】知其所以怒而顺之。

这最可怕。知道他为什么怒，找到他怒的根，使他不怒，那我们不是"求则得之"，什么目的都达到了？

"虎之与人异类而媚养己者，顺也；故其杀者，逆也。

【注】顺理则异类生爱，逆节则至亲交兵。

这个注好到极点！
"逆节则至亲交兵"，"节"是所守。违背所守，至亲也交兵。
"顺理则异类生爱"，不论什么人，只有有所分明才是大丈夫。大家按理去做，不同类都能生爱。所以"父子之间不责善"。"责善"就逆节，就交兵了。古人易子而教的原因就在此。

"夫爱马者，以筐盛矢，以蜃盛溺。适有蚊虻仆缘，而拊之不时，则缺衔毁首碎胸。意有所至而爱有所亡，可不慎邪！"

【注】意至除患，率然拊之，以至毁碎，失其所以爱矣。故当世接物，逆顺之际，不可不慎也。

"意至除患"，意之至是为了"除患"，但不考虑就给它一巴掌，"率然拊之"，"以至毁碎"，把马鞍都毁碎了，"失其所以爱矣"。

"故当世接物，逆顺之际，不可不慎也"，方才讲"顺理则异类生爱，逆节则至亲交兵"，就是"顺逆之际"。

匠石之齐，至于曲辕，见栎社树。其大蔽数千牛，絜之百围，其高临山十仞而后有枝，其可以为舟者旁十数。观者如市，匠伯不顾，遂行不辍。弟子厌观之，走及匠石，曰："自吾执斧斤以随夫子，未尝见材如此其美也。先生不肯视，行不辍，何邪？"

曰："已矣，勿言之矣！散木也，以为舟则沉，以为棺椁则速腐，以为器则速毁，以为门户则液樠（mán），以为柱则蠹。是不材之木也，无所可用，故能若是之寿。"

匠石归，栎社见梦曰："女将恶乎比予哉？若将比予于文木邪？夫柤梨橘柚果蓏（luǒ）之属，实熟则剥，剥则辱；大枝折，小枝泄，此以其能苦其生者也，故不终其天年而中道夭，自掊击于世俗者也。物莫不若是。

【注】物皆以自用伤。

"物皆以自用伤"，物皆是因为"自用其能"才伤了自己。

"且予求无所可用久矣，几死，乃今得之，为予大用。

【注】积无用乃为济生之大用。

每天太功利境界了，尽积有用的，到用的时候就缺了一半。
积其所应积的，没有分别。
太功利境界，到时候必有所失。

"使予也而有用，且得有此大也邪？且也若与予也皆物
也，奈何哉其相物也？而几死之散人，又恶知散木！"
匠石觉而诊其梦。弟子曰："趣取无用，则为社何邪？"
曰："密！若无言！彼亦直寄焉，以为不知己者诟厉也。
不为社者，且几有翦乎！且也彼其所保与众异，

【注】彼以无保为保，而众以有保为保。

"以无保为保"，大家却不知道他的保。"以有保为保"，大
家都知道你的保了。

"而以义誉喻之，不亦远乎！"

【注】利人长物，禁民为非，社之义也。夫无用者，泊然
不为而群才自用，自用者各得其叙而不与焉，此以无用之所以
全生也。汝以社誉之，无缘近也乎！

"夫无用者，泊然不为而群才自用"，自己"淡泊不为"，而群才皆自用其长，天下皆"各得其叙"，发挥自己的良能而不结党营私（按：此亦乾卦"用九。群龙无首，吉"之义）。

南伯子綦（qí）游乎商之丘，见大木焉有异，结驷千乘，隐将芘（bì）其所藾（lài）。子綦曰："此何木也哉？此必有异材夫！"仰而视其细枝，则拳曲而不可以为栋梁；俯而视其大根，则轴解而不可以为棺椁；咶（shì）其叶，则口烂而为伤；嗅之，则使人狂酲，三日而不已。

子綦曰："此果不材之木也，以至于此其大也。嗟乎神人，以此不材！

【注】夫王不材于百官，故百官御其事，而明者为之视，聪者为之听，知者为之谋，勇者为之扞。夫何为哉？玄默而已。而群材不失其当，则不材乃材之所至赖也。故天下乐推而不厌，乘万物而无害也。

《论语·宪问》子言卫灵公之无道也，康子曰："夫如是，奚而不丧？"孔子曰："仲叔圉治宾客，祝鲊治宗庙，王孙贾治军旅。夫如是，奚其丧？"正是"王不材于百官"，故百官御其事。

"玄默而已"特别重要。都是"材"，在一起，这下脑袋都打破了。中间有个"不材"在那里做缓冲就打不起来。一说："你们都有功劳，都是爱卿。"大家就都舒服了。就他不能，就他在上面坐，以柔克刚就在这里。

不要自伐，自己夸自己不会有成就，人都争就坏了。不材的人像胶水一样，能把材都粘到一起。

"宋有荆氏者，宜楸柏桑。其拱把而上者，求狙猴之杙（yì）者斩之；三围四围，求高名之丽者斩之；七围八围，贵人富商之家求禅（shàn）傍者斩之。故未终其天年，而中道之夭于斧斤，此材之患也。故解之以牛之白颡（sǎng）者与豚之亢鼻者，与人有痔病者不可以适河。此皆巫祝以知之矣，所以为不祥也。此乃神人之所以为大祥也。"

"支离疏者，颐隐于脐，肩高于顶，会撮（cuō）指天，五管在上，两髀为胁。挫针治繲（jiè），足以糊口；鼓筴（cè）播精，足以食十人。上征武士，则支离攘臂而游于其间；上有大役，则支离以有常疾不受功；上与病者粟，则受三钟与十束薪。夫支离其形者，犹足以养其身，终其天年，又况支离其德者乎？"

【注】神人无用于物，而物各得自用，归功名于群才，与物冥而无迹，故免人闲之害，处常美之实，此支离其德者也。

要有归功于"群才"的容量，中山先生就是这样的。

孔子适楚，楚狂接舆游其门曰：
"凤兮凤兮，何如德之衰也！

【注】当顺时直前，尽乎会通之宜耳。世之盛衰，蔑然不足觉，故曰"何如"。

"当顺时直前，尽乎会通之宜耳"，得先"识时"。识时的

庄子日讲

170

观念特别重要。识时才能"顺时直前"。

"旋乾转坤"是时，"一言之悦"也是时。时不分大小。小则一句话都能说得恰到好处，一个字就能叫人满心欢喜。所以说"时然后言"，说话要特别注意。

同学说话不注意，在人前说自己父母，必称"我爸""我妈"，要有自我之称；说文雅点要说"家父""家母"，不可以就说"爸""妈"。

"直前"，是一刹那都不停。时，一打盹即过。机会就在一刹那之间，要是考虑考虑、研究研究，等你想答应时，早就时过境迁了。

"直"字妙！如此才"尽乎会通之宜"，能达到会通之恰到好处，那怎么还会有"盛衰之道"？迟疑，不能把持"时宜"，方有盛衰。

《庄子》一书不是"装"子，完全是一部治世之书，要能融会贯通。

"来世不可待，往世不可追也。

【注】趣当尽临时之宜耳。

说得更精微一点，虽然我们事先没能考虑、认识清楚，但能抓住偶然的机会也很重要。

"天下有道，圣人成焉；天下无道，圣人生焉。

【注】付之自尔，而理自生成。生成非我也，岂为治乱易节哉！治者自求成，故遗成而不败；乱者自求生，故忘生

人间世第四

171

而不死。

"付之自尔"，完全顺乎自然，顺水推舟。"理自生成"，付之自然。

我们常常为治乱而易节。自己很有抱负、有看法，但处"升平世"没处下手，然后就下海了。守节不单指这个国家亡了，不给那个朝廷做官，那是节之小焉者。最重要的是你自己知道自己易节没有。

像同学初入大学之时，初立之志颇高，等到要就业时，给个初中教员就山呼万岁。"达而不忘其初"，这叫不易节。到了做事时，就把自己初立之志改变得不像样了，这叫易节。

"私心自愧"，"愧"是自己的事。我们可以欺骗别人，但不能欺骗自己。

乱世而不易节，无论天下怎么乱，不改变自己，就是中流砥柱。升平世易节，那就是"为富贵所淫"了。

"方今之时，仅免刑焉。福轻乎羽，莫之知载；

【注】足能行而放之，手能执而任之，听耳之所闻，视目之所见，知止其所不知，能止其所不能，用其自用，为其自为，恣其性内而无纤芥于分外，此无为之至易也。无为而性命不全者，未之有也；性命全而非福者，理未闻也。故夫福者，即向之所谓全耳，非假物也，岂有寄鸿毛之重哉！率性而动，动不过分，天下之至易者也；举其自举，载其自载，天下之至轻者也。然知以无涯伤性，心以欲恶荡真，故乃释此无为之至易而行彼有为之至难，弃夫自举之至轻而取夫载彼之至重，此世之

常患也。

"足能行而放之，手能执而任之"，足能行就叫它行，手能拿就叫它拿。

今天每个人的手和脚都戴上了无形的桎梏。你敢走自己要走的路吗？你敢拿自己要拿的东西吗？

"任之""放之"最重要。叫他各有所用，完全自由发展。

"举其自举，载其自载，天下之至轻者也。"这就是逍遥游。做自己不能的，就会感觉到"至重"。自己喜欢那一套就能左右逢源、绰绰有余。

"然知以无涯伤性，心以欲恶荡真"，心中有"欲恶"就把你的"真"给扫荡了。"欲"和"恶"是一件事，恶是不欲。有所欲必有所不欲，你喜欢吃的别人不一定喜欢。欲、恶以人为准（按：欲，是喜欢；恶，是不喜欢。各人不同）。

当年初到南京，看南方的粥像泡肚子水。臭豆腐，鸡、鸭肠，觉着新奇，不好意思在街上吃，叫随从买些回去尝。一方水土一方人。南方小桥流水，在书上看，诗情画意；等一到实地，看小桥流水人家，上面洗马桶，下面洗菜。

你们读书太多而不能受用，就被人雇用了，完全叫书役使而没有自我的真，这是书呆子。

把《庄子》当文章读永远没用。要当智慧来读，天天玩味，都会用上。一个棒子用得好，什么都能解决。

"祸重乎地，莫之知避。

【注】举其性内，则虽负万钧而不觉其重也；外物寄之，虽

重不盈锱铢，有不胜任者矣。为内，福也，故福至轻；为外，祸也，故祸至重。祸至重而莫之知避，此世之大迷也。

"性内"是内圣的功夫。发于内的就不自觉有什么轻重。懂其"常患"，懂"世之大迷"，你不就是左右逢源的智者吗？

破其大迷而不迷，除其常患而不患，不是"左右逢源""无入而不自得"了吗？

"已乎已乎，临人以德！殆乎殆乎，画地而趋！

【注】夫画地而使人循之，其迹不可掩矣；有其己而临物，与物不冥矣。故大人不明我以耀彼而任彼之自明，不德我以临人而付人之自德，故能弥贯万物而玄同彼我，泯然与天下为一而内外同福也。

"故大人不明我以耀彼而任彼之自明"，常人"明我以耀彼"。"不明我以耀彼"，如戴戒指不伸手，免得启人觊觎之心、嫉妒之心。

钱玄同、梁启超以后，我们这儿人（指台湾地区）的思想不是没胳膊就是没腿。知道自己是中国人，要好好下功夫！责任重！很苦！（按：老师常言：现代人谈中国思想，硬把自己套入西方框架，不合的就去掉，再不然就挪过来、移过去，所以，不是没胳膊，就是没腿。真知道自己是中国人，要做个中国人，必须好好下功夫！责任很重，也很苦。）

"迷阳迷阳，无伤吾行！郤曲郤曲，无伤吾足！"

【注】迷阳，犹亡阳也。亡阳任独，不荡于外，则吾行全矣。天下皆全其吾，则凡称吾者莫不皆全也。

"天下皆全其吾，则凡称吾者莫不皆全也"，杨子"为我"和这完全一样。

都为我就不需要你救济，这不是吝啬，而是人人都足够多。你给人家一点人家就多了，成了累赘，是侮辱人家。

人人都能自立，不用你来利天下。所以慈悲的人愈多，愈证明该负责任的人未尽责。

有人（孟子）批评杨子"无君"，人人皆有士君子之行何必有君？

山木自寇也，膏火自煎也。桂可食，故伐之；漆可用，故割之。人皆知有用之用，而莫知无用之用也。

【注】有用则与彼为功，无用则自全其生。夫割肌肤以为天下者，天下之所知也。使百姓不失其自全而彼我俱适者，怋然不觉妙之在身也。

"怋然"，"怋"，音mán。《大宗师》"怋乎忘其言"，废忘也，惑也。

注书是积沙成塔。我读书，手电筒置于枕旁，有心得，半夜记之。以后看了觉得幼稚再把它去掉。读书手要到，写完要整理。

德充符第五

王先谦说：内里道德充实的，外貌自然显现出来。

【注】德充于内，物应于外，外内玄合，信若符命而遗其形骸也。

"德充于内，物应于外"，"诚于中，形于外"，表里如一的意思。

"外内玄合"，"玄合"，至高之合，最切之合。

"信若符命"，"符"，一个东西分成两半各执其一，日后见了面合一合以为印证，称合符。

"而遗其形骸"，不注重形骸而注重本。

鲁有兀者王骀（tái），从之游者与仲尼相若。常季问于仲尼曰："王骀，兀者也，从之游者与夫子中分鲁。立不教，坐不议，虚而往，实而归。

【注】各自得而足也。

"固有不言之教，无形而心成者邪？是何人也？"

【注】怪其残形而心乃充足也。夫心之全也，遗身形，忘五藏，忽然独往，而天下莫能离。

仲尼曰："夫子，圣人也，丘也直后而未往耳。丘将以为师，而况不若丘者乎！奚假鲁国！丘将引天下而与从之。"

【注】夫神全心具，则体与物冥。与物冥者，天下之所不能远，奚但一国而已哉！

体，本也。

常季曰："彼兀者也，而王先生，其与庸亦远矣。若然者，其用心也独若之何？"

仲尼曰："死生亦大矣，

【注1】人虽日变，然死生之变，变之大者也。

"而不得与之变，

【注2】彼与变俱，故死生不变于彼。

你和变合而为一了，那死生之变就与你没关系了。
"注1"和"注2"同看，可窥其全意，于此深思可用于事上。

"虽天地覆坠，亦将不与之遗。审乎无假而不与物迁，

【注】任物之自迁。

"命物之化而守其宗也。"

【注】不离至当之极。

常季曰："何谓也？"

仲尼曰："自其异者视之，肝胆楚越也；自其同者视之，万物皆一也。

【注】虽所美不同，而同有所美。各美其所美，则万物一美也；各是其所是，则天下一是也。夫因其所异而异之，则天下莫不异。而浩然大观者，官天地，府万物，知异之不足异，故因其所同而同之，则天下莫不皆同；又知同之不足有，故因其所无而无之，则是非美恶，莫不皆无矣。夫是我而非彼，美己而恶人，自中知以下，至于昆虫，莫不皆然。然此明乎我而不明乎彼者尔。若夫玄通泯合之士，因天下以明天下。天下无曰我非也，即明天下之无非；无曰彼是也，即明天下之无是。无是无非，混而为一，故能乘变任化，迕物而不慑。

社会事必如此看，"虽所美不同，而同有所美"。不要用主观的见解去衡量一切。我们的心地太窄了！这个对，那个不对，那是自找麻烦。自己气势太低，心形所负的无形之累太重了，那想什么都是梦想，不能成事。

如何解除自累？如何解放自己？"自放任执"，"足能行而放之，手能执而任之"，反之，虽有足不能自放，虽有手不能自执。

"各美其所美，则万物一美也"，"万物一美也"，则天下无一不可用之才。

"各是其所是，则天下一是也"，"各是其所是"，都求其是，则不是一个是。

"因其所同而同之"，这是多高的术！"因其所同而同之，则天下莫不皆同；又知同之不足有，故因其所无而无之，则是非美恶，莫不皆无矣。"如此，则到了心中坦然无一物的境界，才能不分彼此、不分一切。

"因天下以明天下"，就不立一切的法与术。这也正是儒家"好民之所好，恶民之所恶"的理念。

"夫若然者，且不知耳目之所宜，

【注】宜生于不宜者也。无美无恶，则无不宜。无不宜，故忘其宜也。

有"不宜"才知道有宜。有人类就开始有争夺。每个政治家都要"无争"，都要"利民"，想"福利天下"，结果愈打愈厉害。将来用什么方法才能叫人任其性而为之？现在世界上有些国家的政治完全离谱，你不知道它下一步是什么，原先还有轨迹可循。

"而游心乎德之和；

【注】都忘宜，故无不任也。都任之而不得者，未之有也；无不得而不和者，亦未闻也。故放心于道德之闲，荡然无不当，而旷然无不适也。

"物视其所一而不见其所丧，视丧其足犹遗土也。"
常季曰："彼为己以其知，得其心以其心。得其常心，物何为最之哉？"

【注】夫得其常心，平往者也。嫌其不得平往而与物遇，

故常使物就之。

有些当政者为政，就是"常使'民'就之"，不考虑老百姓怎样，让老百姓不舒服，结果越弄越不像话。老百姓觉得一切都是迁就当政者，所以当政者不能得民心，就"与物遇"了。这就是大本不立！

民好好之，民恶恶之，就能得"民"之常心，而"平往者也"。反之，就是要民迁就我之政令。

仲尼曰："人莫鉴于流水而鉴于止水，

【注】夫止水之致鉴者，非为止以求鉴也。故王骀之聚众，众自归之，岂引物使从己耶？

唯止能止众止。

【注】动而为之，则不能居众物之止。

庄子说："仲尼曰：'人莫鉴于流水而鉴于止水，唯止能止众止。'"《大学》云"知止而后有定"，这是中国传统观念。唯有止才能止众之止。"流水"，别人就不来鉴。自己不能，不必说人家不来。你真能，不叫来，人家都来。

"动而为之，则不能居众物之止"，"居"者，守也。不能"动而为之"，得"止而为之""静而为之"，才能止众物之止。所以，《大学》说"定、静、安、虑、得"。

"受命于地，唯松柏独也在冬夏青青；

【注】夫松柏特禀自然之钟气，故能为众木之杰耳，非能为而得之也。

"夫松柏特禀自然之钟气"，"特禀"是天生的。孟子说："待文王而后兴者，凡民也。若夫豪杰之士，虽无文王犹兴。"人的智慧和天生的有很大关系，但"生而知之、学而知之、困而知之，及其知者一也"，所以，"儿女不用管，全靠德行感"。

民初大儒熊十力先生就是不待文王犹兴。熊十力另辟新天地，马一浮"继志述事"（按：指在宋明理学方面的贡献）。

"受命于天，唯舜独也正，

【注】言特受自然之正气者至希也，下首则唯有松柏，上首则唯有圣人，故凡不正者皆来求正耳。若物皆有青全，则无贵于松柏；人各自正，则无羡于大圣而趣之。

"人各自正，则无羡于大圣而趣之"，待大圣，是学而知之者。

"幸能正生，以正众生。

【注】幸自能正耳，非为正以正之。

"夫保始之征，不惧之实。勇士一人，雄入于九军。将求名而能自要者，而犹若是，而况官天地，府万物，直寓六骸，象耳目，

【注】人用耳目，亦用耳目，非须耳目。

德充符第五

183

一犬叫，百犬叫。盲从的多，真是一针见血。

"一知之所知，而心未尝死者乎！

【注】知与变化俱，则无往而不冥，此知之一者也。心与死生顺，则无时而非生，此心之未尝死也。

"彼且择日而登假，人则从是也。彼且何肯以物为事乎？"

【注】其恬漠故全也。

申徒嘉，兀者也，而与郑子产同师于伯昏无人，子产谓申徒嘉曰："我先出则子止，子先出则我止。"其明日，又与合堂同席而坐。子产谓申徒嘉曰："我先出则子止，子先出则我止。今我将出，子可以止乎，其未邪？且子见执政而不违，子齐执政乎？"
申徒嘉曰："先生之门，固有执政焉如此哉？

【注】此论德之处，非计位也。

"子而说子之执政而后人者也？

【注】笑其矜说在位，欲处物先。

"闻之曰：'鉴明则尘垢不止，止则不明也。久与贤人处则无过。'今子之所取大者，先生也，而犹出言若是，不亦过乎！"

【注】事明师而鄙吝之心犹未去，乃真过也。

"事明师而鄙吝之心犹未去，乃真过也"，讲多少年书，就只碰到这一句帮老师说话的。（老师借此戏说同学。）

子产曰："子既若是矣，犹与尧争善，计子之德不足以自反邪？"

申徒嘉曰："自状其过以不当亡者众，

【注】多自陈其过状，以己为不当亡者众也。

"不状其过以不当存者寡。

【注】默然知过，自以为应死者少也。

"自状其过以不当亡者众，不状其过以不当存者寡"，自己审判自己，罪轻得很。这提醒我们，看社会事，那些人护短，是出于人之常情。

"知不可奈何而安之若命，唯有德者能之。游于羿之彀中。中央者，中地也；然而不中者，命也。人以其全足笑吾不全足者多矣，我怫然而怒；而适先生之所，则废然而反。不知先生之洗我以善邪？吾与夫子游十九年矣，而未尝知吾兀者也。今子与我游于形骸之内，而子索我于形骸之外，不亦过乎？"

【注】形骸外矣，其德内也。今子与我德游耳，非与我形交也，而索我外好，岂不过哉！

子产蹴然改容更貌曰："子无乃称！"

【注】已悟则厌其多言也。

鲁有兀者叔山无趾，踵见仲尼。仲尼曰："子不谨，前既犯患若是矣。虽今来，何及矣！"
无趾曰："吾唯不知务而轻用吾身，吾是以亡足。

【注】人之生也，理自生矣，直莫之为而任其自生，斯重其身而知务者也。若乃忘其自生，谨而矜之，斯轻用其身而不知务也，故五藏相攻于内而手足残伤于外也。

"今吾来也，犹有尊足者存，吾是以务全之也。夫天无不覆，地无不载，吾以夫子为天地，安知夫子之犹若是也！"

【注】去其矜谨，任其自生，斯务全也。

"去矜谨""任自生"，方为务全之道，此与前注相应。

孔子曰："丘则陋矣。夫子胡不入乎，请讲以所闻！"无趾出。孔子曰："弟子勉之！夫无趾，兀者也，犹务学以复补前行之恶，而况全德之人乎！"

【注】全德者生便忘生。

无趾语老聃曰："孔丘之于至人，其未邪？彼何宾宾以学子为？彼且蕲以諔诡幻怪之名闻，不知至人之以是为己桎梏邪？"

【注】夫无心者，人学亦学。然古之学者为己，今之学者为人，其弊也遂至乎为人之所为矣。夫师人以自得者，率其常

然者也；舍己效人而逐物于外者，求乎非常之名者也。夫非常之名，乃常之所生。故学者非为幻怪也，幻怪之生必由于学；礼者非为华藻也，而华藻之兴必由于礼。斯必然之理，至人之所无奈何，故以为己之桎梏也。

老聃曰："胡不直使彼以死生为一条，以可不可为一贯者，解其桎梏，其可乎？"

无趾曰："天刑之，安可解！"

鲁哀公问于仲尼曰："卫有恶人焉，曰哀骀它。丈夫与之处者，思而不能去也。妇人见之，请于父母曰'与为人妻宁为夫子妾'者，十数而未止也。未尝有闻其唱者也，常和人而已矣。

【疏】灭迹匿端，谦居物后，直置应和而已，未尝诱引先唱。

"无君人之位以济乎人之死，

【注】明物不由权势而往。

【疏】夫人君者，必能赦过宥罪，恤死护生。骀它穷为匹夫，位非南面，无权无势，可以济人。明其怀人不由威力。

"无聚禄以望人之腹。

【注】明非求食而往。

"又以恶骇天下，

【注】明不以形美故往。

"和而不唱，

【注】非招而致之。

"知不出乎四域，

【注】不役思于分外。

"不役思于分外"，就是"不在其位不谋其政"，"思不出其位"。分外之事不必管，这样才能"虑深通敏"（《尚书·尧典》"钦明文思安安"，郑玄注"虑深通敏谓之思"）。任何事，得专业才能精。

"且而雌雄合乎前。

【注】夫才全者与物无害，故入兽不乱群，入鸟不乱行，而为万物之林薮。

"是必有异乎人者也。寡人召而观之，果以恶骇天下。与寡人处，不至以月数，而寡人有意乎其为人也；不至乎期年，而寡人信之。国无宰，寡人传国焉。闷然而后应，

【注】宠辱不足以惊其神。

"宠辱不足以惊其神"，人宠辱若惊则坏。把利欲这关看得轻，所以宠辱都不足以惊其神。这里宠辱指大方面言。

朱子尚不能如此，还上书弹劾对自己不好的人①。这些教主（宗教创始人）不可能"宠辱不足以惊其神"（按：《老子》"宠辱若惊"，王弼注"宠必有辱，荣必有患；惊辱等，荣患同也"）。

"泛然而若辞。寡人丑乎，卒授之国。无几何也，去寡人而行，寡人恤焉若有亡也，若无与乐是国也。是何人者也？"

仲尼曰："丘也尝使于楚矣，适见豚子食于其死母者，少焉眴若皆弃之而走。不见己焉尔，不得类焉尔。

【注】夫生者以才德为类，死而才德去矣，故生者以失类而走也。故含德之厚，比于赤子，无往而不为之赤子也，则天下莫之害，斯得类而明己故也。情苟类焉，则虽形不与同而物无害心；情类苟亡，则虽形同母子而不足以固其志矣。

"所爱其母者，非爱其形也，爱使其形者也。战而死者，其人之葬也不以翣（shà）资；

【注】翣者，武所资也。战而死者无武也，翣将安施！

"君子疾没世而名不称焉"（《论语·卫灵公》），君子怕死了以后名和实不相称，名高而实不够。自己本身没那个东西就不必妄求（按：成玄英疏云："翣者，武饰之具。军将行师，陷阵而死，及其葬日，不用翣资。"不用翣送葬，因无神则形无

---

① 朱熹曾弹劾上户朱熙绩、衢州守李峄、衢州元差监酒库张大声等人，并六次弹劾唐仲友。凌濛初将之传奇化，敷写成《二刻拍案惊奇》中"硬勘案大儒争闲气　甘受刑女侠著芳名"。

所受）。

"刖者之屦，无为爱之；皆无其本矣。为天子之诸御，不爪翦，不穿耳；取妻者止于外，不得复使。形全犹足以为尔，而况全德之人乎！今哀骀它未言而信，无功而亲，使人授己国，唯恐其不受也，是必才全而德不形者也。"

哀公曰："何谓才全？"

仲尼曰："死生存亡，穷达贫富，贤与不肖毁誉，饥渴寒暑，是事之变，命之行也；

【注】其理固当，不可逃也。故人之生也，非误生也；生之所有，非妄有也。天地虽大，万物虽多，然吾之所遇适在于是，则虽天地神明，国家圣贤，绝力至知而弗能违也。故凡所不遇，弗能遇也，其所遇，弗能不遇也；凡所不为，弗能为也，其所为，弗能不为也；故付之而自当矣。

"绝力至知而弗能违也"，"绝力至知"是指力量最大、智慧最高的人。

"日夜相代乎前，

【注】夫命行事变，不舍昼夜，推之不去，留之不停。故才全者，随所遇而任之。

"夫命行事变，不舍昼夜"，"命行事变"是天命之行、世事之变。

"故才全者，随所遇而任之"，"才全"的人能随所遇而任之，就是《中庸》所说的："君子素其位而行，不愿乎其外。素富贵，行乎富贵；素贫贱，行乎贫贱；素夷狄，行乎夷狄；素患难，行乎患难。"天命之行，世事之变，推之不去，留之不停，但是有个情况，那就是"才全者"，能"随所遇而任之"，能"无所不用其极"，所以"无入而不自得"。

"而知不能规乎其始者也。

【注】夫始非知之所规，而故非情之所留，是以知命之必行，事之必变者，岂于终规始，在新恋故哉？虽有至知而弗能规也，逝者之往，吾奈之何哉！

"夫始非知之所规"，谁也不能创始。

"故非情之所留"，"故"的不是情所能留住的。有感情的包袱是"故"，因感情的包袱而留住了，就失去了时。

是以知命者："知命之必行，事之必变者，岂于终规始，在新恋故哉？虽有至知而弗能规也，逝者之往，吾奈之何哉！"这就是时。

"故不足以滑和，

【注】苟知性命之固当，则虽死生穷达，千变万化，淡然自若而和理在身矣。

明白了这个，则知如何应付所处之环境。

"不可入于灵府。使之和豫，通而不失于兑；使日夜无

郄而与物为春，是接而生时于心者也。是之谓才全。"

"何谓德不形？"

曰："平者，水停之盛也。

【注】天下之平，莫盛于停水也。

"天下之平，莫盛于停水也。"因为水"至平"。

孟子言水之德"盈科而后进"，老子说"上善若水"，孔子说"逝者如斯夫，不舍昼夜"。这都是形容水好的一面；唯有《坎卦》言水，说"坎者，陷也"，说水不好的一面。

"其可以为法也，

【注】无情至平，故天下取正焉。

"无情至平，故天下取正焉"，情很难发而中节。

"内保之而外不荡也

【注】内保其明，外无情伪，玄鉴洞照，与物无私，故能全其平而行其法也。

"内保其明……故能全其平而行其法也"，此注与前注相应。一个人的无情、无私是慢慢形成的，心里难免有偏袒。

"德者，成和之修也。德不形者，物不能离也。"

【注】事得以成，物得以和，谓之德也。无事不成，无物

不和，此德之不形也。是以天下乐推而不厌。

这是对"德"的解释，要深体会。

哀公异日以告闵子，曰："始也吾以南面而君天下，执民之纪而忧其死，吾自以为至通矣。今吾闻至人之言，恐吾无其实，轻用吾身而亡其国。吾与孔丘，非君臣也，德友而已矣。"

【注】闻德充之风者，虽复哀公，犹欲遗形骸，忘贵贱也。

闉（yīn）跂（qí）支离无脤说卫灵公，灵公说之；而视全人，其脰（dòu）肩肩。瓮（wèng）㼜（àng）大瘿（yǐng）说齐桓公，桓公说之；而视全人，其脰肩肩。故德有所长而形有所忘，人不忘其所忘而忘其所不忘，此谓诚忘。故圣人有所游，而知为孽，约为胶，德为接，工为商。圣人不谋，恶用知？不斫，恶用胶？无丧，恶用德？不货，恶用商？

【注】自然已具，故圣人无所用其己也。

"无脤"，"脤"，音 shèn，没有煮熟的祭肉。

四者，天鬻也。天鬻者，天食也。

【注】言自然而禀之。

既受食于天，又恶用人！

【注】既禀之自然，其理已足。则虽沉思以免难，或明戒

以避祸，物无妄然，皆天地之会，至理所趣。必自思之，非我思也；必自不思，非我不思也。或思而免之，或思而不免，或不思而免之，或不思而不免。凡此皆非我也，又奚为哉？任之而自至也。

有人之形，无人之情。有人之形，故群于人，

【注】类聚群分，自然之道。

无人之情，故是非不得于身。眇乎小哉，所以属于人也！謷（áo）乎大哉，独成其天！

【注】无情，故浩然无不任。无不任者，有情之所未能也，故无情而独成天也。

"无情""无私"才能平，才能无不任。这里"情"完全指偏私说，到了"中和"的境界，"性就是情，情就是性"。

惠子谓庄子曰："人故无情乎？"庄子曰："然。"惠子曰："人而无情，何以谓之人？"庄子曰："道与之貌，天与之形，恶得不谓之人？"

【注】人之生也，非情之所生也；生之所知，岂情之所知哉？故有情于为离旷而弗能也，然离旷以无情而聪明矣；有情于为贤圣而弗能也，然贤圣以无情而贤圣矣。岂直贤圣绝远而离旷难慕哉？虽下愚聋瞽及鸡鸣狗吠，岂有情于为之，亦终不能也。不问远之与近，虽去己一分，颜、孔之际，终莫之得也。是以关之万物，反取诸身，耳目不能以易任成功，手足不能以

代司致业。故婴儿之始生也，不以目求乳，不以耳向明，不以足操物，不以手求行。岂百骸无定司，形貌无素主，而专由情以制之哉？

"故婴儿之始生也，不以目求乳，不以耳向明，不以足操物，不以手求行。岂百骸无定司，形貌无素主，而专由情以制之哉"，玩味此则知人之情。

惠子曰："既谓之人，恶得无情？"
庄子曰："是非吾所谓情也。吾所谓无情者，言人之不以好恶内伤其身，

【注】任当而直前者，非情也。

"任当而直前者，非情也"，"当"就是宜。如此做方不为"情"，不如此做即"情"。
"情"都指"私"而言。

"常因自然而不益生也。"

【注】止于当也。
【疏】因任自然之理，以此为常；止于所禀之涯，不知生分。

有私心就有偏。

惠子曰："不益生，何以有其身？"
庄子曰："道与之貌，天与之形，

【注】生理已自足于形貌之中，但任之则身存。

"无以好恶内伤其身。

【注】夫好恶之情，非所以益生，祇足以伤身，以其生之有分也。

"今子外乎子之神，劳乎子之精，倚树而吟，据槁梧而瞑。

【注】夫神不休于性分之内，则外矣；精不止于自生之极，则劳矣。故行则倚树而吟，坐则据梧而睡，言有情者之自困也。

"天选子之形，子以坚白鸣！"

【注】言凡子所为，外神劳精，倚树据梧，且吟且睡，此世之所谓情也。而云天选，明夫情者非情之所生，而况他哉！故虽万物万形，云为趣舍，皆在无情中来，又何用情于其闲哉！

大宗师第六

　　王先谦说：这篇里说"人犹效之"，"效之"就是学的意思。又说"吾师乎，吾师乎"，就是把大道当作师傅。"宗"就是祖法的意思。陆树芝说：《大宗师》就是大道法。

【注】虽天地之大，万物之富，其所宗而师者无心也。

"因为有生于无，所以师其无心。"这篇的注都要仔细看！

知天之所为，知人之所为者，至矣。

【注】知天人之所为者，皆自然也；则内放其身而外冥于物，与众玄同，任之而无不至者也。

【疏】天者，自然之谓。至者，造极之名。天之所为者，谓三景晦明，四时生杀，风云舒卷，雷雨寒温也。人之所为者，谓手捉脚行，目视耳听，心知工拙，凡所施为也。知天之所为，悉皆自尔，非关修造，岂由知力！是以内放其身，外冥于物，浩然大观，与众玄同，穷理尽性，故称为至也。

"内放其身而外冥于物"最重要，完全与自然相应而不受任何约束。

子书里常用名词的注释和概念都不一样，都很新。

成疏云："天者，自然之谓。"儒家说："天者，颠（巅）也。"（《说文解字》："天，颠也，至高无上"）巅峰的"巅"。

"心知工拙"，"工拙"的"工"是巧的意思，是有智慧。

"悉皆自尔，非关修造"，这最重要。都是自然而然，不是后天的力量所造成的。

"至""造极"之名是由穷理尽性而来的，是由人力的修为而达到的。人的无所不为是与生俱来的，修为就是把持的功夫。

"人有秉于天，故性相近，人之修为，穷理尽性，必习也。习之不同则由习之不善，遂与天赋本能相远。习之善，则穷理尽性。"

人之秉于天者，不管善恶，差不多都一样，人经验多了就感觉到性恶论、性善论都是极端，唯有孔老夫子说："性相近也。"人之性秉于天、秉于自然的，都是从一个地方来的，都差不多，所以说："性相近也。"想达到"穷理尽性"的至极之境，那是修为的功夫。

"性相近也，习相远也。""习"是鸟数飞也，习也分好的和坏的。往好的习就穷理尽性了，就不远于性而守住了秉于天者；往坏的习就与善性相远了。

孔子讲性，绝对高人一等，没法批评。习相远了，所以就分圣人、贤人、好人、坏人。"相远"，相远于所秉受的。不远也是习的功夫（习对了就不远了），如此才能达到"穷理尽性"的境界。穷理尽性，是功夫，也是境界，有此功夫才能达此境界（《易经·说卦传》"穷理尽性以至于命"）。

知天之所为者，天而生也；

【注】天者，自然之谓也。夫为者不能为，而为自为耳；为

知者不能知，而知自知耳。自知耳，不知也，不知也则知出于不知矣；自为耳，不为也，不为也则为出于不为矣。为出于不为，故以不为为主；知出于不知，故以不知为宗。是故真人遗知而知，不为而为，自然而生，坐忘而得，故知称绝而为名去也。

"是故真人遗知而知"，"真人"是道家的一个境界，他遗人之常知，才达到真知。

我们　天天所追求的是"人之常知"，也就是世俗之知，所以就避开了真知。

知人之所为者，以其知之所知以养其知之所不知，终其天年而不中道夭者，是知之盛也。

【注】人之生也，形虽七尺而五常必具，故虽区区之身，乃举天地以奉之。故天地万物，凡所有者，不可一日而相无也。一物不具，则生者无由得生；一理不至，则天年无缘得终。然身之所有者，知或不知也；理之所存者，为或不为。故知之所知者寡而身之所有者众，为之所为者少而理之所存者博，在上者莫能器之而求其备焉。人之所知不必同而所为不敢异，异则伪成矣，伪成而真不丧者，未之有也。或好知而不倦以困其百体，所好不过一枝而举根俱弊，斯以其所知而害所不知也。若夫知之盛也，知人之所为者有分，故任而不强也，知人之所知者有极，故用而不荡也。故所知不以无涯自困，则一体之中，知与不知，暗相与会而俱全矣，斯以其所知养所不知者也。

"人之生也，形虽七尺而五常必具，故虽区区之身，乃举天地以奉之。故天地万物，凡所有者，不可一日而相无也"及"若夫知之盛也，知人之所为者有分，故任而不强也，知人之所知者有极，故用而不荡也"这两段重要。

"知人之所知者有极，故用而不荡也"，应细玩味。

"人之生也，形虽七尺而五常必具，故虽区区之身，乃举天地以奉之。故天地万物，凡所有者，不可一日而相无也"，了解了自己的价值之后，就没有谁肯糟蹋自己，这是举天地之所有而奉这个区区之身。我们活着多么不容易啊！还敢自己糟蹋自己吗？读了这个以后，人不能不把自己看得很尊贵。

反省自己所糟蹋的东西，能不内疚？人必自尊自贵！否则真如张献忠七杀碑所言："天生万物以养人，人无一德以报天。"①

虽然，有患。

【注】虽知盛，未若遗知，任天之无患也。

人要任天、"任自然"，才可以无患。专任自己之无患，未必无患。

看看那些有什么计谋的，计谋了一辈子，最后把自己都搭上了。计谋能明于天下，没有秘密外交，没有秘密的政治勾结，那就是《尚书》所说的"谟明弼谐"。

"虽知盛，未若遗知"，我们虽然"知盛"，但那个"知"

---

① 传说张献忠曾书"天生万物以养人，人无一德以报天"联，横批"杀杀杀杀杀杀杀"，俗称七杀碑。

必得明。光"知盛"而不"知明"，还不如忘掉这个知。

"谟明弼谐"，"谟明"，不可有秘密外交。不秘密外交，人必谐之。

"任天之无患也"，人之有患，因违背自然。知道顺自然就没有患。历史上祸患的由来，必然是反自然、违背自然的。自古违反自然的绝不会长久。阿明①，号称屠夫，这次完了。世事如走马灯，都是坏，也得坏。古往今来，独裁者杀多少人？结果，其亡一也！

夫知有所待而后当，

【注】夫知者未能无可无不可，故必有待也。若乃任天而生者，则遇物而当也。

注意："任天而生者，则遇物而当也。"

"任天而生者"，就是顺自然而求生存，不违众生之生。众生之生一定是顺自然的。

"遇物而当"，就是"无入而不自得也"。

人为的就戕贼众生而违其生了。一个总认为自己能把握一切的人，那是"有待也"。他能成功也是瞎猫碰到死耗子，不是理之当然，因为他违背自然。生，也达不到生的标准。

这是说人不能违背自然。

---

① 伊迪·阿明，乌干达前总统，自称"苏格兰王"，对乌干达进行铁腕统治。乌坦战争失败后下台，流亡海外，2003年死于沙特阿拉伯。

其所待者特未定也。

【注】有待则无定也。

注意："其所待者特未定也。"
"无定"就坏了，定是初步功夫，没有初步功夫，没到定的境界，下边就不必谈了。
定了以后，下面的境界是"静、安、虑、得"。

庸讵知吾所谓天之非人乎？所谓人之非天乎？

【注】我生有涯，天也；心欲益之，人也。然此人之所谓耳，物无非天也。天也者，自然者也；人皆自然，则治乱成败，遇与不遇，非人为也，皆自然耳。

人都要有成就，而不违背自然才是常道、常性、常理。自然不是空的，一切不违背正常的都是自然的。
社会上专搞素隐行怪的事，"违背常"就叫"素隐"。素隐的人，他的行为必怪。正常人可不做那事，因为那反自然。
或言某人有"天眼通"，何不试他？"智者"为什么要听他的？人就怕迷了心窍。要懂得疑。懂得疑，不会走太错的路子。等到迷了，就容易献身。

且有真人而后有真知。

【注】有真人，而后天下之知皆得其真而不可乱也。

注意："天下之知皆得其真而不可乱也。"

看看真人的重要性！今天的乱治就是因为没有真人。

如果什么都是假的，则一假就乱。天下都是假人，则天下之知不可得其真。

由此可以察时势、看世局。整个世界多么乱，物极必反。别看现在世界上没有大的战争，可是政治战争的乱已经到了极点。不过不必怕，物极必反。

何谓真人？

【疏】 假设疑问，庶显其旨。

假设之、疑问之，才能显其旨。

完全迷信，那不行。所有宗教都告诉你不能疑惑，疑惑就不灵了。因为你欲望无穷，一说天堂的富贵荣华，你就不敢疑了。

如某同学之变，因为在世绝望时，就求来世的事。一言以蔽之："迷！"就因为私于欲。

人不可以盲从，在人世上就找人世上的事，不要找人世以外的事。我们是人，不必想神的事，人想人世的事。这就是孔子所说的"思不出其位"。再比如说："某人有神通，不吃饭。"要问："那他不吃吗？"说："吃水果。"那还是要吃。所以不要"迷"。假设之、疑问之，才能"显其旨"。

是人的事我们可以想想，非人的事就不必想了。

古之真人，不逆寡，

【疏】 寡，少也。引古御今，崇本抑末，虚怀任物，大顺群生，假令微少，曾不逆忤者也。

注意："大顺群生。"这是识本之道。

"引古御今"，我们引用古人的智慧来支配、驾驭、控制现在。

"崇本抑末"，重视本而抑末。从政治上来看，国家之本是老百姓，要把老百姓看得特别重，这是"崇本"。末是特权阶级，而"抑末"是把特权阶级控制住。能把特权阶级控制住，那你绝对有厚望焉。厚百姓、控制特权阶级，就是"崇本抑末"。

我们自古就受了孟子的影响，孟子有些话成了乱制之首凶。孟子说："为政不难，不得罪于巨室。"（《孟子·离娄上》）就是说，为官的不可以得罪巨室。这一下糟了，从古到今都不得罪巨室，专得罪大本（老百姓）。大本大家不重视，到最后积怨在民，都得覆舟。

老百姓是大多数，如果我们懂得"崇本"，就应把民看得很重，民为贵。"抑末"，就是把特权阶级好好地控制住。特权阶级不算什么，你可以控制住他。你控制住他，后面给你鼓掌的特别多，因为都恨他。

老百姓积怨在心，一有机会，民可覆舟。历代的失败都是从这里来的。

"虚怀任物，大顺群生，假令微少"，修为上应"虚怀任物"，"虚怀"，无一不取于人。

"任物"是任物之自然，而不限制它。任物之本，既不求全，也不责备，能发挥多少就发挥多少，这个物能干啥就干啥。"任物"：一则不求其全，二则能发挥其特性。

"大顺群生"，大顺，不仅顺，且大顺之！"大顺群生"就是特别重视老百姓。

"假令微少"，反于真的事要叫他微少。"假少"则不役于物。为什么要"不役于物"？要它显真。

做事不合这个本，怎么能不亡国？豪门，如弄垮民国的孔、宋。不要一说"孔、宋"，同学以为就只有孔、宋。代代皆有豪门。

不雄成，

【注】不恃其成，而处物先。

【疏】为而不恃，长而不宰，岂雄据成绩，欲处物先耶？

"不恃其成，而处物先"，反过来，"恃成"就处后。

"岂雄据成绩，欲处物先耶"，岂是"雄据成绩，欲处物先耶"？总觉得自己有天下第一功，结果谁也不提他，就为物后了。

这些都发人深省。

"雄据成绩"，就是将功绩系于一人之身。同学今日适逢其会，笔必勤！记下东西，予后人教训。

不谟士。

【注】纵心直前而群士自合，非谋谟以致之者也。

【疏】虚夷忘淡，士众自归，非关运心谋谟招致故也。

"纵心直前"，纵其自然之心，不要用私情、私欲来约束自己。要纵其良心，则"群士自合"，"非谋谟以致之者也"，这不是用谋略能达到的。

"疏"说"虚夷","虚",空也;"夷",平也。"疏"比"注"差了很多。"虚夷"就是自然。"运心谋谟招致故也",袁项城（袁世凯）即因此而失败。

若然者，过而弗悔，当而不自得也。

【注】直自全当而无过耳，非以得失经心者也。

"直"多么重要，直就能"全当"，当于理，当于道，当于义，能恰到好处"而无过耳"。

"非以得失经心者也"，并不是直必得"得"。我们不以得失经心，只要本着良心做事就够了，不一定要"得"。

若然者，登高不栗，入水不濡，入火不热。是知之能登假于道者也若此。

【注】言夫知之登至于道者，若此之远也。理固自全，非畏死也。故真人陆行而非避濡也，远火而非逃热也，无过而非措当也。故虽不以热为热而未尝赴火，不以濡为濡而未尝蹈水，不以死为死而未尝丧生。故夫生者，岂生之而生哉，成者，岂成之而成哉！故任之而无不至者，真人也，岂有概意于所遇哉！

注意："无过而非措当也。""无过"，并不是你的措置恰当。我们只要顺其自然，达其真人之道。

古之真人，其寝不梦，其觉无忧，其食不甘，其息深深。

真人之息以踵，众人之息以喉。

【注】乃在根本中来者也。

"息以踵"，人最重要的要从根本中来。

遇事最坏的就是想求速成、想求速全，这样就会不按正路走。为了达到目的而不择手段，最后绝对走上魔鬼的路子。

事情没来，防之于未发之先；既来了，就导之于后。

屈服者，其嗌言若哇。其耆〔嗜〕欲深者，其天机浅。

【注】深根宁极，然后反一无欲也。

"其嗌言若哇"，"嗌"，音 yì 或 ài。咽喉噎着了，食物塞在咽喉，透不过气来。

这个注要特别注意！

"深根宁极"，根深宁极。任何事情，功夫愈深，成就愈大。用事〔世〕必须下深功夫，没有一件是巧得的。

守住任何一部子书，遇事能沉静下去，绝对能想出一个良策来。就怕你胸中无半点墨。一本书都没有，到时候就凭你的脑子能想出东西？那自古所无。任何人都须"引古御今"（见"**古之真人，不逆寡**"【疏】），以古人的智慧来启发我们的智慧，绝不能半点没有，就靠自己空想。

禅宗可陶冶性情。同学有对佛教迷而不明此的，我劝他，他反而说："老师对和尚不清楚。"

古之真人，不知说〔悦〕生，不知恶死；

【注】与化为体者也。

【疏】气聚而生，生为我时；气散而死，死为我顺。既冥变化，故不以悦恶存怀。

人不知道"悦恶"最重要，有所悦恶就会引发出情欲，在事上就一定生弊。不知悦恶的就能"与化为体"，就是"识其时势"。

"化"是与时势相倚的，化离不开时与势。

其出不䜣，其入不距（拒）；

【注】泰然而任之也。

"䜣"，音 xīn，即"欣"。

翛然而往，翛然而来而已矣。

【注】寄之至理，故往来而不难也。

"翛然"，"翛"，音 xiāo，无系貌。

"寄之至理，故往来而不难也"，这个注重要！不仅寄之理，且要寄之"至理"。"至理"就"无我""无私""无欲"了。无私、无欲就没有偏僻，往来就没有难。

"往来"就是出入进退之行事。买东西的都想买得便宜一点，卖东西的都想卖得贵一点，这就是"私"，那怎么能往来不难啊！

不忘其所始，不求其所终；

【注】终始变化，皆忘之矣，岂直逆忘其生，而犹复探求死意也！

儒家、道家皆讲"生生"。

受而喜之，

【注】不问所受者何物，遇之而无不适也。

不问我们所受的是何物，对付外边都能合适，不只是和同类的才能适，不同类的也得能适，那就是"类物"的功夫，不是"物类"。有"类物"的功夫，我们就能"识物"，对物都能认识。识物而后类物，则能适万物。

学《易经》的目的是"以通神明之德，以类万物之情"，就是"通神类物"。类了万物之情，所以能遇之都合适。我们先下了类物的功夫，对哪类的物都清清楚楚了，就能对什么都合适，处处都能通关，没有阻碍，这就是学《易》之道。

《周易·系辞传下》第二章"于是始作八卦，以通神明之德，以类万物之情"，就是以八卦之道而无所不适也。《易经》用来卜筮那就是末节了。

忘而复之，

【注】复之不由于识，乃至也。

是之谓不以心捐道，不以人助天。是之谓真人。

【注】人生而静，天之性也；感物而动，性之欲也。物之感人无穷，人之逐欲无节，则天理灭矣。真人知用心则背道，助天则伤生，故不为也。

这很像《礼记》的《乐记》。人之逐欲无节，到最后人就成了物了，故天理灭矣①。

"不以心捐道"，私心用事就是违反自然，助天伤生就是揠苗助长。你们不必天天练什么功夫，那是助天伤生，没有多大用处，顺其自然地活就好了。

若然者，其心志，

【注】所居而安为志。

这是"志"的解释。

其容寂，

【注】虽行而无伤于静。

这有点像禅宗"动亦禅，坐亦禅，行亦禅，卧亦禅"一

---

① 《礼记·乐记》云："人生而静，天之性也；感于物而动，性之欲也。物至知知，然后好恶形焉。好恶无节于内，知诱于外，不能反躬，天理灭矣。夫物之感人无穷，而人之好恶无节，则是物至而人化物也。人化物也者，灭天理而穷人欲者也。"

样。（按：永嘉禅师《证道歌》"行亦禅，坐亦禅，语默动静体安然"）

其颡（sǎng）頯（kuí）；凄然似秋，

【注】杀物非为威也。

暖然似春，

【注】生物非为仁也。

喜怒通四时，

【注】夫体道合变者，与寒暑同其温严，而未尝有心也。然有温严之貌，生杀之节，故寄名于喜怒也。

与物有宜而莫知其极。

【注】无心于物，故不夺物宜；无物不宜，故莫知其极。

"无心"，把利害看得很轻，什么都能放弃，"故不夺物宜"。为什么失"物宜"？即因有心于物。人绝不能有心于物。有心于物，必定要去做什么，那就失了"物之宜"了。等都在控制之中，那就都是假的。

好好玩味就知道如何做一个本本分分的政治家。人要为自己活、为祖先活，不丢祖宗的脸。有的人也是无物不宜，叫他做什么都行，填到哪儿都行，像空心祆子（未书神名的牌位），填什么神都成。这是乡愿，无法达到高境界，因为没有特色。"无物不宜"，下为乡愿，上为伟人。

故圣人之用兵也，亡国而不失人心；利泽施乎万世，不为爱人。

【注】因人心之所欲亡而亡之，故不失人心也。夫白日登天，六合俱照，非爱人而照之也。故圣人之在天下，煖〔音 nuǎn，又音 xuān〕焉若春阳之自和，故蒙泽者不谢；凄乎若秋霜之自降，故凋落者不怨也。

故乐通物，非圣人也；

【注】夫圣人无乐也，直莫之塞而物自通。

"圣人无乐也"，圣人无所喜欢。"直莫之塞"，不要塞自己之直，"而物自通"。

有亲，非仁也；

【注】至仁无亲，任理而自存。

天时，非贤也；

【注】时天者，未若忘时而自合之贤也。

此注重要！

利害不通，非君子也；

【注】不能一是非之涂而就利违害，则伤德而累当矣。

行名失己，非士也；

【注】善为士者，遗名而自得，故名当其实而福应其身。

亡身不真，非役人也。

【注】自失其性而矫以从物，受役多矣，安能役人乎！

"矫"，假的。矫揉造作，假传圣旨，把自己的本性失掉了，假惺惺地去从人家，谁看得起你啊？官再大也不行，你只是先拍上了而已，别人看得起你吗？

人要没有私心真是不容易。

若狐不偕、务光、伯夷、叔齐、箕子、胥余、纪他、申徒狄，是役人之役，适人之适，而不自适其适者也。

【注】斯皆舍己效人，徇彼伤我者也。

"徇情于彼"而丧失了自己、牺牲了自己。你到顶了，别人笑你，老百姓也笑你。不要做丢脸的事。地位愈高丢的脸愈大。

古之真人，其状义而不朋，若不足而不承；

【注】与物同宜而非朋党。

【疏】……俞樾曰：……义当读为峨，峨与义并从我声，故得通用。天道篇而状义然，义然即峨然也。朋读为崩……"其状义而不朋"者，言其状峨然高大而不崩坏也。

"与物同宜"而不要结党营私。参见俞樾说。

与乎其觚（gū）而不坚也，张乎其虚而不华也；邴（bǐng）邴乎其似喜乎！

【注】至人无喜，畅然和适，故似喜也。

最高境界的人无喜欢什么、不喜欢什么，"畅然和适"，对什么都无所违逆，似喜欢什么。

崔乎其不得已也！

【注】动静行止，常居必然之极。

"动静行止"必须达到"必然之极"的境界。像"隐居以行其道""隐居以求其志"那就是静的"常居必然之极"。

人一生都不可以放弃自己的"必然之极"。

滀乎进我色也，

【注】不以物伤己也。

为官伤己，可乎？

与乎止我德也，厉乎其似世乎！

【注】至人无厉，与世同行，故若厉也。

【疏】厉，危也。真人一于安危，冥于祸福，而和光同世，亦似厉乎。

"至人"没有"危"的观念。至人把安危视为无所谓，没有想到危不危，"一于安危"。

"与世同行"，是说"不能遗世独立"。"与世同行"，不是很危险吗？天塌大家死，你在危险之中也逃不了啊！所以说"若厉也"。

謷乎其未可制也，

【注】高放而自得。

连乎其似好闭也，悗乎忘其言也。

【注】不识不知而天机自发，故悗然也。

"悗"，废忘也。

以刑为体，以礼为翼，

【注】礼者，世之所以自行耳，非我制。

"世之所以自行耳"，世之所以自行其礼。"礼"是从日常生活中体验得来的，不是说"我制"的。

以知为时，以德为循。以刑为体者，绰乎其杀也；以礼为翼者，所以行于世也；

【注】知者，时之动，非我唱。德者，自彼所循，非我作。顺世之所行，故无不行。

人必尽人之责任，世上每件事都是人应做的。

以知为时者，不得已于事也；以德为循者，言其与有足者至于丘也；而人真以为勤行者也。

【注】凡此皆自彼而成，成之不在己，则虽处万机之极，而常闲暇自适，忽然不觉事之经身，悗然不识言之在口。而人之大迷，真谓至人之为勤行者也。

好好玩味这个注！

故其好之也一，其弗好之也一。其一也一，其不一也一。其一与天为徒，其不一与人为徒。天与人不相胜也，是之谓真人。
死生，命也，其有夜旦之常，天也。人之有所不得与，皆物之情也。

【注】夫真人在昼得昼，在夜得夜。以死生为昼夜，岂有所不得！人之有所不得而忧娱在怀，皆物情耳，非理也。

"在昼得昼，在夜得夜"，是"无入而不自得"。到什么环境都得，就是素位而行。
"以死生为昼夜"，这更重要，是把生死的事情看清楚了。

彼特以天为父，而身犹爱之，而况其卓乎！人特以有君为愈乎己，而身犹死之，而况其真乎！

【注】夫真者，不假于物而自然也。夫自然之不可避，岂直君命而已哉！

泉涸，鱼相与处于陆，相呴以湿，相濡以沫，不如相忘于江湖。

【注】与其不足而相爱，岂若有余而相忘！

与其誉尧而非桀也，不如两忘而化其道。

【注】夫非誉皆生于不足。故至足者，忘善恶，遗死生，与变化为一，旷然无不适矣，又安知尧桀之所在耶！

"非"，毁谤。"非誉皆生于不足"，这特别重要。

有的人一得到别人的夸奖就认为自己了不得。一个人要能体悟到"至足"的境界，心里头就没有挂碍了。

一个真想有成就的人，就得心里头无挂碍。没有挂碍并不是说不做事情。时间给人的考验很重要，看看到什么时候才感觉诽誉是无所谓的。因为诽誉你的人也是心里高兴就誉你，心里不高兴就诽你。所以从一个人对诽誉的观感上，可以看出他的经历和智慧。

想要从政而在乎诽誉，诽你就沮丧，誉你就高兴，那啥事都不能做。心里必有个定夺。这就是说，一个人自己心里"有所主"了，然后才能"有所守"。要是没有所主，就没法有所守。

船山说"心之所主谓之志"，这是船山先生了悟得比朱子高的地方。朱子说"心之所之谓之志"，这个境界不大高。

船山受的苦、政治经验、在社会上的奋斗，都比朱子多得多。船山先生革命为国，最后隐居注书。他注遍群经，然后心有余力为先皇写个传，自己还有个集子，其精力之强、立论之高，绝非普通人所能比。

朱子就注了一部书，以外都是弟子帮忙做的。《书经》像没注一样。还好他没都注，如果都注了，中国再过两千年还不能翻身。

船山的东西不大好读。他并没达到最高境界，因为他总归是生在君主专制时代的人物。但是除了还有一些旧观念之外，其可以说特别有主见。哲学必得有主见，要不然怎么讲？

"故至足者，忘善恶，遗死生"，大而化之，"与变化为一"，超过死生的观念，能"遗死生"，则无毁誉。

"旷然无不适矣"，"旷然"，无边际，无束缚。这境界较儒家"无所不用其极、无入而不自得"还高。

守得紧，死后是个零；旷然的，死后也是零，把持也把持不住。活着的时候可以呼风唤雨的人，很多死后却是家破人亡。许多人因为"有所欲"而耽误了自己的抱负。说太太是我的，我必得怎么怎么。每个人都有太太，死了以后太太改嫁的很多。天天守这个，那你全部的精神连个家也照顾不过来。天天奋斗就为了那几口人的嘴，别人的嘴能堵得满吗？那是无底深坑，永远填不满的。

举翁同龢为例：两朝帝师，变法失败。西太后选择在翁氏生日时借光绪帝名义下诏，撤去协办大学士户部尚书职务，令即"开缺回籍，永不录用，严加管束"，最后寂寞以终 ①。

守得特别紧的人，如果旷然一点，能"老吾老以及人之老，

----

① 翁同龢终老于家乡瓶庐，绝命诗言："六十年中事，伤心到盖棺。不将两行泪，轻向汝曹弹。"另自作挽联："朝闻道夕死可矣，今而后吾知免夫。"翁氏死，江苏巡抚奏闻，慈禧仅批"知道了"三字。

幼吾幼以及人之幼"，那可能还多成就一点。那些旷然一点的人成就绝对不可限量，如中山先生。中山先生革命成功，连房子都没有；上海的房子是哈同所赠，后改成纪念馆①。孙先生孙子辈无一人入宦途。政权，谁有为，谁接过去，成就尧、舜以后第一人，所以必"旷然"！

不要认为人家夸你就是你好。夸你是要利用你，骂你是因为你不给他当走狗。就是因为这样，所以有诽誉。

"旷然"就是"没有感情的包袱"，完全是"利用理智行事"。最低限度得没有感情的包袱，你才能有正知正见。"有正知正见"就"无不适"了。

为朋友牺牲，刎颈之交，那是"迁人"。做儿女应孝顺，但是人生还有人生的责任，那责任不光是父母之财产。说父亲在听父亲的，父亲不在祖父在听祖父的，那是"况"！表示有更高的东西存在。

我觉得同学有时不知我说的，必须由迩及远，多看。（**按：此段可反复思之，存毓老师原话，故不加任何解说。**）

夫大块载我以形，劳我以生，佚我以老，息我以死。故善吾生者，乃所以善吾死也。

---

① 目前上海保存最完整的"中山故居"有两处。一为香山路七号，现为"孙中山先生故居纪念馆"，孙先生曾集句题联："满堂花醉三千客，一剑霜寒四十州。"此处系四位加拿大华侨1917年捐赠。一为淮海路六百五十弄三号"孙中山上海行馆"。另外孙先生在上海亦曾入住犹太商人哈同的"爱俪园"，"爱俪园"亦称"哈同花园"，旧居已毁。"爱俪园"之建曾得力于宗仰法师协助设计，宗仰法师并在园中"频伽精舍"编印《频伽大藏经》，协助月霞大师在园中办华严大学。蔡锷曾在园中养病，章太炎曾在园中举办婚礼。

【注】死与生，皆命也。无善则死，有善则生，不独善也。故若以吾生为善乎？则吾死亦善也。

夫藏舟于壑，藏山于泽，谓之固矣。

【注】方言死生变化之不可逃，故先举无逃之极，然后明之以必变之符，将任化而无系也。

"方言死生变化之不可逃"，死生变化谁也逃不了。变化包括"生、老、病、死"。

"故先举无逃之极"，先举出大家都不能逃的至极之境，生老病死谁也不能逃。

"然后明之以必变之符"，"必变"不是一代变，"必变之符"是代代都变，所以我们就不要把人力加于自然，要"任其自化而无所系"。把人力加于自然就是心有所系。我们用身体为比喻：天天忙着吃维生素就是"不任化""不任自然"，但是还是一样，他也没有活得长。我们要"顺自然而无所系"。系，捆绑。天天那么忙（吃维生素）只活七十，不那么忙还可能活九十。

今天世界有些当政者，就是完全利用人力加于自然，用尽方法，天天立法，天天捆绑，如德国的希特勒拼命把持，结果他们用尽了一切智慧也没胜过自然，还不是完了？用尽方法把持，但是也成不了，那么不如"任化""旷然而无所不适"了。

"任化而无所系"，就是完全顺自然之道，不必加上很多的意见。古人说"为政不在多言"，多言就是法令繁苛。像汉高祖，他约法三章，至今传为美谈。约法三章才有力量。约法太多了，老百姓都记不清楚了。

然而夜半有力者负之而走，昧者不知也。

【注】夫无力之力，莫大于变化者也；故乃揭天地以趋新，负山岳以舍故。故不暂停，忽已涉新，则天地万物无时而不移也。世皆新矣，而自以为故；舟日易矣，而视之若旧；山日更矣，而视之若前。今交一臂而失之，皆在冥中去矣。故向者之我，非复今我也。我与今俱往，岂常守故哉？而世莫之觉，横谓今之所遇可系而在，岂不昧哉？

"而自以为故"之"自"，可能为"目"之误。

藏小大有宜，犹有所遁。

【注】不知与化为体，而思藏之使不化，则虽至深至固，各得其所宜，而无以禁其日变也。故夫藏而有之者，不能止其遁也；无藏而任化者，变不能变也。

好利的人，天天只知道攒钱，想留给儿孙，你能叫他不变吗？最后完蛋了。藏到至深至固之处，藏得恰到好处，你也不能停止一天的变化莫测，不能防其日变。

中国有一句很宝贵的话："儿子强于父，留钱做什么？儿子不如父，留钱做什么？"[1] 当年我父亲告诉我，家中财产可以活好几代，结果自己母亲都不知葬在何处。一切无所谓就旷然了。因为就是都得其宜，也不能防其日变，"虽至深至固，各得其

---

① 林则徐有言曰："子孙若如我，留钱做什么？贤而多财，则损其志。子孙不如我，留钱做什么？愚而多财，益增其过。"

所宜，而无以禁其日变也"。不是叫你不攒钱，而是一切都不必太有所系，应该心有所主、各有所守，该干啥就干啥。旷然大公，连死生都无所谓，心境能宽一点。我们有最重要的责任。人必得有所适，除了所适以外，别的不要再胡扯了。

"无藏而任化者，变不能变也"，一切都"不藏"而"任自然之化"的，什么变都变不了我。我即如此，爱怎么变怎么变。说要坐牢，自己拎个小包袱就走。说来早了，早点、晚点不一样吗？

你所藏的又要多、又要深，所以就没有成就。这懂了能增加不少志气，巩固自己之志。你们都有志向，可是"系"得太多了。感情的包袱一系也，名利一系也，系得愈紧愈不敢迈步。系多则求明哲保身，噤若寒蝉，完全成了钢筋水泥，一碰，一次就倒。一个人就是做尽坏事、恶贯满盈，临终也一样，一点儿也带不走。

若夫藏天下于天下而不得所遁，是恒物之大情也。

【注】无所藏而都任之，则与物无不冥，与化无不一。故无外无内，无死无生，体天地而合变化，索所遁而不得矣。此乃常存之大情，非一曲之小意。

特犯人之形而犹喜之。若人之形者，万化而未始有极也，

【注】人形乃是万化之一遇耳，未足独喜也。无极之中，所遇者皆若人耳，岂特人形可喜而余物无乐耶。

"人形"算个啥玩意？那只是"万化之一遇"。

人和苍蝇一样，没什么区别，都是从"大原"来的，人没有什么足以独喜的。厕所里的蛆优哉游哉，它可能还看我们可怜。

其为乐可胜计邪！

【注】本非人而化为人，化为人，失于故矣。失故而喜，喜所遇也。变化无穷，何所不遇！所遇而乐，乐岂有极乎？

"本非人而化为人"，如蝉蜕。"变化无穷，何所不遇！所遇而乐，乐岂有极乎"，明乎此，好好做，对得起己之所遇。

故圣人将游于物之所不得遁而皆存。

【注】夫圣人游于变化之涂，放于日新之流，万物万化，亦与之万化，化者无极，亦与之无极，谁得遁之哉？夫于生为亡而于死为存，则何时而非存哉？

注意！此注应反复读之！

人至此境，方得"真我"。得"真我"则"随遇而安"。这时候人的心境非常平稳，就是"随遇而安"。

人生往往事与愿违，老想生儿子结果生女儿。人常在痛苦中挣扎，因所系太多。某生大学考完，后来出家当和尚。当和尚打架，拿凳子打人，待不住送去日本读书，结果还俗，结婚了。人生就是如此。

善妖善老，善始善终，人犹效之，

【注】此自均于百年之内，不善少而否老，未能体变化，齐死生也。然其平粹，犹足以师人也。

又况万物之所系，而一化之所待乎！

【注】此玄同万物而与化为体，故其为天下之所宗也，不亦宜乎？

　　小至万物能玄同之，高至化也与之同体，能上下都合适了，就能为天下所宗了，如中山先生。想成"天下之所宗"，不是靠宣传就能为天下所宗了。

　　"玄同万物"，万物啥都在内，外边路旁的刍狗都在内，这是指下焉者。谦恭下士，这是对人。对万物能玄同万物，仁者无不爱也，所以才能为天下所宗。

　　"无不爱"才能与天地为体。"与化为体"，就是与天地合德。与天地合德所以就无不爱了（按：前"无不爱"指起心动念，后"无不爱"指成就）。圣人有所同者，是杀一不辜得天下不为也。杀一无辜得天下而不为，即"玄同万物而与化为体"。能"玄同万物，与化同体"的人，才能自然而然地为天下所宗。这不是应该的吗？

　　就近代史来看，一个人不杀也没打过一个人而成功的，只有甘地。要是在日本环境之下，都是甘地也杀光了，那可得看环境。甘地很有智慧，他在英国统治之下，你叫我坐牢，你说八点半，我八点就到了。说放人，小包一拿，说："再见，下次再来。"就跟你这么黏着、缠着。因为印度人不能作战，所以他就用这个方式。

　　我之所以知道甘地，因上海广学会译书介绍甘地。一看书，"甘地"，"甜的地"？好奇，一看，迷上了。

与天地同体，与化同体，即仁者。

夫道，有情有信，无为无形；

【注】有无情之情，故无为也；有无常之信，故无形也。

"无情"也是情。

"有无情之情"，才能"无为"而"顺自然"。"无为"不是不做，反过来说，有了有情之情就有为了。

看了这个东西好，必得是我的；我看历史上的英雄都不错，必得我来做，这就是有为之情。

"有无常之信"，无常之信唯天知之，无常之信得有无常之行。无常之信、无常之行是天之道，那是无形的。

可传而不可受，可得而不可见；

【注】古今传而宅之，莫能受而有之。

"传而宅之"，传而居之。谁也不能"守"住一个地方，永远把它保持住。

自本自根，未有天地，自古以固存；神鬼神帝，生天生地；在太极之先而不为高，在六极之下而不为深，先天地生而不为久，长于上古而不为老。

【注】言道之无所不在也，故在高为无高，在深为无深，在久为无久，在老为无老，无所不在，而所在皆无也。且上下无不格者，不得以高卑称也；外内无不至者，不得以表里名也；

与化俱移者，不得言久也；终始常无者，不可谓老也。

豨韦氏得之，以挈天地；伏戏氏（伏羲氏）得之，以袭气母；维斗（北斗星）得之，终古不忒；日月得之，终古不息；堪坏（山神）得之，以袭昆仑；冯夷（河神）得之，以游大川；肩吾（山神）得之，以处大山；黄帝得之，以登云天；颛顼得之，以处玄宫；禺强（北海神，人面鸟形）得之，立乎北极；西王母得之，坐乎少广，莫知其始，莫知其终；彭祖得之，上及有虞，下及五伯；傅说得之，以相武丁，奄有天下，乘东维，骑箕尾，而比于列星。

【注】道，无能也。此言得之于道，乃所以明其自得耳。自得耳，道不能使之得也；我之未得，又不能为得也。然则凡得之者，外不资于道，内不由于己，掘然自得而独化也。夫生之难也，犹独化而自得之矣，既得其生，又何患于生之不得而为之哉！故夫为生果不足以全生，以其生之不由于己为也，而为之则伤其真生也。

"道不能使之得也"，"皆自明也"，最重要的是"自求多福"。

"明明德"，也得"皆自明也"。自己太用心（为自己）去做，完全为自己，反伤己之真生，就把自己的良知、良能完全违背了。

南伯子葵问乎女偊曰："子之年长矣，而色若孺子，何也？"曰："吾闻道矣。"

【注】闻道则任其自生，故气色全也。

【疏】答云：闻道故得全生，是以反少还童，色如稚子。

我们知道"道"了，就要"任道之自生"，完全不用人工。这一句话你们要练一练，"要任自然，不用人工"，这个气色就全了。

道家讲"精、气、神"是人之三宝。人之大本就是精，能保住了，才有气和神。

像郑曼青，诗、书、画、拳、医五绝，最后突然而逝，就很有问题。顺自然之生很不容易。我们常看那些乡下老先生，他也没吃什么好东西，但他精神很健康，也很长寿。那些有钱的天天打补针，愈打愈糟糕，最后啥病都来了。

道家打坐完全顺其自然，要学龟出气。龟息不必用什么格式，不必像佛家有单盘、双盘。吐纳的功夫，出气要特别均匀平稳。很静地出气，就是顺自然。

我坐子午坐。台湾地区除段广钦以外打坐无成就。曾文正公坐五分钟、十分钟即如同睡眠一般。打坐易出毛病，所以身体好的人特别少。道家功夫必持之以恒，修得好，气色特别好。我曾见葛月潭真人童颜鹤发①。

南伯子葵曰："道可得学邪？"

曰："恶！恶可！子非其人也。夫卜梁倚有圣人之才而无圣人之道，我有圣人之道而无圣人之才，吾欲以教之，庶

---

① 葛月潭真人，原名葛月新，道号宁静子，又号枕流道人、震庚道人。清咸丰四年（1854）生于山东，后至沈阳。年六岁寄食斗姥宫，四年中竟得大成，琴棋书画无所不精，后又拜名画家周棠为师。时人以为"能书、能画，更能诗，文采风流冠一时"。一生办学济世，功德无量。1934年预知东归之时，时至，更衣升堂，铺纸绘绝笔兰花一幅，题诗："一花一世界，一叶一仙槎。挥尘东溟去，云天到处家。"又作七绝："倏然蜕去有形身，蝶梦蘧蘧幻亦真。心似闲云任去往，休将泥爪问前因。"然后大书"道心惟微"四字，朗笑坐逝。后殁入千山无量观塔，名"葛公塔"。

几其果为圣人乎！不然，以圣人之道告圣人之才，亦易矣。吾犹守而告之，参日而后能外天下；已外天下矣，吾又守之，七日而后能外物；

【注】物者，朝夕所须，切己难忘。

讲道那么容易，成道的那么少。

"切己难忘"，所以不能无所系。即因"物者，朝夕所须，切己难忘"，物包含一切。

"已外物矣，吾又守之，九日而后能外生；已外生矣，而后能朝彻；

【注】遗生则不恶死，不恶死故所遇即安，豁然无滞，见机而作，斯朝彻也。

"遗生则不恶死"，一个人要不怕死了，那还怕什么？

"豁然无滞，见机而作"，"豁然"，即旷然之境。一个人吃饱了全家不饿。"无滞"即无所欲。有豁然无滞之沉静方能见机而作。人要有所滞就不能见机。有沉静心的人才知道什么是机，才能见机而做，完全不落空，这给人无穷的盼望。"见机"是功夫。有的人劳苦了一辈子却没碰到机会，所以没成。

"斯朝彻也"，"朝"，旦也。"彻"，明也。"朝彻"就是早晨。死生一观，物我兼忘，如旦明，朝阳初启，希望无穷。

"朝彻，而后能见独；

【注】当所遇而安之，忘先后之所接，斯见独者也。

"当所遇而安之，忘先后之所接，斯见独者也"，能随遇而安，就把先后所接忘掉了。"先后所接"是历史的程序。"见独"的人能完全创新，另辟天地，不祖述之，所以能忘掉一切历史的程序，因为历史已不足道了。有餐馆名"独一处"①。"独一处"即另辟天地，有见独之处。

"见独，而后能无古今；无古今，而后能入于不死不生。杀生者不死，生生者不生。

【注】夫系生故有死，恶死故有生。是以无系无恶，然后能无死无生。杀生者不死，生生者不生。

"夫系生故有死，恶死故有生。是以无系无恶，然后能无死无生"，"无系"当然"无好恶"，有系就有好恶。无好恶方无死无生。"无系无恶"就与大化完全合一了。

"其为物，无不将也，无不迎也；无不毁也，无不成也。其名为撄宁。撄宁也者，撄而后成者也。"

【注】任其自将，故无不将。任其自迎，故无不迎。任其自毁，故无不毁。任其自成，故无不成。夫与物冥者，物萦亦萦，而未始不宁也。物萦而独不萦，则败矣。故萦而任之，则莫不

---

① 即北京都一处，因乾隆用膳赐匾而成名。目前除前门外，有多家分店，以烧麦、晾肉、马莲肉等闻名。

曲成也。

"将"，送也。主要的主旨就是"顺自然"。加"人为的"就是"伪"，自然的就是真。

儒家也说"人之为道而远人"（《中庸》），人之为道，就是顺己之私去做事，这样就远人了。因为人为之伪失掉了真，所以说"人之为道而远人"，顺自然就是真。

这段的注与前面一样，主旨就是"顺自然"。加"人为的"就是"伪"，自然的就是真。

南伯子葵曰："子独恶乎闻之？"

曰："闻诸副墨之子，副墨之子闻诸洛诵之孙，洛诵之孙闻之瞻明，瞻明闻之聂许，聂许闻之需役，需役闻之于讴，于讴闻之玄冥，

【注】玄冥者，所以名无而非无也。

"玄冥"是至高之冥，名之曰"无"。但它不是无，因为有都生于无，一切的有都生于无。

"玄冥闻之参寥，参寥闻之疑始。"

【注】夫自然之理，有积习而成者。盖阶近以至远，研粗以至精，故乃七重而后及无之名，九重而后疑无是始也。

"夫自然之理，有积习而成者"，人由于"积习"而识自然。人之所以了悟了自然之理，都是由于积习而知之，都是由经验

而知之。如经数千年，了悟了日月之运。

人的智慧很高。人对生的道理、对一切的道理，了解得都很清楚，这是集合了很多人的智慧和经验来的，往深刻一点讲，政治也是一样的。像最近有线电视、录像带、吃角子老虎（赌场老虎机）问题泛滥，法非不严，就因执法不认真。政治的事，知道不能弄，再去弄就晚了。南朝就是金粉，不必敌人，自己就把自己亡了。好事、坏事都因积习而成。

政治如此，读书也如此。像同学读书报告程度太低，一年不如一年。想要继往圣之绝学，除读书下功夫之外，还要能表达自己之思想。想表达思想，必背上五十篇文章。古人至少背二百篇。这就是积习。

学古文，《古文辞类纂》眉目清新，《续古文辞类纂》简洁。桐城派简洁，阳湖派华丽。同学择所好下功夫。骗别人可以，不要骗自己。必须熟，熟方能生巧。

学子书亦复如是，同学要熟，否则一用事就又住了。要熟，必与之细磨，方能用事。

袁世凯 [①] 一代枭雄，学不高但有术。反之，不学无术，红过一阵子就完了。每人都有几天运气，过五关、斩六将，但不学无术，终走麦城。

曾文正公，有学有术，至今赞之。

司马光是另一例子，是老姜，有学有术，但将中国最有生

机的时代毁掉了。

王安石有智慧，亦知时，少功夫。少功夫即不学，忍不住。

康（有为）、王（安石）失败一也。康之失败，"欲速不达"，即没有修养。人做事必时中，快、慢都是无功夫。

你们自己先要改造自己，有古怪脾气得去，骄傲得去，好高骛远、自视不凡得去，这些毛病不去，那垒得越高失败越快。想成就事业得先去自己的毛病〔按：王安石据说性子执拗，主意一定，佛、菩萨也劝他不转，人皆呼为"拗相公"（《警世通言》）〕。

"高而无民"，下面没有拥护你的。真想成就事业，要先去自己的毛病，先去妒忌心，能够"人之彦圣，若己有之"。我们虽然达不到这个最高境界，但至少也得修到"人家做得好，我们看看也高兴"的境界（按："随喜功德"），能不妒忌人家的好。要坏，我们可不原谅他，因为我们在同一个船上。这是最初步的修养。要是这点容人之量都没有，到最后一定失败。

天下事绝没有一个人就能成功的，我常说"卖豆浆都得三个人"。你们要没有容人之量，最后什么都不会成。反过来，你看自己都对，看别人都不对，那你就完了，因为你不会有忠心的干部。你看谁都不如你，别人说话你都不愿意去了悟、去接受，你要天天有这个观念，那你不必说你不相信人家，人家也知道，因为你看不起人家，你的两只眼睛一斜看，就告诉人家了。人家有心人下次就不跟你说真话了，他要避开你。那是君子，道不同不相为谋。小人在你跟前，他明知道却不说，看着你垮，有时机会到了还扯你的腿。所以说，宁得罪十个君子，不得罪一个小人。

一个人不是要看别人怎么样，得先看看自己怎么样，躺在床上自己想一想，有没有一个刎颈之交。能把一切事情交付给他，在患难之时他也一定能帮助你，只要有一个这样的朋友，你就不会亡。如果连这么一个朋友都没有，那你能成就什么？你们结了婚以后，看看太太给你打多少分，你就知道自己的为人如何了。一般人只能糊口，成就大事业的绝对是非常人。最重要的还是先研究自己。

同学不要自以为聪明，像陶希圣先生二三十岁就红了，结果成就少，可惜。何况学得好也不一定红，所以成就事业，不在红不红，完全在乎自己的做人。想成就事业，先成就自己。"首出庶物，万国咸宁。"近代中国红人胡适先生是打油（诗）红，白话文并非胡先生始倡。陶希圣先生智慧如陈布雷先生，可惜有知识、有智慧，未能修得号召天下的伟大人格，又无法像熊十力先生那样立言。又如梁漱溟先生，融合儒、法，与马一浮先生相似，在旧东西里钻。再说张君劢先生、曾琦先生，有抱负，可惜笔下不动人，死后影响渐微。

修自己是立德。德立好了，就左右逢源了，因为"仁者无敌"，没有人反对你。有德者必有言，有言者不必有德。不是写书即可立言，要自己有所立。言就能传世，更何况立德者乎？

这些（指立德、立言）皆自温故知新的功夫得来。"温故而知新"是个功夫，新从故里出来，必有新的见解。"新"就可以立言，可以为师矣。为师的境界高过立言。

王安石能温故而知新，智慧很高，能知时，知道现在需要什么，就是修养不够，不能容人，骂人是旧的、坏的。变法是一件大事，非有天子之德不能变礼义。有天子之智无天子之德，老的就群起而攻之来反对你了。变法是至道之事，"非有至德，至道不凝焉",如果他有至德,就不批评人家了。成功失败不管,司马光姜是老的辣,就是有学有术,乘机把中国最有希望的时代毁掉了。

南海先生(**康有为**)不骂老的还可能成功。你骂他,他等着你,叫你闹,然后一枪一个把你打住了。康(**有为**)、王(**安石**)皆有天子之智,有最高的智慧,但无天子之德,结果毁了!

有至德,别人就是反对你也无机可乘啊。

德,非乡愿之德。我们得先修"容德",知道自己的短处,知道别人的长处,能容多少则成就多少。等到修到"大德敦化"时,你能容多少就进来多少,"小德川流"都进来了,都被敦化了。如果你没那么大的容量,出发点就小了。小圈子画得太紧了,有圈子的象征了,人家就不上你的圈子里来了。你想打入人家的圈子,人家也视你为别人的死党,人家才不理你呢!

同学中无奇才,无状元学生,同学的"量"不够。现在你们的作为就影响你们一生,要是"量"不够,就没有办法。中山先生就有量,不念旧恶。一个人的量是从"不念旧恶"来的。对你有旧恶的人,内心里总有点惭愧,你装着不知道,久了,他心里就舒服了,慢慢地就过来为你所用了。反之,他不入你的圈,则成为敌人。同学不想"就木",就得学此。想成就,先成就自己容德,再吸收智慧。反之,先吸收智慧,只能助你为恶。

同学想成就,第一,要懂得先去自己之短,"舜其大知也与!舜好问而好察迩言","无一不取于人";第二,要立志,不必摸黑走。想做学人,这时代就成就这几位学人。要解决时代问题还不够,还要更上层楼,这必得有毅力,"虽在父兄,不能以移子弟"(曹丕《**典论·论文**》)。必须成功于此,失败于此,

"至死不变，强哉矫"（《中庸》），否则终无所成。

子祀、子舆、子犁、子来四人相与语曰："孰能以无为首，以生为脊，以死为尻（音 kāo，脊椎骨的下端），孰知死生存亡之一体者，吾与之友矣。"四人相视而笑，莫逆于心，遂相与为友。

【疏】目击道存，故相见而笑；同顺玄理，故莫逆于心也。

俄而子舆有病，子祀往问之。曰："伟哉夫造物者，将以予为此拘拘也！曲偻发背，上有五管，颐隐于齐，肩高于顶，句（gōu）赘指天。"阴阳之气有沴（lì），其心闲而无事，

【注】不以为患。

跰𨇅而鉴于井，曰："嗟乎！夫造物者又将以予为此拘拘也！"

【注】夫任自然之变者，无嗟也，与物嗟耳。

"跰𨇅"，"跰"，音 pián，"𨇅"，音 xiān，指扶病勉力而行。

子祀曰："女恶之乎？"
曰："亡，予何恶！浸假而化予之左臂以为鸡，予因以求时夜；浸假而化予之右臂以为弹，予因以求鸮炙；浸假而化予之尻以为轮，以神为马，予因以乘之，岂更驾哉！

【注】浸，渐也。夫体化合变，则无往而不因，无因而不可也。

泡东西不泡过火即浸，"浸"的功夫很重要。

儒家的"潜移默化"，就像我们泡一个东西是慢慢地浸湿一样，使人变了，他自己还不知道。强迫地改变，他就是不反抗，也不能适应环境。

"体化合变"，"体"是动词。体自然之化而合于变，就是"穷则变，变则通，通则久"。（按：老师前言，空城计即"体化合变"。）

"无往而不因"，没有哪件事没有来源、本原。本原就是因，本原即我的因。"无因而不可"，没有哪件事是因为根据了因而做得不合适的。根据因做事都合适。

"因而不失其新"，研究历史上事情的发生，任何事情都不是凭空掉下来的，必有因。有远因、近因，无事而无因，没有一件事是没有因的。所以，因很值得注意。因为"穷则变，变则通，通则久"，你们只要仔细看《易经》就会发现，《易经》之中是不注重传统的。《文言传》乾卦"九四"云"乾道乃革"，下卦的乾道到了上卦的乾道，就不注重下卦之乾了，就革故取新而不重视传统了。从这里看，《易经》不重视过去的传统，而完全注意"时"与"位"。下卦的三爻过去了，第四爻是上卦的开始，时和位不同了，所以乾道革了。

革和变不同，革是连根去掉，所以叫革命。《易经》特别强调"革"，所以立了一个革卦。孔子赞《易》不是叫我们必得重视传统，而是要我们"因而不失其新"，承认它"有来源"，但是"不失其新"，能"温故而知新"。"学而时习之"，是学那个旧的，这还是"因"，"时习之"也就有"新"的了。

时还是有所穷，最重要的是能"穷则变，变则通，通则久"。时与位不同了就得变，老守着一个不行。

《易经》有很多值得玩味的地方。《文言传》乾卦"九四"云"或跃在渊，自试也"，我们从一个旧的环境到一个新的环境，把旧的放弃了而建立一个新的，那得"自试也"，也就是积习而成，一次一次地试验而成。"九四"这一爻为什么革了？因为"传统的""旧的"都不要了，这是另辟天地，下卦的天不要了。另辟天地的时候，一切东西都是草创，拿出来未必合适，得下自试的功夫，得积习而成。就好像新成立一个小家庭，什么东西搁哪儿都不合适，"自试也"。看看炉灶摆这儿合不合适，刀放那儿好不好，试验一遍又一遍了，最后才稳当，不必再改了。

人没有生下来就懂的，也不是一下就成功的，所以说改造环境得慢慢地，得"渐"，"积渐为雄"，由自试到积习而成。我们从《易经》中知道很多深意。

你们光知道智慧没有用，智慧必得用到生活中，不然没有用。

"且夫得者，时也；失者，顺也。

【注】当所遇之时，世谓之得。时不暂停，顺往而去，世谓之失。

"当所遇之时，世谓之得"，正当所遇之时，在社会上我们叫作"得"。

当其可之谓义，当其可之谓善，当其可之谓美，"当时"才叫得。人要"当时"怎么能不得？他正渴的时候，你给他送水，你的所得就多了。他正需要帮忙的时候，你帮了他忙，救了他，他绝不叫你离开他。人必得从生死见交情。

当其可，永成心腹之人，经百难不离，永成一团。交友的"友"又分很多层次，有生死之交、刎颈之交，有酒肉之交、咖啡之交。没经过大患难，哪里有生死之交？（老师举做"糨糊、胶水"工作的张群成为蒋介石先生永远的幕僚为例。）

"时不暂停，顺往而去，世谓之失"，孔子赞《易》，常说："时之义大矣哉！"时就是新，刹刹生新，所以说"时不暂停"。光阴多么快，空空地就过去了。

今天多少人一天不提笔写字，一天不看书？一事不做空过一天，然后自以为有学问，领袖群伦。一天空过，如何成就事业？真做事，一天连两段书都弄不完！

我们要懂得用术，把臭鱼往身上摔，乘机成事。今天（指1979年）亚洲最享福的是日本，他们可以糊涂一两代。我们不行，我们必须加把劲。

"安时而处顺，哀乐不能入也。此古之所谓县（同'悬'）**解也，而不能自解者，物有结之。且夫物不胜天久矣，吾又何恶焉！"**

【注】一不能自解，则众物共结之矣。故能解则无所不解，不解则无所而解也。

天下事都是如此，一个地方占了，都堵住了，"则众物共结之矣"，就完了。

例如，水沟里有一个东西挡住了，后面来的东西也就都给挡住了。有一个东西解不开，后面的东西就都结在这里了。

看看有些当政者多糊涂啊！他认为这个弄不通，就去弄那个。他没明白这个弄不通，别的东西也结住，都不通了。

有一个能解开，就没有解不开的东西。我们要注重这个"一"，不能说"一件事没关系"。要一件事没关系，那多少事就有关系了？"一"就是"微"，注重"一"就是注重"微"。

俄而子来有病，喘喘然将死，其妻子环而泣之。子犁往问之，曰："叱！避！无怛（dá）化！"倚其户与之语曰："伟哉造化！又将奚以汝为，将奚以汝适？以汝为鼠肝乎？以汝为虫臂乎？"

子来曰："父母于子，东西南北，唯命之从。阴阳于人，不翅于父母；

【注】自古或有能违父母之命者矣，未有能违阴阳之变而距昼夜之节者也。

"自古或有能违父母之命者矣，未有能违阴阳之变而距昼夜之节者也"，这句话要好好玩味。"昼夜之节"是一定的，一点不差，谁也不能改变。"父母之命"指用事言，"阴阳之变"是大本。用事我们可以有出入，大本之处却永远不能变。所以说："大德不逾闲，小德出入可也。"（《论语·子张》）昼夜之节的"节"，阴阳之变的"变"，就是闲，谁也超不过去，谁也改变不了。

"彼近吾死而我不听，我则悍矣，彼何罪焉！

【注】死生犹昼夜耳，未足为远也。时当死，亦非所禁，而横有不听之心，适足悍逆于理以速其死。其死之速，由于我

悍，非死之罪也。彼，谓死耳；在生，故以死为彼。

"夫大块载我以形，劳我以生，佚我以老，息我以死。故善吾生者，乃所以善吾死也。今大冶铸金，金踊跃曰'我且必为镆铘'，大冶必以为不祥之金。今一犯人之形，而曰'人耳人耳'，夫造化者必以为不祥之人。

【注】人耳人耳，唯愿为人也。亦犹金之踊跃，世皆知金之不祥，而不能任其自化。夫变化之道，靡所不遇，今一遇人形，岂故为哉？生非故为，时自生耳。务而有之，不亦妄乎！

"今一以天地为大炉，以造化为大冶，恶乎往而不可哉！"成然寐，蘧(jù)然觉。

【注】寤寐自若，不以死生累心。

子桑户、孟子反、子琴张三人相与友，曰："孰能相与于无相与，相为于无相为？

【注】夫体天地，冥变化者，虽手足异任，五藏殊官，未尝相与而百节同和，斯相与于无相与也；未尝相为而表里俱济，斯相为于无相为也。若乃役其心志以恤手足，运其股肱以营五藏，则相营愈笃而外内愈困矣。故以天下为一体者，无爱为于其间也。

"故以天下为一体者，无爱为于其间也"，有爱就有私，以天地为一体，就得没有"私"为于其间。

儒家讲：宇宙为一大天地，人为一小天地。人要与天地为一体，就不能有私爱于其间。有任何一点私，连人和人都不能一体了，又怎能和天地为一体？所以说一个"私"字害尽天下苍生！

去私太难了！虽然我们讲性善，说那个私是外诱之私所引诱的。我们不必管人性是善是恶。如果人一受引诱就作恶，那这个"性"也太脆弱了，连玉都比不上。玉石染上颜色，只要有机会，一洗就显出其本质的白色，什么色都浸不进去。而水泥地就不行了，水泥地一倒上墨水，怎么洗都留有痕迹，因为有孔就进去了。

人的私心太厉害了！说人性是恶的也无不可。

"孰能登天游雾，挠挑无极；相忘以生，无所终穷？"

【注】忘其生，则无不忘矣，故能随变任化，俱无所穷竟。

"忘其生"，人忘其生，活不活都无所谓，则其他的名利享受还有什么呢？其他都不必谈！

"随变任化"，我虽不随变任化，但绝不愁苦自累。能随变任化，你所具备的是无所穷之竟。人要到"无所穷竟"，必得到忘生的境界。人没到忘生的境界那不行。

一个人很难了解另一个人。一个人如果有一点怪，就什么都怪，你要没他的怪就很难了解他，只有他自己了解他自己。你没有吃过糖，就不知道甜的滋味。天下事就是如此，每个人就是储备自己。储备自己的时候，必把自己储备成一个格，有任何需要这个格的时候，你拿去正合适，你当然就合格了。你储备自己成英雄，这个地方需要英雄，你去就成就为英雄。

当年德国将许多东西都设计成同一规格。例如，平常用的凳子，可以装在火车上。窗子也同一规格，可以相互换装。

三人相视而笑，莫逆于心，遂相与为友。

【注】若然者岂友哉？盖寄明至亲而无爱念之近情也。

莫然有间而子桑户死，未葬。孔子闻之，使子贡往侍事焉。或编曲，或鼓琴，相和而歌曰："嗟来桑户乎！嗟来桑户乎！而已反其真，而我犹为人猗！"子贡趋而进曰："敢问临尸而歌，礼乎？"

【疏】方内之礼，贵在节文，邻里有丧，舂犹不相。况临朋友之尸，曾无哀哭，琴歌自若，岂是礼乎？子贡怪其如此，故趋走进问也。

"方内"，指儒家。儒家之礼，有一定的节文。

邻里有了丧事，不可以碾米，吃米要上邻村去借，等到除灵以后，再碾好米还给人家。结婚时若邻里有丧，也得到外边去办喜事，等发丧之后再回来，或是改日子。以前人就这么有礼法。

今天礼虽不必复古，仍应有法。

旧时服白孝，重要人士的孝服讣告，必孝子亲送。至亲友家门，得面朝外跪下。讣告、白布得高举过头，亲友挂上白布，或扎带子，背向磕头再起。以前礼法重。今天守灵打牌、孝子吃荤，难克孝矣[①]。

---

① 各地礼法略有出入，谨依老师所言家中礼法录之。

二人相视而笑曰："是恶知礼意！"

【注】夫知礼意者，必游外以经内，守母以存子，称情而直往也。若乃矜乎名声，牵乎形制，则孝不任诚，慈不任实，父子兄弟，怀情相欺，岂礼之大意哉！

子贡反，以告孔子，曰："彼何人者邪？修行无有，而外其形骸，临尸而歌，颜色不变，无以命之。彼何人者邪？"
孔子曰："彼，游方之外者也；而丘，游方之内者也。

【注】夫理有至极，外内相冥，未有极游外之致，而不冥于内者也，未有能冥于内，而不游于外者也。故圣人常游外以冥内，无心以顺有，故虽终日见形而神气无变，俯仰万机而淡然自若。夫见形而不及神者，天下之常累也。是故睹其与群物并行，则莫能谓之遗物而离人矣；睹其体化而应务，则莫能谓之坐忘而自得矣。岂直谓圣人不然哉？乃必谓至理之无此。是故庄子将明流统之所宗以释天下之可悟，若直就称仲尼之如此，或者将据所见以排之，故超圣人之内迹，而寄方外于数子。宜忘其所寄以寻述作之大意，则夫游外冥内之道坦然自明，而庄子之书，故是涉俗盖世之谈矣。

"夫理有至极，外内相冥，未有极游外之致，而不冥于内者也，未有能冥于内，而不游于外者也"，儒家的内圣外王是连带的，是一体的。否则就如广钦老法师内圣的功夫太大了，连门都不出。

"外内不相及，而丘使女往吊之，丘则陋矣。

【注】夫吊者，方内之近事也，施之于方外则陋矣。

"彼方且与造物者为人，而游乎天地之一气。彼以生为附赘县（同"悬"）疣，以死为决疣（huán）溃痈，夫若然者，又恶知死生先后之所在？

【注】死生代谢，未始有极，与之俱往，则无往不可，故不知胜负之所在也。

"假于异物，托于同体；忘其肝胆，遗其耳目；反复终始，不知端倪；

【注】五藏犹忘，何物足识哉！未始有识，故能放任于变化之涂，玄同于反复之波，而不知终始之所极也。

"芒然彷徨乎尘垢之外，逍遥乎无为之业。彼又恶能愦愦然为世俗之礼，以观众人之耳目哉！"

【注】其所以观示于众人者，皆其尘垢耳，非方外之冥物也。

子贡曰："然则夫子何方之依？"

【注】子贡不闻性与天道，故见其所依而不见其所以依也。夫所以依者，不依也，世岂觉之哉？

孔子曰："丘，天之戮民也。虽然，吾与汝共之。"

【注】虽为世所桎梏，但为与汝共之耳。明己恒自在外也。

子贡曰："敢问其方。"

孔子曰："鱼相造乎水，人相造乎道。

【疏】造，诣也。鱼之所诣者，适性莫过深水；人之所至者，得意莫过道术。虽复情智不一，而相与皆然。此略标义端，次下解释也。

"相造乎水者，穿池而养给；相造乎道者，无事而生定。

【注】所造虽异，其于由无事以得事，自方外以共内，然后养给而生定，则莫不皆然也。俱不自知耳，故成无为也。

"故曰：鱼相忘乎江湖，人相忘乎道术。"

【注】各自足而相忘者，天下莫不然也。至人常足，故常忘也。

子贡曰："敢问畸人。"

【注】问向之所谓方外而不偶于俗者，又安在也。

曰："畸人者，畸于人而侔（móu）于天。

【注】夫与内冥者，游于外也。独能游外以冥内，任万物之自然，使天性各足而帝王道成，斯乃畸于人而侔于天也。

故曰：天之小人，人之君子；人之君子，天之小人也。"

【注】以自然言之，则人无小大；以人理言之，则侔于天者可谓君子矣。

儒家说："大人者，与天地合其德。"（《易经·乾卦·文言传》）这里说："侔于天者可谓君子矣。"《易经》中君子未至此境。

颜回问仲尼曰："孟孙才，其母死，哭泣无涕，中心不戚，居丧不哀。无是三者，以善处丧盖鲁国。固有无其实而得其名者乎？回壹怪之。"

仲尼曰："夫孟孙氏尽之矣，进于知矣。唯简之而不得，夫已有所简矣。孟孙氏不知所以生，不知所以死；不知就先，不知就后；若化为物，以待其所不知之化已乎！

【注】死生宛转，与化为一，犹乃忘其所知于当今，岂待所未知而豫忧者哉！

"且方将化，恶知不化哉？方将不化，恶知已化哉？

【注】已化而生，焉知未生之时哉！未化而死，焉知已死之后哉！故无所避就，而与化俱往也。

"吾特与汝，其梦未始觉者邪！

【注】夫死生犹觉梦耳，今梦自以为觉，则无以明觉之非梦也；苟无以明觉之非梦，则亦无以明生之非死矣。死生觉梦，未知所在，当其所遇，无不自得，何为在此而忧彼哉！

"且彼有骇形而无损心，有旦宅而无情死。

【注】以变化为形之骇动耳，故不以死生损累其心。以形骸之变为旦宅之日新耳，其情不以为死。

"孟孙氏特觉，人哭亦哭，是自其所以乃。且也相与吾之耳矣，

【注】夫死生变化，吾皆吾之。既皆是吾，吾何失哉！未始失吾，吾何忧哉！无逆，故人哭亦哭；无忧，故哭而不哀。

"庸讵知吾所谓吾之乎？

【注】靡所不吾也，故玄同外内，弥贯古今，与化日新，岂知吾之所在也！

"且汝梦为鸟而厉乎天，梦为鱼而没于渊。不识今之言者，其觉者乎，其梦者乎？造适不及笑，献笑不及排，安排而去化，乃入于寥天一。"

意而子见许由。许由曰："尧何以资汝？"

意而子曰："尧谓我：'汝必躬服仁义而明言是非。'"

许由曰："而奚来为轵（zhǐ）？夫尧既已黥（qíng）汝以仁义，而劓汝以是非矣，汝将何以游夫遥荡恣睢转徙之涂乎？"

【注】言其将以刑教自亏残，而不能复游夫自得之场，无系之涂也。

意而子曰："虽然，吾愿游于其藩。"

许由曰："不然。夫盲者无以与乎眉目颜色之好，瞽者无以与乎青黄黼黻（fǔ fú）之观。"

意而子曰："夫无庄之失其美，据梁之失其力，黄帝之亡其知，皆在炉捶之间耳。

【注】言天下之物，未必皆自成也，自然之理，亦有须冶锻而为器者耳。故此之三人，亦皆闻道而后忘其所务也。此皆寄言，以遣云为之累耳。

"庸讵知夫造物者之不息我黥而补我劓，使我乘成以随先生邪？"

【注】夫率性直往者，自然也；往而伤性，性伤而能改者，亦自然也。庸讵知我之自然当不息黥补劓，而乘可成之道以随夫子耶？而欲弃而勿告，恐非造物之至也。

许由曰："噫！未可知也。我为汝言其大略。吾师乎！吾师乎！鳌万物而不为义，泽及万世而不为仁，

【注】皆自尔耳，亦无爱为于其间也，安所寄其仁义！

"长于上古而不为老，覆载天地刻雕众形而不为巧。此所游已。"

【注】游于不为而师于无师也。

"游于不为而师于无师也"，就是自师其心，自师其性。

颜回曰："回益矣。"仲尼曰："何谓也？"曰："回忘仁义矣。"曰："可矣，犹未也。"

【注】仁者，兼爱之迹；义者，成物之功。爱之非仁，仁迹行焉；成之非义，义功见焉。存夫仁义，不足以知爱利之由无心，故忘之可也。但忘功迹，故犹未玄达也。

他日，复见，曰："回益矣。"曰："何谓也？"曰："回忘礼乐矣。"曰："可矣，犹未也。"

【注】礼者，形体之用，乐者，乐生之具。忘其具，未若忘其所以具也。

一切都要找其"所以"，忘表面的东西没有用，要"忘其所以"，从根上忘才行。一般人从表面上忘，没有从根上忘，所以常常旧病复发。

他日，复见，曰："回益矣。"曰："何谓也？"曰："回坐忘矣。"仲尼蹴然曰："何谓坐忘？"颜回曰："堕肢体，黜聪明，离形去知，同于大通，此谓坐忘。"仲尼曰："同则无好也，化则无常也。而果其贤乎！丘也请从而后也。"

【注】无物不同，则未尝不适，未尝不适，何好何恶哉！

子舆与子桑友，而霖雨十日。子舆曰："子桑殆病矣！"裹饭而往食之。

【注】此二人相为于无相为者也。今裹饭而相食者，乃任之天理而自尔耳，非相为而后往者也。

至子桑之门，则若歌若哭，鼓琴曰："父邪！母邪！天乎！人乎！"有不任其声而趋举其诗焉。子舆入，曰："子之歌诗，何故若是？"

【注】嫌其有情，所以趋出远理也。

曰："吾思夫使我至此极者而弗得也。父母岂欲吾贫哉？天无私覆，地无私载，天地岂私贫我哉？求其为之者而不得也。然而至此极者，命也夫！"

【注】言物皆自然，无为之者也。

应帝王第七

郭象说：没有成心，任随自然变化的，应当做帝王。

【注】夫无心而任乎自化者，应为帝王也。

"帝"是主宰义。"王"是归往义，天下所归往。

一个人要完全顺乎自然，才能真为万物之主宰，而为万事之主，为天下所归往。

【经典释文】崔①云：行不言之教，使天下自以为牛马，应为帝王者也。

释文引用的这个解释多么可恶啊！

啮缺问于王倪，四问而四不知。啮缺因跃而大喜，行以告蒲衣子。

蒲衣子曰："而乃今知之乎？有虞氏不及泰氏。

【注】夫有虞氏之与泰氏，皆世事之迹耳，非所以迹者也。所以迹者，无迹也，世孰名之哉！未之尝名，何胜负之有耶！然无迹者，乘群变，履万世，世有夷险，故迹有不及也。

---

① "崔"指崔撰，晋清河人，曾注《庄子》十卷二十七篇，世无传书，陆德明《经典释文》中可散见其注。

"夫有虞氏之与泰氏，皆世事之迹耳，非所以迹者也"，过去的都是"世之遗迹"，不是我们所以"迹"的东西。儒家以有虞氏、泰氏为"所以迹"。

这有点像"乾道乃革"一样，中国无论道家还是儒家，对旧东西的留恋，并没有像乱制下那么留恋。乱制下讲"一成不变"，因为要是变了，皇帝不就不值钱了吗？（**按：**老师依公羊学说，"乱制"指家天下的世及之制。）

"泰氏"就是伏羲。

"有虞氏，其犹藏仁以要人；亦得人矣，而未始出于非人。

【注】夫以所好为是人，所恶为非人者，唯以是非为域者也。夫能出于非人之域者，必入于无非人之境矣，故无得无失，无可无不可，岂直藏仁而要人也！

"泰氏，其卧徐徐，其觉于于；一以己为马，一以己为牛；

【注】夫如是，又奚是人非人之有哉？斯可谓出于非人之域。

【疏】忘物我，遗是非，或马或牛，随人呼召。人兽尚且无主，何是非之有哉？

不要以《庄子》为道家之书，要以之作为智慧之书！

什么是是非？那是自找麻烦！"无是非"，人心就平了。人心必得平了以后，才能有"正知正见"。有正知正见才能有"上上之智"。人之所以没有上上之智，就是因为私心太多，"因私蔽智"，认为不属于自己的都不好。

心平，才有上上之智。有上上之智，才有正知正见。人所以没有上上之智，即因"因私蔽智"。

"其知情信，其德甚真，而未始入于非人。"

【疏】率其真知，情无虚矫，故实信也。以不德为德，德无所德，故不伪者也。既率其情，其德不伪，故能超出心知之境，不入是非之域者也。

肩吾见狂接舆。狂接舆曰："日中始何以语女？"
肩吾曰："告我君人者以己出经式义度，人孰敢不听而化诸？"
狂接舆曰："是欺德也。

【注】以己制物，则物失其真。
【疏】夫以己制物，物丧其真，欺诳之德非实道。

"以己制物"，物包含事，以己制事。许多想控制一切的人"以己制事"，结果谁也不听他的，只有失败，没有成功。"物失其真"，最后时间一冲击，都得失败。

欺之诳之的德不能长久，那不是实道。

"其于治天下也，犹涉海凿河，而使蚊负山也。

【注】夫寄当于万物，则无事而自成；以一身制天下，则功莫就而任不胜也。

"夫寄当于万物，则无事而自成"，"寄当"，寄其可，当其可也。"寄当于万物"，不必所有事都成功。

"以一身制天下，则功莫就而任不胜也"，想以一身制天下，你想任的事没胜过去，自己应该办的也没办好，结果挂了。"任不胜"，不能胜任。

"夫圣人之治也，治外乎？

【注】全其性分之内而已。

"正而后行，

【注】各正性命之分也。

"确乎能其事者而已矣。

【注】不为其所不能。

"不为其所不能"，"其"，指自己。一个人不要做自己所不能的事。

"且鸟高飞以避矰（zēng）弋之害，鼷（xī）鼠深穴乎神丘之下以避熏凿之患，而曾二虫之无知？"

天根游于殷阳，至蓼（liǎo）水之上，适遭无名人而问焉，曰："请问为天下。"

无名人曰："去！汝鄙人也，何问之不豫也！

【注】问为天下，则非起于大初，止于玄冥也。

"问为天下"，"为"，治也。问治天下之道。言外之意，治天下是个脚踏实地的东西，而不是"起于太初，止于玄冥"之空空洞洞的东西。

我们所选之注，多为人治事之道。自己串在一起，加上按语，终身受益无穷！

治天下之道不是空空洞洞的东西，而是实际的事情，所以我们常说："为政不在多言。"老百姓就是怀惠（**老百姓会感念你，就是因你给他好处**），只要你给他惠，他就怀你，所以说"小人怀惠"（**小人指一般人**）。为政的给他惠，不叫他怀，他也怀。所以为政的要示惠，老百姓因为你示惠，他就怀惠，就对你有信心。要为政，自此建立百姓信心，重要！虽然示惠不是为政之本，但示惠、怀惠是一个实际的事情，不是说说而已。所以说，"为政不在多言"，更不在"起太初，止玄冥"。

"予方将与造物者为人。

【注】任人之自为。

"任人之自为"是指多方面的，这个观念很重要。我们很少能"任人之自为"，不"任人之自为"就是《孟子·梁惠王下》所说的"姑舍女（汝）所学以从我"。社会上的人物都和你一样，都变成了你的化身，那社会还有进步吗？所以我们不能叫他舍己之所学以从其主。

专"任人之自为"才能各展其所长。但这有个大原则，每个国家都有宪法，只要是在宪法范围之内，都可以任其自为，超出了宪法范围就糟了。

"任人之自为"不是随便就可以超出范围，立法之后，大家在法律范围之内都可以任其自为。

"厌，则又乘夫莽眇之鸟，以出六极之外，而游无何有之乡，以处圹埌（làng）之野。汝又何帛（yì）以治（chí）天下感予之心为？"

【注】言皆放之自得之场，则不治而自治也。

得把所有人的所能、所长，放在"自得之场"而用之。你在什么地方有得，我就把你放在你自得的地方。

用现在的话来说，你有什么专长，我就用你的专长。你会修电灯，我就叫你到电力公司去。你不必管他怎么做，他自然就会去做，因为他就会修电灯。反过来说，不要用专家去做事，他一边做还得一边学，怎么能发挥作用？如人家学法的，叫他做教育部长，那就不是他的"自得之场"。

做官的时候，不要太自私，天下没有过不去的乌云，你自私也把持不住。

天下事有所长，再有兴趣，成就必大。（按：老师勉同学为学、立业之方，亦是用人之道。）

又复问。
无名人曰："汝游心于淡，

【注】其任性而无所饰焉则淡矣。

现在人因为什么把东西看得这么重？就是"有所饰"，把自己装饰得像大公司的橱窗一样。（按：指今人注重外表、名牌。）
任自己之性就是儒家所说：尽自己之性分去做，而一点伪饰都没有。饰就是伪！"无所饰"，那这个人对什么都能淡然处之。

有的人别人没看到他，他就又搔头又弄衣服，就想叫别人看到，这就叫"饰"。其实你这样，别人没看到就讨厌了。人为之伪就是"饰"。无论在心理上、在行为上，你要有所饰的时候，就不能淡然了。

不必说你是一个小团体的领袖，你就是天下的领袖，大家也都会忘掉你！

你能把清朝十二个皇帝完全说清楚吗？一代帝王是不容易的，大家也都没记住，因为他对人没那么多好处，记他做什么？别人记你？你什么东西啊！必得有那个德大家才记住。举这个例子是说，一个人要好好造就自己，把自己造就成了，对别人有好处了，你想要别人忘，别人都忘不了。

如曲阜孔林御碑亭之多（*帝王都想借以自显*），几人去看？又如建白莽台的王莽，伪饰以取天下，结果之凄凉，不可言喻①。

《论语·泰伯》子曰："泰伯其可谓至德也已矣，三以天下让，民无德而称焉。"若自己没功夫，天天装饰自己而伪为之，你是不会成功的。有那个伪饰的功夫，还不如好好造就自己。一个人要特别造就自己，这是经验之谈。装饰自己的不知有多少，到最后都完了。

----

① 王莽白莽台故事：刘秀攻占洛阳，王莽派邳彤领兵坚守郾阳关，并掘洞为白莽台，以备事败躲藏。台成后杀工匠三千人灭口。邳彤败降，引邓禹、岑彭、马武、姚期擒王莽绑送云台观斩首。《白莽台》剧又名《云台观》，秦腔、豫剧名《剐王莽》，事见《东汉演义》第十四回。

看看历史上到现在有多少人是天下永远不能忘的。没知识的人都忘不了他，因为什么呢？因为他有德。天下事都是"有德者居之"。你没给他实惠，他怀你做什么？老百姓就是怀惠。历史上有我们不能忘的人，那必是有遗爱在人间，必有叫天下人不能忘的事情在。

"合气于漠，

【注】漠然静于性而止。

"漠然"和淡然是相近的。
"静于性"，完全没离开性，按照性的本位去做事。

"顺物自然而无容私焉，而天下治矣。"

【注】任性自生，公也；心欲益之，私也；容私果不足以生生，而顺公乃全也。

"任性自生"才是公。"大道之行也，天下为公""己所不欲，勿施于人"，那都是"公也"。

本来老百姓很好治理，因为"任性自生"，大家都公。如果他们必"心欲益之"，制礼作乐，心里都想增加一点，认为这才够数，就"人之为道而远人"也。

打开历史看看那些"心欲益之"的家伙，到最后剩下了什么？

"顺公"，即"任性自为"。把自性之本能完全发挥出来才叫尽性。

做任何事都把私摆在前头，认为别人都不对，只有自己最好，这完全是师心用事，哪里有半点良知？全天下都是如此，所以愈弄愈乱。都是"心欲益之"把天下弄乱的。

阳子居见老聃，曰："有人于此，向疾强梁，物彻疏明，学道不勧（juàn）。如是者，可比明王乎？"

老聃曰："是于圣人也，胥易技系，劳形怵心者也。

【注】言此功夫，容身不得，不足以比圣王。

"且也虎豹之文来田，猿狙之便执斄（lí）之狗来藉（jiè）。如是者，可比明王乎？"

【注】此皆以其文章技能系累其身，非涉虚以御乎无方也。

一般人都是以文章盖世、技能盖世而捆绑了自己，这种人不会有大的成就，因为他有"我"，以己之意而益之，所以不能"涉虚以御乎无方"。

阳子居蹵（cù）然曰："敢问明王之治。"

老聃曰："明王之治：功盖天下而似不自己，

【注】天下若无明王，则莫能自得。令之自得，实明王之功也。然功在无为而还任天下。天下皆得自任，故似非明王之功。

为什么每个人都不能发挥自己之所能、己之专才与自己之自得？因无明王也。

"令之自得，实明王之功也"，你能发挥你的自得，那是明王之功，因为"世有伯乐，然后有千里马"。"千里马常有，而伯乐不常有，故虽有名马，只辱于奴隶人之手，骈死于槽枥之间，不以千里称也。"（韩愈《马说》）没有明王，你再有什么才能也发挥不了，因为他不用你。

"然功在无为而还任天下。天下皆得自任，故似非明王之功"，"功在无为"，最重要的是叫他"任天下之自得"。天下人都能自任其性，发挥其长才，好像不是明王之功。因为明王没有居功，所以好像不是明王之功。因为他为而不恃，并没有说："要没有我，你们的长才都发挥不了。"大家把自己的长才、智慧都发挥出来了，但是还看不出明王之功，因明王并没有邀功。

"化贷万物而民弗恃；

【注】夫明王皆就足物性，故人人皆云我自尔，而莫知恃赖于明王。

明王不但能足人之性，还能足物之性，叫人之性、物之性都发挥出来。

人人都拍着胸脯说："这是我做的，这是我计划的。"没有谁说："要是没有明王，就没有我今天这个成就。"自己好好玩味（按：人皆自以为己能，而"莫知恃赖于明王"）。

必得好好下点功夫！因为后浪推前浪。青年人头脑多么清楚，是非多么分明。等到在你们身上的时候，多存一点人性就够了。如果年轻时就出卖自己的良知，那怎么得了？要自己造就自己。我们不必看人家怎么样，要看自己怎么样！

台大人（台湾大学的学生），抬大人，捧臭脚。所以，不可人云亦云。

我们在小范围里不能人云亦云，在大范围（事情）中，必得出奇制胜。不能出奇制胜，不如不做。不要尽马后跑（按：指跟在别人后面凑热闹）。马后跑有什么意思？

问的人是羲皇上人，答的人是太虚老人，都没有面对问题。

（按：此段内容可参见老师讲解《醉翁亭记》内容——"众人皆乐而非醉翁之乐"。）

"有莫举名，使物自喜；

【注】虽有盖天下之功，而不举以为己名，故物皆自以为得而喜。

是以天下宣传自己有盖世之功者乱盖（"乱盖"，台湾学生用语，意谓随便吹牛）。

"物"是人物、事物。

即使有盖天下之功，也不要天天吹牛，宣传自己有盖世之功。你有盖世之功而不说是你干的，不据以为己名，则大家都认为自己对这个时代有了一份贡献。

毓老师笔记

"为天下者真能如此，则仁者无敌，因人皆自与其功。"

为天下者真能如此，那就仁者无敌，就没有敌人。

你有了盖世之功也不说这是自己成就的，那天下人都认为建设是我们大家建设的。要这样的话，他就替你分劳，替你分忧。孟子说："乐民之乐者，民亦乐其乐；忧民之忧者，民亦忧其忧。乐以天下，忧以天下，然而不王者，未之有也！"（《孟子·梁惠王下》）那还用你去乱盖吗？别人都替你盖上了。

因为每个人都认为自己有贡献于这个成就，他当然为你分忧分劳。你们无论做大事小事，只要是个团体的领袖，就都得这样，不要什么都是我做的、我成就的。都是你做的，最后找谁帮忙，谁都摇头。都是你成就的，最后就剩了你自己，没人拥护你。

人最重要的是千万不要弄权，弄权就是不忠。

你认为你有权柄，但历代有权柄的人也并没令人记住。自己有权了，不要认为自己有权。弄权才是真正的祸国殃民，因为一切计划都叫你一个人毁掉了。因为弄权，一个棋子摆错了，全盘皆输①。自己本着良知做事，即使没有成就也不会把自己毁掉。要是从小就学会不做人该做的事，最后一定会把自己毁掉。你以为害了别人，谁受你害啊？你聪明，人家比你还聪明。

我们读书，天天要拿书中的智慧来衡量自己，而不是去衡量别人。

"立乎不测，

【注】居变化之涂，日新而无方者也。

"日新而无方"，这个观念讲得太多了。《易经》云："《易》穷则变，变则通，通则久。""不可为典要"（"典要"指不变的

---

① 下棋，本来一子一子皆有定计，因弄权，一子错满盘皆输。

法则），不可拿任何东西为典要。哪有一个东西可以传几千年的？日新又新，没有一定的方，因为"以时为尚"。不但孔子，道家不也是以时为尚吗？

"而游于无有者也。"

【注】与万物为体，则所游者虚也。不能冥物，则连物不暇，何暇游虚哉？

人"不能冥物"就"连物不暇"。

"连物不暇"，则物之性都叫你给毁掉了，哪里还有工夫去游虚呢？天天叫事物名利把心都充满了。不把这些看通透了，你想要自己有志气、有担当，行吗？

一个有主宰的人会把一切事情都看得清清楚楚，绝对以自己的主张为尚，用自己的主张而不用私智。自己的主张是从"法天""则天"来的。"大道之行也，天下为公"，这就是孔子的主张，不是私智。

同学的毛病，专看人家。别人不行，才显自己行。要研究自己、造就自己。造就自己，自己行即行，不要说别人怎样，先问自己怎样。功夫是靠工夫成就的。每天起早床，不喜吃什么则吃什么。应训练自己之短处成为长处，至少不成为短处。有抱负先充实自己。不怕别人坏，别人不坏，我无法出头。

郑有神巫曰季咸，知人之死生存亡，祸福寿夭，期以岁月旬日，若神。郑人见之，皆弃而走。列子见之而心醉，归，以告壶子，曰："始吾以夫子之道为至矣，则又有至焉者矣。"

壶子曰："吾与汝既其文，未既其实，而固得道与？众雌而无雄，而又奚卵焉！而以道与世亢，必信（shēn），夫故使人得而相汝。尝试与来，以予示之。"

【疏】夫至人凝远，神妙难知，本迹寂动，非凡能测，故召令至，以我示之也。

"至人"是道家的一个境界。他能凝远，成就一定很远大。那个神妙很难真知（按：成就远大，凝结必远，非至德、至道不凝焉）。

他的本迹又寂又动，不是普通人能测度的，所以叫他来看我今天还死不死。

壶子如同学听课，听两天说："没意见，没意思。"没意思！老师讲了三十年，不来听是你没德。要同学写文章，同学写"颇以自慰"，一张稿纸还差三行（当时在台受教育同学，读书少，不能写文章，老师所以感慨言之）。老师不是教中文，是教《孟子》，没那爱心改文章。

明日，列子与之见壶子。出而谓列子曰："嘻！子之先生死矣！弗活矣！不以旬数矣！吾见怪焉，见湿灰焉。"

列子入，泣涕沾襟以告壶子。壶子曰："乡吾示之以地文，萌乎不震不正。

【注】萌然不动，亦不自正，与枯木同其不华，湿灰均于寂魄，此乃至人无感之时也。夫至人，其动也天，其静也地，其行也水流，其止也渊默。渊默之与水流，天行之与地止，其

于不为而自尔，一也。今季咸见其尸居而坐忘，即谓之将死；睹其神动而天随，因谓之有生。诚〔能〕应不以心而理自玄符，与变化升降而以世为量，然后足为物主而顺时无极，故非相者所测耳。此《应帝王》之大意也。

"至人凝远，神妙难知，本迹寂动，非凡能测"，即"萌然不动，亦不自正，与枯木同其不华，湿灰均于寂魄，此乃至人无感之时"。

既不动亦不自正，完全顺乎自然，一点人力都不加，像枯木一样不会开花，像湿的灰一样绝不会复燃了。湿灰和死灰还不同，湿灰不复燃，死灰还可能自燃。这是至人无感之时，可以说一点情都没有。至人其动也天，其静也地，其行也水流，其止也渊默。这就是儒家之"大人者，与天地合其德"。

"不为而自尔"，不以心应而理自合也。

"以世为量"，不是遗世独立，然后才能为物之主。

哪个看相的能测度这些事情啊！

"是殆见吾杜德机也。尝又与来。"

【注】德机不发曰"杜"。

明日，又与之见壶子。出而谓列子曰："幸矣子之先生遇我也！有瘳（chōu）矣，全然有生矣！吾见其杜权矣。"

列子入，以告壶子。壶子曰："乡吾示之以天壤，名实不入，而机发于踵。是殆见吾善者机也。尝又与来。"

【注】任自然而覆载，则天机玄应，而名利之饰皆为弃物也。

"任自然"能够像天覆地载一样，"则天机玄应"。"天机玄应"之时，名利有什么用啊？

上天公道，人世更公道，巧取之名利都不会长久。我们读小说，古人最有钱的叫石崇。石崇今天到哪里去了？名利都没有用！名利之伪饰都是弃物。有名有利的比比皆是，又能怎么样？看看那些不重视名利的，倒是成就了千古之名。

现在很多同学信宗教。我不喜欢宗教，也没有资格反对宗教，但是我希望你们能了解宗教。你们不必信，可是政治家必得会运用宗教。纯宗教家搞政治必定失败。一个宗教教主绝不能做政治家，因为他太慈悲了。如果他是一个政治家而运用宗教，那一定成功。再像印度甘地，这个人颇有头脑，会运用宗教。他从英国留学回来就知道怎么救印度了，因为在印度的法治之下，那种行为百战百胜。要是真动兵啊，印度人根本就不能打仗（对英作战争取独立）。这个人（甘地）多么懂政治啊！他以政治家的心胸，披上了宗教家的外套，所以左右逢源，就成功了。

你们要求真的名和利。求利，要真的利，不要求财富的利。那财富的利能有几天啊？但是人必得生活，够生活就行了。

明日，又与之见壶子。出而谓列子曰："子之先生不齐，吾无得而相焉。试齐，且复相之。"

列子入，以告壶子。壶子曰："吾乡示之以太冲莫胜。

【注】居太冲之极，浩然泊心而玄同万方，故胜负莫得厝其间也。

前面是名利无所谓，这里是胜负都无所谓了。

"玄同万方"，那多么可怕啊！你能玄同万方，那是有胜而无负。如果百发百中，那还用考虑胜负吗？

"是殆见吾衡气机也。

【注】无往不平，混然一之。以管窥天者，莫见其涯，故似不齐。

毓老师笔记

"所见者少，'以管窥天'，人事皆然。"

这特别发人深省（指此注）。不要以管见就概论一切，说："我看了，绝对是这样。"那你是"管窥"，不能见全豹。"以管窥天"，想要见全豹，那是不可能的。

"鲵（ní）桓之审为渊，止水之审为渊，流水之审为渊。渊有九名，此处三焉。尝又与来。"

【经典释文】案《列子·黄帝篇》云：鲵旋之潘为渊，止水之潘为渊，流水之潘为渊，滥水之潘为渊，沃水之潘为渊，汋水之潘为渊，雍水之潘为渊，汧水之潘为渊，肥水之潘为渊，是为九渊焉。

【注】渊者，静默之谓耳。夫水常无心，委顺外物，故虽流之与止，鲵桓之与龙跃，常渊然自若，未始失其静默也。夫至人用之则行，舍之则止，行止虽异而玄默一焉，故略举三异以明之。虽波流九变，治乱纷如，居其极者，常淡然自得，泊

乎忘为也。

"水之审"的审，音 pān，通"潘"。水自己没有心，外面什么环境它就涴成什么样。

"玄默一"，即本、道一样。

"波流九变"，水波流多变，后浪推前波。

"居其极者"，守其至高者。

"忘为"，能"忘为"则无所不为。

明日，又与之见壶子。立未定，自失而走。壶子曰："追之！"列子追之不及。反，以报壶子曰："已灭矣，已失矣，吾弗及已。"

壶子曰："乡吾示之以未始出吾宗。

【注】虽变化无常，而常深根冥极也。

"而常深根冥极也"，"深根"，深其根，往下扎根。"冥极"，向左右。

"吾与之虚而委蛇，不知其谁何？

【注】无心而随物化。泛然无所系也。

【疏】委蛇，随顺之貌也。至人应物，虚己忘怀，随顺逗机，不执宗本；既不可名目，故不知的是何谁也？

"泛然无所系"，"系"，就是系累，就是累心之累。

"虚己忘怀，随顺逗机，不执宗本"，这十二个字最重要！

人要修到最高境界，这都不是空话。

想和人斗智，没修到这个境界就不必和人斗智。

"因以为弟靡，因以为波流，故逃也。"

【注】变化颓靡，世事波流，无往而不因也。夫至人一耳，然应世变而时动，故相者无所措其目，自失而走。此明应帝王者无方也。

"弟靡"，音 tuí mí。

"世事波流"，世事像水波那样流。

"无往而不因也"，天下事都得有所因，都有根，任何事都没有从天上掉下来的。

"然应世变而时动"，同儒家一样（儒家"因而不失其新"）。

"应帝王者无方也"，应帝王是没有方的，有方就没到那么高的境界。有方则无以应帝王。

然后列子自以为未始学而归，三年不出。为其妻爨，食豕如食人。

【注】忘贵贱也。

于事无与亲，雕琢复朴，

【注】去华取实。

"去华取实"，一般人正相反，华饰而去实。人忘贵贱则能去华取实。愈浮的人，表面愈华丽，认为华就是贵。

块然独以其形立。纷而封哉，

【注】虽动而真不散也。

"虽动而真不散也"，虽然动，但不能散真。有些人还没等动真就散了，那就坏了。虽然"应世"，但是不散其真。人不能不动，不能不应世，总不能天天坐着等死啊！但动，不能散真。

一以是终。

【注】使物各自终。

无为名尸，无为谋府；

【注】因物则物各自当其名也。使物各自谋也。
【疏】虚淡无心，忘怀任物，故无复运为谋虑于灵府耳。

"因物则物各自当其名也"，我们能"因物"，则所有的物都能"自当其名""自当其分"。

"使物各自谋也"，顺自然之功就不必用私智。不用私智，就不必运用谋虑。

无为事任，无为知主。

【注】付物使各自任。无心则物各自主其知也。
【疏】忘心绝虑，大顺群生，终不运知，以主于物。

"忘心绝虑"不是什么都不管了。"大顺"是特别地顺。"忘心绝虑"是为了"大顺群生"。

"不运知"而主物就因其自然了。

体尽无穷，

【注】因天下之自为，故驰万物而无穷也。

"因天下之自为"，"因"是动词。按照天下一切事物之自为。

有这个法门了，所以能驰骋于万物之中而永远无穷，这是因为"任物无方"。不可"以方任物"。（参见前面【疏】"忘怀任物"）

而游无朕；

【注】任物，故无迹。

尽其所受乎天，

【注】足则止也。

《管子·牧民》云"仓廪实则知礼节，衣食足则知荣辱"。衣食不足，他懂得什么叫荣辱啊！

一切都充足了，就止其所止了。

老百姓没有不守分的，只要有饭吃，他绝不造反。

而无见得，

【注】见得则不知止。

看见有所得了，就都喜欢。本来认为可以了，可是在马路边委托行（台湾地区贩卖舶来品的商店）一看，又不一样了，看见有所得了就不知止了。

不知止，他就求。人生最苦的是"求不得苦"。

不知止就拼命去求，求又求不得，就有求不得苦了。人生最苦是求不得苦。有野心的就要造反了。

亦虚而已。

【注】不虚则不能任群实。

"不虚则不能任群实"，你自己要不虚，就没有办法去任运天下之群实，不能支配天下之群实。

你要是不虚，自以为是、自居其名，什么功劳都是你的，那么那些有真才实学的人就不给你干了。

要任天下之群实，你就得是空的。只有谦恭下士，那些有才干的人才能为你所用。

这是"无为而治"，"恭己正南面而已"。那些群实的人才为你所用，你要是尽叫他们舍他们之所学以从你，那就坏了。

至人之用心若镜，

【注】鉴物而无情。
【疏】夫悬镜高堂，物来斯照，至人虚应，其义亦然。

镜子照物的时候一点感情都没有，根本不留情，谁来都是一样的。

不将不迎，应而不藏，

【注】来即应，去即止。

"来即应，去即止"，来就应物，离去就完了，再应别的。

故能胜物而不伤。

【注】物来乃鉴，鉴不以心，故虽天下之广，而无劳神之累。

"物来乃鉴，鉴不以心"，物要来我就照，虽然是照，"不以心"，并没有一点私情。要做天下领袖就得修到这个境界。

物来就照，不以私心照物，所以就没有情，就是"鉴物而无情"。

虽然天下那么广，事那么繁，但没有一点劳神之累，完全顺其自然，不以私心用事。你私心用事，那就完了。

南海之帝为倏（shū），北海之帝为忽，中央之帝为浑沌。倏与忽，时相与遇于浑沌之地，浑沌待之甚善。倏与忽谋报浑沌之德，曰："人皆有七窍，以视听食息，此独无有，尝试凿之。"日凿一窍，七日而浑沌死。

毓老师笔记

"人之为道而远人"，可戒之。

试观治世者，各以己为高，鸿荒以来未闻有不杀而为民谋福者，应熟思之。其病安在？人皆如痴，以痴导痴，可不悲乎？

（补充：鸿荒，一般写为洪荒，毓老师笔记为"鸿荒"。）

本来顺自然啥事都没有，天天"人之（自）为道"，大家乱出主意，结果主义就完了。

我们讲的这些，好好串一串就很有用了。

天下第三十三

　　马骕说：这篇是庄子的自序。《庄子》其余诸篇多有寓言，这篇里面全是庄正的话。姚鼐说：这篇是庄子的后序。全篇的大意以为：道的根本、枝流、精微和粗略都是一贯的。世上求学的只得了一些粗略和枝流的，若得着大道的本源，那所有粗略的和皮毛的都被包括在内了。当时各家学术不同的极多，举如刑名家、法术家、纵横家等，用不着讨论，都知道他们只得了道的一点。至于墨子、宋钘、彭蒙等人，形迹上近于得道，所以此篇内有详细的讨论，证明他们不曾得道。像关尹和老聃，他们的道像似和庄子相合了，可是又有些不同。关尹和老聃不过不离道的真实，可称作"真人"，可是还不曾达到道的极点。至于庄子独自和天地的精神混合，超于万物以外，乃是不离开道的宗主，可称为"天人"了。措辞是这般的不谦虚。末了，又恐怕他的书过于新奇，被人认为是辩论家一流，所以论到惠施。以为他只会辩驳，全不明道，至于庄子的道充实，和辩论家绝对的不同。希望读者，不要因为他的辞句奇怪，而失了他的意旨。（本段见叶玉麟太老师《白话译解庄子·天下篇》标题说明。）

"圣人处无为之事，行不言之教；万物作焉而不辞。"(《老子·第二章》)

天下之治方术者多矣，皆以其有为不可加矣。

【注】为其所有为，则真为也，为其真为，则无为矣，又何加焉！

【疏】方，道也。自轩、顼已下，迄于尧、舜，治道艺术，方法甚多，皆随有物之情，顺其所为之性，任群品之动植，曾不加之于分表，是以虽教不教，虽为不为矣。

"皆以其有为不可加矣"，都认为自己是绝顶的，不可有所加了。

"为其所有为，则真为也"，做"真为"的人就是"无为"的，因为"顺其真"。

"皆随有物之情"，就是尽物之性。

"任群品之动植"，任万物之动或植。"植"指立住不动。一点不加分别的功夫与人为的力量，也就是动静完全不加人力的干涉。

古之所谓道术者，果恶乎在？曰："无乎不在。"曰："神

何由降？明何由出？"

【注】神明由事感而后降出。

【疏】神者，妙物之名；明者，智周为义。若使虚通圣道，今古有之，亦何劳彼神人显兹明智，制体作乐以导物乎？

"古之所谓道术[①]者，果恶乎在"，可参见《庄子·知北游》：

东郭子问于庄子曰："所谓道，恶乎在？"庄子曰："无所不在。"东郭子曰："期而后可。"庄子曰："在蝼蚁。"曰："何其下邪？"曰："在稊稗。"曰："何其愈下邪？"曰："在瓦甓。"曰："何其愈甚邪？"曰："在屎溺。"

原"疏"中"制体作乐"，"体"应改为"礼"。

我们说"以通神明之德，以类万物之情""大明终始"，但"神何由降？明何由出？"

"神明由事感而后降出"，神明由经验中得来。

"疏"是用了《易经》的解释。《易经·说卦传》说："神也者，妙万物而为言（然）者也。"（原文之"言"字，老师以为改成"然"字比较好，就是恰到好处）

"神者，妙物之名"，"妙"是动词，能妙万物的就是神，妙生万物，都恰到好处之名叫作神。

"明者，智周为义"，"明"是智周万物、道济天下（《易

---

① 方术、道术对言。此"对言"并非相对有一方之术，无全体大用之道，为方术。

经·系辞传上》"知周乎万物而道济天下")。我们以智慧研究万物，以研究所得之道来济天下、帮助天下。

"以通神明之德，以类万物之情"，"神明之德"，万物生生之道。"类万物之情"，尽物之性。我们若能通万物生生之道，就尽物之性了。神明，是由事物之经验而得知神明之所以然。

"圣有所生，王有所成，皆原于一。"

【注】使物各复其根，抱一而已，无饰于外，斯圣王所以生成也。

【疏】夫虚凝玄道，物感所以诞生，圣帝明王，功成所以降迹，岂徒然哉！原，本也。一，道。虽复降灵接物，混迹和光，应物不离真常，抱一而归本者也。

"圣有所生，王有所成，皆原于一"，屯，物稚始生也（《易经·序卦传》"屯者，物之始生也。物生必蒙，故受之以蒙。蒙者，蒙也，物之稚也"）。"载营魄抱一，能无离乎？"（《老子·第十章》）"一，人之真也。"（王弼注）"生之畜之。"（《老子·第十章》）"天得一以清，地得一以宁，神得一以灵，谷得一以盈，万物得一以生，侯王得一以为天下贞。"（《老子·第三十九章》）

"物感所以诞生"，就是"阴阳合德而刚柔有体"（《易经·系辞传下》）。

儒家、道家皆主张"原于一"，原就是本，一就是道。

"应物"时不离真常之性，一切应物之方完全在乎不离本性。这和儒家说"尽己之性、尽人之性、尽物之性"是一样的。

（《中庸》"唯天下至诚，为能尽其性；能尽其性，则能尽人之性；能尽人之性，则能尽物之性；能尽物之性，则可以赞天地之化育；可以赞天地之化育，则可以与天地参矣"）

不离于宗，谓之天人。不离于精，谓之神人。不离于真，谓之至人。以天为宗，以德为本，以道为门，兆于变化，谓之圣人。

【疏】冥宗契本，谓之自然。淳粹不杂，谓之神妙。巍然不假，谓之至极。以自然为宗，上德为本，玄道为门，观于机兆，随物变化者，谓之圣人。已上四人，只是一耳，随其功用，故有四名也。

"冥宗契本"，这四个字特别重要！一般人最容易忽略的就是"冥"的地方，看不见的地方大家就算了。但最重要的是那个"冥"，一切事之所宗都是从那看不见的地方来的。有许多人世的事都是从不知不觉中来的，这就是"冥"，但等到追根究底的时候，就要追这个不知不觉的原因。

"宗"和"本"是一件事，所以说一切事情要追就要追那不知不觉的事，那事也不是偶然来的，有时候是我们不知不觉，别人却早已看得清清楚楚了。我们借用一句最普通的话"旁观者清，当事者迷"，旁观的人看得清清楚楚，而你当事者就迷了。当事者迷就是没懂得那个"冥"。

人要是每天都对自己当天的事情静静地从头到尾想一想，那时间长了，这个人一定会有成就。看看自己每天所做的事，想一想：哪个地方用智慧用得恰到好处？哪个地方用智慧用得很笨？刚一下手，"底"就叫人找到，叫人明白了，那就坏了！这时候就应该检讨自己失败的原因。要是从不检讨自己，净想别人，那就坏了！

任何人都有私心，有的人把私心放得远一点，想要成不世之业；有的人把私心放得近，就想显自己。想显我的，那个我一定显不出来。那些有大私心的，他就想成就不世之业。像中山先生，他忽略了本身的幸福，啥都不要，一无所有，但到最后，他什么都有了。他那什么都有是从一无所有来的。

反过来看看社会上有许多人，什么都要，到最后两眼一瞪的时候，什么坏名也都来了。这就看你们的智慧。你们稍微懂一点人事就明白了。

这是说，每个人都有心机，没有人没有心机。都用心机，却要看那个心机怎么用。一个想要成就不世之业的人能不用心机吗？他看得远，结果成了。有的人看得太近了，一伸手，说句土话，"一撅尾巴，人都知你拉几个粪蛋"，那你还扯什么？

每天都得检讨自己。用心机的时候用得很高明，达到目的了别人还没感觉到，这才是成功。有的事你刚一下手，人家就都知道你想干什么了，叫人给说漏了。这不是好与坏的问题，而是要自己检讨自己。

我们用了心机却没达到目的，那就失败了。达到目的而别人还不知道，那就成功了。每天应该检讨自己这些个成败。就像我们打拳一样，天天出招都检讨结果，日久天长了，你再出手的时候，就不会都是空的了。不天天检讨自己，就不会有所成就。要检讨自己，不要给别人看家，不要日日糊涂春秋。

必得达到"冥宗契本"，那才叫作自然。到这个境界是高的境界，但我们必得从最低的入手，每天都要严格地研究自己。无论学什么都是一样。例如，我们研究治世之道，当然更得用心机。不用心机怎么能做呢？这就要看你的高低了。等到你做事的时候，别人都不知其来龙去脉，那你就达到了"冥宗"的境界，因为你下的手大家都不知道。如果你一伸手大家就都知道你入手处，那就不行了。

以仁为恩，以义为理，以礼为行，以乐为和，熏然慈仁，谓之君子。

【疏】布仁惠为恩泽，施义理以裁非，运节文为行首，动乐音以和性，慈照光乎九有，仁风扇乎八方[①]，譬兰蕙芳馨，香气熏于遐迩，可谓贤矣。

"布仁惠为恩泽"，这很容易明白。

"施义理以裁非"，我们裁非，必得拿义理做尺度来裁这个是非，千万不要以己来裁是非。为什么？因为你做任何事，旁边都有人用戥子来戥你。你净以私心论事，当你在论别人是非的时候，旁边的人听到了，会认为你也不是好东西。因为你以私心论事，拿私心来裁是非，可是旁观者清，你一出口，人家就知道你之所为了，所以你所说的话不但没达到目的，反而多了一个人认为你也不正经。

---

① "慈照光乎九有，仁风扇乎八方"，"九有"，依出土战国竹简，"有"写为"又"，即九域、九州；"八方"是指东、南、西、北、东南、西南、东北、西北八个方向的总称。

"运节文为行首",什么叫作节文?《论语·学而》朱注:"礼乐者,天理之节文也。"用节文为行为之首。《论语·颜渊》子曰:"出门如见大宾。"出了家门就不马虎,这就是"运节文为行首"。

到哪儿都得看时间。看人须下午两三点以后去。求人要善用智慧。燕居和闲居不一样,人要闲居的时候,绝不见客,因为见客的时候他得穿衣服。你们到哪儿去拜访人家,必得看看时间,看看人家忙不忙。他刚睡醒午觉,正需要一个人解闷,正好你来了,他和你聊天聊得高兴了,你求什么他不都答应了吗?事情不成也成了。

人必得有规矩。我们要运用礼节之文饰作为我们行为之首,无论到哪儿去都绝对按规矩行事。你按规矩行事,到哪儿去都会给人家留下好感。就拿进门来说吧。到了别人家,进门之后就随手把门带上,主人就会觉得这个人很不错。进来了,门也不关,还得主人起来关门,你不感到心里很不好意思吗?

北方人礼法重,浙江人"礼"法更重(老师戏语)。〔补充:东北人安密尔(音译)见老师,师询:哪人?答:北京人。老师:你奉化人。〕

人必得特别有礼貌,不要学"竹林七'闲'"。北京人常说:"宁穿破,不穿错。"

我们穿衣服不一定都得穿新衣服,但得按照身份穿。虽然是破衣服,但只要补上了,穿出去也没关系,因为合乎你的身份地位。这就是"出门如见大宾"。一个人行事,必得按身份地位行事。大学生即使穿破衣服,也得穿得像个大学生,不可穿得像酒家女。人必自侮而后人侮之，这不是老生常谈，而是经验。

记住：谁也不能把谁怎么样，是你自己把你自己怎么样了。

来说是非者，便是是非人。在我面前说闲话我就讨厌，因为"天下本无事，庸人自扰之"。什么谣言都不能怎么样，你相信了什么就都会影响你向前进的计划。

我是中国人，我爱我的中国。谁都能代表中国，谁也不能完全代表中国，就看他的行为了。应该怎么做就怎么做，只要无愧于心，啥都可以做。若是有愧于心，别人不说，自己也内愧。

你们有了主宰、有了抱负，就应按照自己的抱负去做事，不必考虑左右的环境。只要你不变就行，环境很容易变。你要是改变了初衷，你不就失节了？一个失节的人还有人理吗？环境不可怕，可怕的是你不能始终如一。不能"利贞吉"，那就坏了。要自己控制自己、自己支配自己，不要考虑环境如何。环境能变好也能变坏，能变坏也能变好，所以《易经》说"否极泰来"，而泰极否也会来。要把持自己，不要随风转舵。风一变你舵就变，风老转，你的船也就在那儿转吧！那就糟糕了，就成了走马灯。不要傻里傻气地为别人殉葬了，能善用环境来应付未来的环境最重要！（按：老师举例，当年看管老师最厉害的两个人，都移民海外了。能被派来看管老师，当然是对国民党当局忠心耿耿的人。结果呢？）

卡特限武谈判为其总统任内对国家最大贡献，其志可嘉。

一个人的志很重要，自己立定志向就要去做，不可轻易改变。天天改变、天天立志，那就糟了。立志以后要能够忍耐才能成功。北方人赞美人家很了不起，就说他"很能耐"。人要不能耐怎么行？如果你们不能耐，那将一事无成。

以法为分，以名为表，以参为验，以稽为决，其数一二三四是也，百官以此相齿，以事为常，

【疏】自尧舜已下，置立百官，用此四法更相齿次，君臣物务，遂以为常，所谓彝伦也。

"自尧舜已下……所谓彝伦也"，这是"彝伦"的定义。

人伦之道，伦理之道，都是由处理事务的经验得来的，要没有伦常的观念，那大的、小的就分不开了。得"异同类"，这就是伦常。我们都是人，但也得"异之"。

把这些个当智慧和方法来读，读完以后自己检讨自己，就像给自己治病一样，有时候不知是哪一针打上了，就能使你清醒。虽然不能说每句都接受，但接受一句就能清醒。

以衣食为主，蕃息畜藏，

【疏】夫事之不可废者，耕织也；圣人之不可废者，衣食也。故国以民为本，民以食为天，是以蕃滋生息，畜积藏储者，皆养民之法。

养民，"畜积藏储"很重要。今天进步到这个程度了，也不能不以蓄为事。看看我们得修多少仓库①啊！时代是进步了，

---

① 仓库，不仅指有形的仓库，更指用以调节供需之不平衡。

但大本永远得根据这个，大本永远不变，只有在技艺上会变。

老弱孤寡为意，皆有以养，民之理也。

【注】民理既然，故圣贤不逆。

圣贤就是能顺民理之自然而理事。民理是一定的，就是自然。"民之所好好之，民之所恶恶之，此之谓民之父母。"（《大学》）这就是圣贤。反过来，"好人之所恶，恶人之所好，是谓拂人之性，灾必逮夫身。"（《大学》）做违背人性的事那可不行。

古之人其备乎！配神明，醇天地，育万物，和天下。

【疏】配，合也。夫圣帝无心，因循品物，故能合神明之妙理，同天地之精醇，育宇内之黎元，和域中之群有。

泽及百姓，明于本数，系于末度，

【注】本数明，故末〔度〕不离。

"本数明"就像"冥宗契本"一样，本数明了，最后的末度就不会离开，那个尺度也不会离开，离开一点就不得了了。"差之毫厘，谬以千里"，那就坏了。

六通四辟，小大精粗，其运无乎不在。其明而在数度者，旧法世传之史尚多有之。

【注】其在数度而可明者，虽多有之，已疏外也。

【疏】史者，《春秋》《尚书》，皆古史也。数度者，仁义名法等也。古旧相传，显明在世者，史传书籍，尚多有之。

《尚书》是一部政史。

其在于《诗》《书》《礼》《乐》者，邹鲁之士、搢绅先生多能明之。

【注】能明其迹耳，岂所以迹哉！

这太提醒人了，读旧书是"明其迹"，不是"所以迹"（按：不是蹈人旧辙）。子书中的每种智慧都能启发我们。

《诗》以道志，《书》以道事，《礼》以道行，《乐》以道和，《易》以道阴阳，《春秋》以道名分。其数散于天下而设于中国者，百家之学时或称而道之。

【注】皆道古人之陈迹耳，尚复不能常称。

"古人之陈迹"是启发智慧的东西，学古人陈迹，不要当法宝，复兴则可，复古则不可。
但《春秋》中所说的复古是好的，是尧舜之正。
"不能易常"，是不能改尧舜之道。

天下大乱，

【注】用其迹而无统故也。

"天下大乱"是因为光知"用迹"而没有"统"，总是萧规曹随，一成不变，祖宗说的就非这样不可。

用其迹可以，但要加以一统的功夫，这样就有新的东西在内了。光知用迹而不知统，所以天下大乱。守旧并不一定是好，趋新也并不一定是坏，就看用得得当不得当，用得得当最重要（按："因而不失其新"，不失其时）。

贤圣不明，

【注】能明其迹，又未易也。

道德不一。天下多得一，察焉以自好。

【注】各信其偏见，而不能都举。
【疏】宇内学人，各滞所执，偏得一术，岂能弘通？

"天下多得一，察焉以自好"，即因"各信其偏见，而不能都举"。只知重视自己的偏见，而不能窥见其全貌。

"宇内学人，各滞所执，偏得一术，岂能弘通"，自己把住一个道，就必得都是自己的对，考古的就说考古的对，训诂的就说训诂的对，对其他的一切完全不吸收，那就完了。

【注】夫圣人统百姓之大情而因为之制，故百姓寄情于所统而自忘其好恶，故与一世而得淡漠焉。乱则反之，人恣其近好，家用典法，故国异政，家殊俗。

"夫圣人统百姓之大情而因为之制"，这是最重要的标准。

"大"字特别重要！就是"民之所好好之，民之所恶恶之"。圣人完全按照百姓之情而立法、立制。"故百姓寄情于所统而自忘其好恶"，这个标准很难立。

"统"是真正的标准，立的统特别重要，你立了统以后，老百姓都承认这个统，老百姓就把自己的好恶都忘掉了，就喜好这个统了，这时候天下就归于一了。

千万不可"人之为道"，不可自己想怎么做就认为别人能接受，也就这么做了，这完全是人之为道。如果自己想的方法都是人之所必需，那拿出来不是一拍即合吗？结果拿出来的东西都和老百姓背道而驰，这都是"人之为道而远人"，那你只能强迫统治，这也真是"统"了。

圣人可不是这样的，圣人是"统百姓之大情而为之制"，圣人治世的标准是"统百姓最重要之情而立其制、立其法"。所以礼和法立出来以后，老百姓都能接受，认为这个比他所恶所好的都重要，就把他的好恶忘掉了而从这个统，因为这个统是根据百姓之情而立的。

人自为的东西是不行的，非得顺民情才可以，否则立什么法都与百姓无关，尤其中国地方太大、人太多了。借用《名贤集》的一句话："羊羔虽美，众口难调。"因为还有不吃羊肉的。

中国地大人杂，治中国可太难治了，同学们回头好好研究那些多少有点成就的时代，看看他们是怎么有成就的，看他们是怎么做的，那就足以为法。在无所适从的环境中，不知走哪条路是对的，这时就在乎自己去创造，看看用什么方法才合适。

要真正为未来立个合适之道，必得往回溯，必得了解过去所受的苦和所犯的错误。你要没法深深地了解过去，你就没有方法建设理想的未来。因为你好好地想一想过去，再想建设未来的时候，你就可以先看看，你想的路子有没有与过去的错误一样，如果有和过去一样的错误，那你的结果也和过去一样。你们要是忽略了过去，就绝没方法给未来拟定一个政策。但做这些事时千万不能感情用事，感情用事就一定偏守己见，偏守己见的那个尺度，绝不能放于四海而皆准，所以老百姓仍然从他的好恶。

今天我们要客观地研究历史，弄清楚当年主观、客观的环境，作为日后的借鉴，否则一失败，贻误黎民。

政治讲"术"，但是必有应守之道，否则的话，那些条约和法还有用吗？历史给人很多借鉴，不可以护短、私心自用，所立不为人接受就不行！出发点是救世救民，志向不错，结果如果都不好，这就是智慧不足，而且读书也太少，后天的了解不够，也没懂得中国的为政之道。

君主专制是不对，可是中国几千年的为政之道也不能说一点都不对。有些人就误解了，认为中国整个为政之道都不对，整个把它作废了，把三明治整个搬来了。这些前车之鉴历历在目，如果还是私心自用，结果还是一样不成功。我们不能再用任何方法吹嘘说，我们必得这样做了。如果我们还是师心用事，不会有人再接受这套。

你们有抱负，有救民之志，必须多读书。过去的东西绝对有不二法门，必得真明白、多接受。中国君主专制时代的制度不对，但是治国之道的智慧绝不能说一无可取，所以我们现在必须重视中国本位文化。今天我们有心人不能不重视中国文化，我们的药方是不是万灵丹，这又当别论，可是我们不能不回头重视中国文化。

现在人最大的毛病就是专研究宋理学，专研究明理学。这样不可以，研究中国文化得研究一个整体的，必须从最古的开始，分段地往下研究，一步一步地研究。因为每个时代的思想在演变的时候，必有远因、近因和它本身的问题，整个加在一起才构成了这个演变，所以必得从"至古"一步一步地往下研究，一直到今天，到今天也是必然的。这些弄清楚了以后，知其远因、近因了，还不能忘了"时"，不能把时代忘掉，然后才能想出一套办法。也不是中国这一套东西都行，也不是采用哪一代，采用哪一代也不行，是整体地来认识这个文化，从最古一直到现在的演变。

现在的演变很厉害。民国初年在本位文化上的变迁也很厉害，可以说，到熊老夫子是个暂时的结束，那时如梁漱溟和张君劢都是以中国文化为本位，但也吸收外来的文化，或是吸收西方的，或是吸收佛学的。张东荪、金岳霖则是完全研究西方的。民初这几个人文化趋向的不同，也是受了时代的影响，正如宋明理学一样，也是受了远因、近因和当时环境的影响才造成的。他们也有心要治国平天下，虽然他们没能为政，但是这些思想已经在中国撒下了种子，绝对有一部分人接受了这些人的思想，所以你就不能忽略。等到你想往下来的时候，对这几个人你都不能马虎，因为你要马虎了一个，下面你就接不上了。任何产物的好坏不管，只要发生了影响作用，你就不能忽视这个思想，接着这些个往下走才可以。李宗吾（按：提倡厚黑学）也还有几个信徒呢！

民初的时候，大陆什么书都满天飞，思想复杂，有抱负的学者都有计划地介绍书，所以中国现在六七十岁的人（同老师当时年龄），他们的思想很复杂，他们什么书都看，没有人管，所以接受了很多文化。五十岁（按：指当年）以上的人思想就很复杂，什么书都接受了。那时尤其各种主义的书最便宜，印得最漂亮，各种思想很多很多，如安那其（无政府主义）等，只要你想看，绝对什么都有。那时学人组成的团体专门翻译西方的书，最慢两个月就出来。那个时代的人不但接受了中国思想家的思想，更接受了世界所有思想家的思想，所以他们的思想很复杂。这些人在大陆只要还没去世，他们就会有作用、有影响。我们今后想要所有中国人都能接受的话，那要费多少脑子啊！这必顺百姓之大情，老百姓的力量很大，民心、民气最重要，要改变一个国家的必得是全民、是老百姓的力量。是以我们要重视自己，脚踏实地认识自己，认识中国。

就以熊子的思想来说，都变了很多，从《读经示要》《新唯识论》到《体用论》，由《体用论》到《乾坤衍》，思想变得太多了。那么成熟的人，思想都变得那么快，最后说看《体用论》就不必看《新唯识论》了。他以一生的心血用《体用论》把《新唯识论》给否定了，这是他晚年的定论。一个都到七十岁的人，最后十几年都变了，所以时、环境影响一个人特别重要。在《论语》中孔子的思想就有三次演变，只有分清楚才能看得懂。孔子先是"郁郁乎文哉！吾从周"，然后就"吾不复梦见周公矣"，到最后"吾其为东周乎"时，就完全有自己的主张了。孔子是古人，如此，熊子是今人，亦如此。你们看看他（熊子）七十岁以后的演变，虽然没有完全否定其所学，但是进步得太多了。这段的例子是告诉你们，你们今天能承受多少那不在乎，完全在乎脑子的健全，那个"变"才重要。这个程序很重要，今天我讲书也不是要你们接受我这个玩意，拿我这个玩意当有用的东西，但这不能不是一个程序，将来你们不论怎么变，这一段很重要，没有这一段，你们将来也没法变。如果你们的思想完全按照现在老师所说的，接受多少算多少，那我们就完了，因为这可能与将来半点关系都没有，可是这个入手处很重要。

你们千万不要有迷信的心理，说我必得承学、承统啊！承学、承统必得变。穷则变，变则通，这才叫学统。谁叫你一成不变？现在的人自私，他要拉自己的派系，说我是程朱学派、陆王学派，这都是自己要造成学阀的势力。古人不是这样的，古人讲的和后人讲的完全不同。古人告诉我们，人必有穷，有穷不怕，穷则变，变则通。这个穷、变、通是必然的，不是要我们固守。

方才说这些是提醒你们要重视中国问题，千万不要看了某一家的立言就以为行了，真想有成就必得"冥宗契本"，从最古、从根上去重视演变。为什么演变到熊老夫子这里？梁漱溟有点停滞了，他很有成见，绝对不变，这就是以己为主。他忽略了时代的来临，所以思想停滞了，没有再演变下去。这个时代你不喜欢可以，但你不能不承认这一段的演变，承认我们要是想再走下去，这一代必须详细研究，否则中间这一段空白你也接不上。熊老夫子的《原儒》虽然是用旧东西来写的，但确实是跟上了时走的。

"不可为典要"。从最古到熊子这一段，必须特别客观地仔细去研究，不能老师说几句话就说老师对，别人说几句话就也对，其实谁说话都对，可是到你身上就未必对了，因为你的生活环境背景和老师的完全不一样，所以想法就不一样了。你应该按照你的生活环境背景往下想，前人就到他那代为止了，这个很重要！今天谈中国问题要按本身去想，活着就得往下干。谈中国问题必须面对"时"，这是中国人责无旁贷的，我们要先从中国的本位文化谈下去，重视中国文化到今天的演变，但是我们可不能不吸收别人的，因为我们不能遗世而独立，吸收别人是为了充实自己，但是再不能把别人的原样拿来。

中国的问题必须众"智"成城，每个人都得善用头脑，不能说我的绝对对、他的绝对不对，我们全部都要参考。

中国人有智慧的特别多，中国人必得有中国人的想法，在此环境中的中国人的责任太重了，我们不能不承认中国以前很落后的事实，我们不必落井下石地骂谁。我们第一个是要赶上时代，这最重要，但不是几个领袖人物赶上就好了，要用全民的力量才能赶上时代，不是数人之力，这多么难！英美到了什么程度了？我们有些人还天天自我陶醉，可是事实是比不上人家，现在还师心自用，那真对不起子孙，更不必说能对得起祖宗了。

譬如耳目鼻口，皆有所明，不能相通。犹百家众技也，皆有所长，时有所用。

【注】所长不同，不得常用。

虽然，不该不遍，一曲之士也。

【注】故未足备任也。

判天地之美，析万物之理，察古人之全，寡能备于天地之美，称神明之容。是故内圣外王之道，暗而不明，郁而不发，天下之人各为其所欲焉以自为方。

【注】全人难遇故也。

悲夫，百家往而不反，必不合矣！后世之学者，不幸不见天地之纯，古人之大体。

【注】大体各归根抱一，则天地之纯也。

"各"字最重要。
不必叫天下人都同于我，但也不能没有统类。

道术将为天下裂。

【注】裂，分离也。道术流弊，遂各奋其方，或以主物，则物离性以从其上而性命丧矣。

"则物离性以从其上而性命丧矣"，人亦复如是。
一个人必得造成别人"离其性以从其上"，"上面"说得都好，就够资格挂奖牌了，所以就"性命丧矣"，训练班即如此（旧时某些政治人物为达目的，往往成立训练班，成立学校，培养只知服从的干部）。

不侈于后世，不靡于万物，不晖于数度，以绳墨自矫，而备世之急。古之道术有在于是者。墨翟、禽滑厘闻其风而说之，为之大过，已之大循。作为《非乐》，命之曰《节用》；

生不歌，死无服。墨子泛爱兼利而非斗，其道不怒；又好学而博，不异，

【注】既自以为是，则欲令万物皆同乎己也。

看看这些英雄人物，这些党魁，都是"自以为是"，此今王也！

不与先王同，

【注】先王则恣其群异，然后同焉皆得而不知所以得也。

这"器识"！好好玩味！

道并行而不悖，是群异的都叫你尽量发挥，人必自侮而人"后"侮之，人必自亡而人"后"亡之，《春秋》说你的亡都是自己亡的。（按：人必自侮而人"后"侮之。孟子"人必自侮然后人侮之"，在此老师特别强调人"后"侮之。）

毁古之礼乐。黄帝有《咸池》，尧有《大章》，舜有《大韶》，禹有《大夏》，汤有《大濩》，文王有《辟雍》之乐，武王、周公作《武》。古之丧礼，贵贱有仪，上下有等，天子棺椁七重，诸侯五重，大夫三重，士再重。今墨子独生不歌，死无服，桐棺三寸而无椁，以为法式。以此教人，恐不爱人；以此自行，固不爱己。未败墨子道，虽然，歌而非歌，哭而非哭，乐而非乐，是果类乎？

【注】虽独成墨而不类万物之情。

天下第三十三

299

"虽独成墨而不类万物之情"，许多人自创一派学说，你虽然独成一家了，是墨家了，但没有智慧去"类万物之情"，和万物脱节了。各政党虽各自成党，若只是自成一小帮，因不类万物之情，也必失败。

有的人哲学讲得很好，可是一到街上却不知道买车票、买煤球。《易经·系辞传下》云："古者包牺氏之王天下也，仰则观象于天，俯则观法于地，观鸟兽之文，与地之宜，近取诸身，远取诸物，于是始作八卦，以通神明之德，以类万物之情。"伏羲画八卦的目的是"以通神明之德，以类万物之情"，就是"通神类物"。

"神"是妙物者、造物者，"明"是智周万物，就是要"类物"。连万物之情都类不上，怎么能对国家民族有贡献？

其生也勤，其死也薄，其道大觳（hú 或 què）；使人忧，使人悲，其行难为也，恐其不可以为圣人之道，

【注】夫圣人之道，悦以使民，民得性之所乐则悦，悦则天下无难矣。

"使民以悦"，和"统情"一样，好民之所好，则民得其性之所乐，不是以己所好叫民悦。

当政者，他所乐的，必叫别人去悦（**按：前注"夫圣人统百姓之大情而因为之制，故百姓寄情于所统"**）就坏了。你喜欢三明治，可是北方人有杠子头吃就欢喜了。山东人必得吃大蒜，你说那味不好，他却说："谁要你闻？"将来你们治国平天下必须懂得"一方水土一方人"，否则，你"说出龙叫"①来他也不相信。

"悦则天下无难矣"，老百姓你给他喜欢的，他就悦。老百姓悦，天下就没有乱。老百姓不悦，天下就困难重重了。

其实人人都懂，他就不这么做，因为老百姓都喜欢了，他还能喜欢啥？就可他一家喜欢，要不然能叫作宝贝吗？天下人都有那就不是宝贝了。

反天下之心，天下不堪。墨子虽独能任，奈天下何！离于天下，其去王也远矣！

【注】王者必合天下之欢心而与物俱往也。

能与民同乐，而不是一家之乐。

墨子称道曰："昔禹之湮洪水，决江河而通四夷九州也，名山三百，支川三千，小者无数。禹亲自操稿耜（gǎo sì）而九杂天下之川；腓无胈（bá），胫无毛，沐甚雨，栉疾风，置万国。禹大圣也，而形劳天下也如此。"

【注】墨子徒见禹之形劳耳，未睹其性之适也。

使后世之墨者，多以裘褐为衣，以跂蹻（qí jiǎo）为服，日夜不休，以自苦为极，曰："不能如此，非禹之道也，不足谓墨。"

---

① "说出龙叫"，东北话，意思是能说会道，把龙都说活了。

【注】谓自苦为尽理之法。非其时而守其道，所以为墨也。

"非时守道"是墨子之流。送墨子入"忠烈祠"（**按**：指供起来，但不起作用）。

道要守，可是要合乎时，不合乎时就"穷"了。穷则变，变则通。

相里勤之弟子五侯之徒，南方之墨者苦获、己齿、邓陵子之属，俱诵《墨经》，而倍谲不同，相谓别墨；以坚白同异之辩相訾，以觭（jī）偶不仵之辞相应；以巨子为圣人。

【注】巨子最能辨其所是以成其行。

巨子是墨家中境界最高的，比圣人还高。

"巨子"是最伟大的人物了，但他也得从根本入手，他最能够"辨其所是以成其行"，遇到事，办之，认为绝对对的就不改变了，就干到底。于是"成功于此，失败于此"。认为对的就干到底，干到底就成功了。

必得有所守才能有为，没有守怎么行呢？

同学想找"成方子"，那是那时代的。人类最大的劣根性就是崇拜过去，那个人可以有主张、有学说，在那个时候是可以用的，可是因为他对当政者有意见，当政者认为他太时髦、好捣蛋，一狠心就把他枪毙了。又过了几代以后，大家看这个（指"成方子"）有用，又把它拿出来了，其实它已经过时了、没用了。

一个思想就它发生的时候有用，等到一过去了就失效了，过去了就没用了。不要抱着不放，当年（指民初）之热闹，人很受刺激，各人立说，枪毙也不怕。今天太安静，最大的刺激就是车祸。

皆愿为之尸，冀得为其后世，至今不决。墨翟禽滑厘之意则是，

【注】意在不侈靡而备世之急，斯所以为是。

一个人光知妄想"备世之急""备世所用"，而思想和行为完全在侈靡之中，那是瞪眼做白日梦的。每个人都有备世之志，但是行与愿违，侈靡其行而还想备世之急。

备世之急的"急"字最重要。

其行则非也。将使后世之墨者，必自苦以腓无胈胫无毛相进而已矣。乱之上也，治之下也。虽然，墨子真天下之好也，将求之不得也，虽枯槁不舍也。才士也夫！

【注】乱莫大于逆物而伤性也。为其真好重圣贤不逆也，但不可以教人。

【经典释文】俞樾曰："真天下之好，谓其真好天下也。即所谓墨子兼爱也。"

在中国的旧社会，"逆物伤性"是不可以的。中国近代可以说天天逆物伤性，这从经验就可以明白了。

今天就得"备世之急"。我们不知道世界上要发生什么事，所以任何人，只要他爱他的国家、爱他的民族，他就得备世之急。

一个人真爱国的话，他会去做外国人吗？一说这地方不太平就跑了，他就爱他自己，他哪有爱什么东西啊？

不累于俗，不饰于物，不苟于人，不忮于众，愿天下之安宁以活民命，人我之养毕足而止，以此白心，古之道术有在于是者。宋钘（jiān）、尹文闻其风而说之，作为华山之冠以自表，接万物以别宥为始；语心之容，命之曰"心之行"，以聏（ér）合欢，以调海内，请欲置之以为主。见侮不辱，救民之斗，禁攻寝兵，救世之战。以此周行天下，上说下教，虽天下不取，强聒（guō）而不舍者也，故曰：上下见厌而强见也。

"以聏合欢"，以柔和迎合他人欢心。

虽然，其为人太多，其自为太少；曰："请欲固置五升之饭足矣，先生恐不得饱，弟子虽饥，不忘天下。"日夜不休，曰："我必得活哉！图傲乎救世之士哉！"
曰："君子不为苛察，不以身假物，

【疏】立身求己，不必假物以成名也。

应要求自己而不要求别人。求己才能立身，不必"假物以成名"。"假物成名"那不是真名。
孟子曰："人之所贵者，非良贵也，赵孟之所贵，赵孟能贱之。"（《孟子·告子上》）那是最不可靠的。

"以为无益于天下者，明之不如已也。"

【注】所以为救世之士也。

我所讲的"注"未必都是庄子之意，都串在一起就懂得做人的概念。集我所言《庄子》，可成《益智集》。

以禁攻寝兵为外，以情欲寡浅为内，其小大精粗，其行适至是而止。

【注】未能经虚涉旷。

毓老师笔记

"必有经验识途之士，方能臻此。"

只有有经验、识途之士才能办到"经虚涉旷"，未能"经虚涉旷"，那是娃娃的意见。经验特别重要。

孔子说："吾不试，故艺。"我不为世所用，"故艺"。所以"求也艺"，简单说就是冉求多才多艺。人有特殊的环境以后才能多才多艺。孟子所说的孤臣孽子，其操心忧危，其虑患深刻，那才有丰富的经验。

"经虚涉旷"了，就知道虚和旷，就能把虚和旷都变成实了，充实了虚和旷。

公而不当，易而无私，决然无主，趣物而不两，

【注】物得所趣，故一。

"物得所趣"这四字最重要。

我们想"一天下",就要从"一民"入手,我们要一民,就要使民有所趣,"民得所趣,故一"。

旧时为了救国喊出了一个口号,那个口号的目的就是叫民皆趣之。民皆趣之即民得所趣。可是如果口号喊错了,老百姓不但不趣之,反而嗤之以鼻,那不就白喊了吗?喊一个口号也得用头脑。现在都惧内,太太一打,都上了口号:不能"型"于寡妻(为妻子的典范),也得"刑"寡妻(管得住老婆)。例如洪杨举事,假使他们不信奉基督教,那清朝一定亡,因为在那时清朝已经是君昏臣暗了。可是在那个时代你说要信奉基督教而不要祖宗了,那还得了,大家都反对。曾国藩一看有机可乘,口号一喊出来,民皆趣之。

你们坦白地想今天老百姓讨厌什么、喜欢什么。你要真懂得老百姓喜欢什么,那招牌一挂出来,民皆趣之,能够不成功吗?今天不知民之所好、民之所恶是什么,就把我之所好说出来,你们不听(指老百姓)就不是好人,结果愈弄愈背道而驰,中间就出现真空了,人家不就有机可乘了吗?

不顾于虑,不谋于知,于物无择,与之俱往,古之道术有在于是者。彭蒙、田骈、慎到闻其风而说之,齐万物以为首,曰:"天能覆之而不能载之,地能载之而不能覆之,大道能包之而不能辩之。"

知万物皆有所可,有所不可,故曰:"选则不徧,教则不至,

【注】性其性乃至。

最低境界能"性其所性"，则"物得所趣，故一"。

进一步他们都来，一切要能"性其所性"，才能尽己之性、尽人之性、尽物之性，而达到最高境界与天地参矣。

"道则无遗者矣。"

【疏】万物不同，禀性各异，以此教彼，良非至极，若率至玄道，则物皆自得而无遗失矣。

"疏"之学问差"注"太远。

是故慎到弃知去己而缘不得已，泠汰于物以为道理，曰："知不知，将薄知而后邻伤之者也，

【注】谓知力浅，不知任自然，故薄知而后邻伤也。

"薄"者，迫也。就是压迫的迫，就是逼。"义薄云天"之"薄"，大义逼到云天那么高。

"知力浅"，就是愚者。

"不知任自然"，就是好自用，所以说愚者好自用。

自己本来就没按自然之道去任事，愈弄愈远还逼之，最后愈弄愈伤了，不但无益于国，还伤于国、伤于民，自己也不保了。这些都是刚愎自用之士，为其所欲为，除了自己以外不知还有别人，到最后都垮了。

不知任国之道、不知任民之道，刚愎自用而薄之，而后邻伤之，结果就都完了。

奚髁（xī kē）无任，而笑天下之尚贤也；

【注】不肯当其任而任夫众人，众人各自能，则无为横复尚贤也。

"众人各自能"，总认为自己能就坏了。

纵脱无行，而非天下之大圣。椎拍辒（wàn）断，与物宛转；舍是与非，苟可以免；不师知虑，不知前后，

【注】不能知是之与非，前之与后，瞎目恣性，苟免当时之患也。

毓老师笔记

"若此者，只能苟免当时之患，而长万世之祸。"

这种混蛋的人，他只能免当时之患，而长万世之祸。打开近代史看看就知道。

魏然而已矣。

【注】任性独立。

推而后行，曳而后往，若飘风之还，若羽之旋，若磨石之隧，全而无非，动静无过，未尝有罪。是何故？夫无知之物，无建己之患，无用知之累，动静不离于理，是以终身无誉。

【注】患生于誉，誉生于有建。

这很有意思，人太有誉了，患也随之。凡是有点名气的人

都知道，有点名气就麻烦了。

虚誉是从哪儿来的呢？"生于有建"，自己要违背自然去建树一套，这是咎由自取。

故曰：至于若无知之物而已，无用贤圣，

【注】唯圣人然后能去知与故，循天之理，故愚知处宜，贵贱当位，贤不肖袭情，而云无用圣贤，所以为不知道也。

夫块不失道。豪杰相与笑之曰："慎到之道，非生人之行，而至死人之理，

【注】夫去知任性，然后神明洞照，所以为贤圣也。而云土块乃不失道，人若土块，非死如何！豪桀所以笑也。

这有点近乎儒家的语调。

"适得怪焉。"

【疏】不合至道者，适为其怪也。

子曰："素隐行怪，后世有述焉，吾弗为之矣。"（《中庸》）

田骈亦然，学于彭蒙，得不教焉。彭蒙之师曰："古之道人，至于莫之是、莫之非而已矣。

【注】所谓齐万物以为首。

"群龙无首"就是"所谓齐万物以为首"。"齐万物以为首"

是什么？就是《易经》"首出庶物，万国咸宁"。把天下之万事万物都齐了然后以为首，那不是"首出庶物，万国咸宁"吗？

庶物就是众物，首是从众物中出来的，用现在的话来说"得大公无私，一切平等，才能为首，不然不可以"。把别人打住了，说我要做领袖，你不听我的就用密探把你干掉，这种为首是不可以的。

"其风窢（yù）然，恶可而言？"常反人，不见观，

【注】不顺民望。

【疏】未能大顺群品，而每逆忤人心，亦不能致苍生之称其瞻望也。

"称其瞻望"，"称"，音 chèng。不能特别地顺群品，又经常地"逆忤人心，亦不能致苍生之称其瞻望也"，因为德和所瞻望的不相称。

而不免于魭（wǎn）断。其所谓道非道，而所言之韪（wěi）不免于非。彭蒙、田骈、慎到不知道。虽然，概乎皆尝有闻者也。

以本为精，以物为粗，以有积为不足，澹然独与神明居，古之道术有在于是者。关尹、老聃闻其风而说之，建之以常无有，主之以太一，以濡弱谦下为表，以空虚不毁万物为实。

关尹曰："在己无居，

【注】物来则应，应而不藏，故功随物去。

像面镜子一样，你来照，我就给你照了。我照了你，我就成功了，因为你的目的就是来照镜子。我能"应而不藏"，"功随物去"，这个人多么无私！唯有这样才能成不世之业。功随物去，那才永远有功，谁都来。

有的人必说这是我指挥的、那是我设计的，好像除了他以外别人都没有腿，这就完了。

"形物自著。

【注】不自是而委万物，故物形各自彰著。

一个人应懂得自然是什么。自是而违万物的都是刚愎自用的人，因为物都有物之用，你委万物，物之形就各自彰著。不用你帮忙，你不帮忙还没事，你一帮忙反而薄伤之（薄之而后邻伤也）。

"其动若水，其静若镜，其应若响。芴（hū）乎若亡，寂乎若清，同焉者和，得焉者失。

【注】常全者不知所得也。

天天"知所得"的就是有我存在的自私者，"常全"的哪知有所得？他根本没有"得"的观念，有得即因自是。

"未尝先人而常随人。"老聃曰："知其雄，守其雌，为天下谿；知其白，守其辱，为天下谷。"人皆取先，己独取后。

【注】不与万物争锋，然后天下乐推而不厌，故后其身。

自己把持名的都丢了，不把持名的都一样。"不与万物争锋，然后天下乐推而不厌"，卓老^①即如此。

曰受天下之垢。人皆取实，

【注】唯知有之以为利，未知无之以为用。

"唯知有之以为利"的，是最自私的人。

己独取虚，

【注】守冲泊以待群实。

因为你"虚"，才能有东西进来。你自己根本就满了，那外边啥玩意也进不来。

子曰："舜其大智也与？舜好问而好察迩言。"（《中庸》）舜"无非取于人者。"自己是空的才能"待实"。

无藏也故有余，

【注】付万物使各自守，故不患其少。

"付万物使各自守"，叫他自己管自己，各有其本能，你不必担心他少不少。

岿然而有余。其行身也，徐而不费，

---

① 卓老为任卓宣先生，笔名华青，妻尉素秋为著名词家。

【注】因民所利而行之，随四时而成之，常与道理俱，故无疾无费也。

"常与道理俱"，你就是道，道就是你。

无为也而笑巧；

【注】巧者有为，以伤神器之自成，故无为者，因其自生，任其自成，万物各得自为。蜘蛛犹能结网，则人人自有所能矣，无贵于工倕也。

人皆求福，己独曲全，

【注】委顺至理则常全，故无所求福，福已足。

得对至理委之、顺之，才得"常全"。因为他不知所求，所以不知求福。你不求福，那福自己就来了。这不是迷信，无所求，什么都足了。

曰苟免于咎。

【注】随物，故物不得咎也。

"随物"，物就不咎你。

以深为根，以约为纪，曰坚则毁矣，

【注】夫至顺则虽金石无坚也，连逆则虽水气无软也。至顺则全，连逆则毁，斯正理也。

天下第三十三

"夫至顺则虽金石无坚也，连逆则虽水气无软也"，"顺"的力量多么大，让金石都无坚。"顺"则金石为开。你不违背老百姓之所欲，怎么能不达到你的好目的？老百姓心理都一样，老百姓有妻子、儿子，他很容易满足，只要你不刺激他，他绝不造反。野心家除外，野心家有意而为之，那你光"顺"也没用。可是野心家为事，老百姓不齿，绝不能成事。野心家为事，不足以成事。惹事必有靠山，不是管不了，是不管。别看老百姓是软的水，你连逆民性，他也不软了。大事小事都是如此，天下无钻尖取巧的事，最笨的人多想一回也懂了。

锐则挫矣。常宽容于物，

【注】各守其分，则自容有余。

看明白了《庄子》，得利一定不少。

不削于人，可谓至极。关尹、老聃乎！古之博大真人哉！

芴漠无形，变化无常，死与生与？天地并与？神明往与？芒乎何之？忽乎何适？万物毕罗，莫足以归。古之道术有在于是者，庄周闻其风而说之。以谬悠之说，荒唐之言，无端崖之辞，时恣纵而不傥，不以觭见之也。以天下为沉浊，不可与庄语。以卮言为曼衍，以重言为真，以寓言为广。独与天地精神往来，而不敖倪于万物。

【注】其言通至理，正当万物之性命。

合乎理多么重要，"万物"就是万事万民，中国就一个"理"字特别重要，千万不能悖理行事！

不遣是非，以与世俗处。其书虽瓌（guī）玮，而连犿（fān）无伤也。其辞虽参差而諔（chù）诡可观。彼其充实不可以已，上与造物者游，而下与外死生无终始者为友。其于本也，弘大而辟，深闳而肆；其于宗也，可谓稠（tiáo）适而上遂矣。虽然，其应于化而解于物也，其理不竭，其来不蜕，芒乎昧乎，未之尽者。

【注】庄子通以平意说己，与说他人无异也，案其辞明为汪汪然，禹（亦）〔拜〕昌言，亦何嫌乎此也！

惠施多方，其书五车，其道舛驳，其言也不中。历物之意，

【疏】心游万物，历览辩之。

"心游万物"就是《易经》的"智周万物"，我们得"立体地"一样一样地什么都看，看完以后还得辨之，要彻底地知道其所以然。

曰："至大无外，谓之大一；至小无内，谓之小一。

【疏】囊括无外，谓之大也；入于无间，谓之小也；虽复大小异名，理归无二，故曰一也。

"无厚，不可积也，其大千里。

【疏】理既精微，搏之不得，妙绝形色，何厚之有！故不

可积而累之也。非但不有，亦乃不无，有无相生，故大千里也。

"天与地卑，山与泽平。日方中方睨，物方生方死。大同而与小同异，此之谓'小同异'；万物毕同毕异，此之谓'大同异'。南方无穷而有穷，

【疏】知四方无穷，会有物也。形不尽形，色不尽色，形与色相尽也；知不穷知，物不穷物，穷与物相尽也；只为无厚，故不可积也。独言南方，举一隅，三可知也。

"今日适越而昔来。连环可解也。我知天下之中央，燕之北越之南是也。泛爱万物，天地一体也。"

【疏】万物与我为一，故泛爱之；二仪与我并生，故同体也。

这和儒家"宇宙为一大天地，人为一小天地"完全一样，所以《春秋繁露》说："人惟有终始也，而生不必应四时之变。"（见《玉英第四》和《重政第十三》）

二仪按时生万物，却不按时生人，所以人能与二仪同体，这和《春秋繁露》完全一样。

惠施以此为大，观于天下而晓辩者，天下之辩者相与乐之。"卵有毛；鸡三足；

【疏】数之所起，自虚从无，从无适有，三名斯立。是知二三，竟无实体，故鸡之二足可名为三。鸡足既然，在物可见者也。

"郢有天下；犬可以为羊；马有卵；丁子有尾；火不热；山出口；轮不蹍地，

【疏】夫车之运动，轮转不停，前迹已过，后涂未至，徐（或为“除”）却前后，更无蹍时。

“目不见；指不至，至不绝；龟长于蛇；矩不方；规不可以为圆；凿不围枘（ruì）；飞鸟之景（yǐng）未尝动也；镞矢之疾而有不行、不止之时；狗非犬；黄马、骊牛三；白狗黑；孤驹未尝有母；一尺之捶，日取其半，万世不竭。”辩者以此与惠施相应，终身无穷。

桓团、公孙龙辩者之徒，饰人之心，易人之意，

【疏】纵兹玄辩，雕饰人心，用此雅辞，改易人意。

此皆所以使天下乱。能胜人之口，不能服人之心，辩者之囿也。

【疏】辩过于物，故能胜人之口；言未当理，故不服人之心。而辩者之徒，用为苑囿。

惠施日以其知与人之辩，特与天下之辩者为怪，此其柢也。然惠施之口谈，自以为最贤，曰：“天地其壮乎！”施存雄而无术。

【疏】壮，大也。术，道也。言天地与我并生，不足称大。意在雄俊，超世过人，既不谦柔，故无真道。而言其壮者，犹独壮也。

南方有倚人焉曰黄缭，问天地所以不坠不陷，风雨雷霆之故。惠施不辞而应，不虑而对，遍为万物说，说而不休，

多而无已，犹以为寡，益之以怪。以反人为实而欲以胜人为名，是以与众不适也。

【疏】以反人情曰为实道，每欲超胜群物，出众为心，意在声名，故不能和适于世者也。

和同学们说这么多，不是为了救谁，而是"意在声名"的这种人，不能"和适于世"。

同学如果也孤高自赏，自己喊可以，老百姓不给你山呼万岁①。看看那些失败者，都是这么失败的，你们也这么骄傲，那也是跟着走末路。道不怛人（怛，惊也），谁这样都失败。

弱于德，强于物，其涂隩（yù 或 ào）矣。由天地之道观惠施之能，其犹一蚊一虻之劳者也。其于物也何庸！夫充一尚可，曰愈贵道，几矣！惠施不能以此自宁，散于万物而不厌，卒以善辩为名。

【疏】卒，终也。不能用此玄道以自安宁，而乃散乱精神，高谈万物，竟无道存目击，卒有辩者之名耳。

多少人都是这样的。有人说读他的书就够了，结果他死了，你输了。

---

① 掌故："三呼万岁"：《汉书·武帝纪·元封元年》："翌日亲登嵩高，御史乘属，在庙旁吏卒咸闻呼万岁者三。""山呼万岁"：《汉书·武帝纪·太始三年》："二月，令天下大酺五日。行幸东海，获赤雁，作朱雁之歌。幸琅邪，礼日成山。登之罘，浮大海。山称万岁。"

惜乎！惠施之才，骀（tái）荡而不得，逐万物而不反，是穷响以声，形与影竞走也。悲夫！

【注】昔吾未览《庄子》，尝闻论者争夫尺棰连环之意，而皆云庄生之言，遂以庄生为辩者之流。案此篇较评诸子，至于此章，则曰其道舛驳，其言不中，乃知道听涂说之伤实也。吾意亦谓无经国体致，真所谓无用之谈也。然膏粱之子，均之戏豫，或倦于典言，而能辩名析理，以宣其气，以系其思，流于后世，使性不邪淫，不犹贤于博弈者乎！故存而不论，以贻好事也。

你要没有"经国体致"的经验、"经虚涉旷"的精神，那就都是无用之谈。（参见【注】"未能经虚涉旷"解说）

"躬行实践"得的经验才行，否则就是空的，没有用。古今能著书、会讲的人太多了，那没有用。

"夫无待圣人，照机若镜，既明权实之二智，故能大齐于万境。"（成玄英《庄子序》）待文王而后兴者，凡人也！